威科夫 TRADES ABOUT TO HAPPEN
量价分析图解

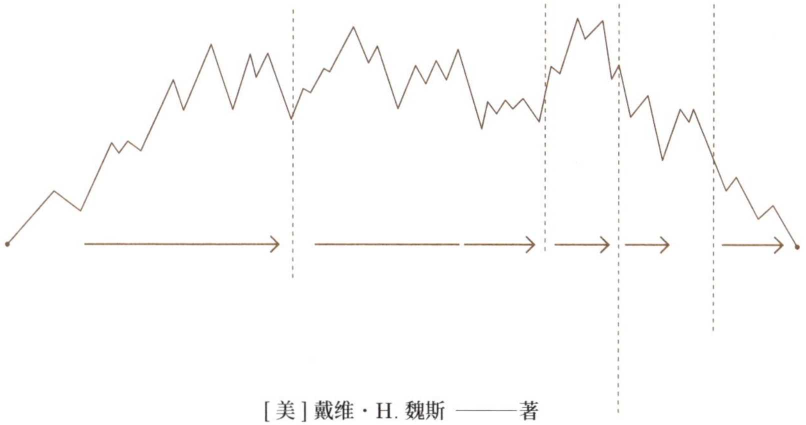

[美] 戴维 · H. 魏斯 ——著
(David H. Weis)
何正云　何艺阳 ——译　郭睿 ——专业审订

中国科学技术出版社
·北　京·

图书在版编目（CIP）数据

威科夫量价分析图解 /（美）戴维·H. 魏斯 (David H. Weis) 著；何正云，何艺阳译 . -- 北京：中国科学技术出版社，2023.7
书名原文：Trades About to Happen
ISBN 978-7-5236-0161-7

Ⅰ . ①威… Ⅱ . ①戴… ②何… ③何… Ⅲ . ①股票交易—图解 Ⅳ . ① F830.91-64

中国国家版本馆 CIP 数据核字 (2023) 第 060553 号

执行策划	黄　河　桂　林
责任编辑	申永刚
策划编辑	申永刚　刘颖洁
专业审订	郭　睿
特约编辑	魏心遥　蔡　波
封面设计	东合社·安宁
版式设计	严　维　王永锋
责任印制	李晓霖

出　　版	中国科学技术出版社
发　　行	中国科学技术出版社有限公司发行部
地　　址	北京市海淀区中关村南大街 16 号
邮　　编	100081
发行电话	010-62173865
传　　真	010-62173081
网　　址	http://www.cspbooks.com.cn

开　　本	787mm × 1092mm　1/32
字　　数	228 千字
印　　张	9
版　　次	2023 年 7 月第 1 版
印　　次	2023 年 7 月第 1 次印刷
印　　刷	深圳市精彩印联合印务有限公司
书　　号	ISBN 978-7-5236-0161-7/F · 1125
定　　价	79.00 元

戴维 · H. 魏斯
（David H.Weis）

威科夫嫡系传承人
拥有 51 年交易经验的技术分析师

→ → →

阅读完《威科夫量价分析图解》后，我保证你不会再回到以前看走势图的模式里。我将把所知道的有关威科夫和价 / 量行为的一切，毫无保留地全部教给你们，不会隐藏任何秘密。

本书赞誉

TRADES ABOUT TO HAPPEN

亚历山大·埃尔德（Alexander Elder）《以交易为生》作者

阅读本书时切勿匆忙。这不是一本一蹴而就的作品，你需要把戴维·H. 魏斯的很多思想沉淀下来，将这种理念应用到现实的图形上，领悟更多意义，然后再回到书中，研读其他内容。你给予它的关注越多，你得到的收获也越大。

托比·克雷贝尔（Toby Crabel）
系统化交易领域的先驱、克雷贝尔资产管理公司创始人
管理基金规模超过 20 亿美元

我在 40 年前第一次听到戴维的讲话后，就被他的工作迷住了。他对威科夫分析法的阐述是最棒的。戴维的演讲给了我极大的激励，我便马上投身到量化分析的行动中并践行了他的理论。这是我们公司能在这些年中获得如此成功背后的一个重要原因。

加文·福尔摩斯（Gavin Holmes） 交易指南系统国际集团 CEO

第一次遇到戴维时，我马上就意识到，作为世界上威科夫交易法领域的最伟大的导师和专家，他是实至名归的。将威科夫的解盘图修订成魏斯浪指标是他主要的贡献。那些想学会如何在走势图上识别出庄家足迹的交易员都应该读一读《威科夫量价分析图解》。本书注定将成为经典。

彼得·德利特尔（Peter Drittel） PMD 交易有限责任公司

我在对冲基金行业和华尔街将近 30 年的时间里，曾经与一些最伟大的技术分析师共过事，我自认为有资格全心全意力挺戴维的著作和教导。40 年来，作为威科夫交易法的学习者和实践者，他写了这本堪称无价之宝的著作，这些原则涵盖了付出与结果、支撑与阻力以及如何在市场里跟对专业资金的步伐。

戴维揭示了让他在市场上占尽先机的那些特有的工具，这些工具建立在威科夫 100 多年前所传授的方法上。他同时也推进了这些方法的发展。戴维的图形分析和解盘方法将明确并简化隐藏在股票和期货下面的供需矛盾，提供足够的线索并揭示出它们下一步的动向。

盖瑞·德顿（Gary Dayton）

临床心理学博士、协助交易者提升绩效的“心理学公司”董事长

毋庸置疑，戴维的波形图是我所知道的交易工具中最有价值的。

推荐序

TRADES ABOUT TO HAPPEN

畅销书《以交易为生》《走进我的交易室》作者
亚历山大·埃尔德博士

领悟大师交易策略，解读当下市场

“钓鱼时，可不只是把船划到水中央，把鱼钩扔到水里就完事了，而是应该到鱼群出没的地方，比如岸边，或水中的树桩周围。同理，你要在资金密集的交易区域的边缘下单，在那里，牛熊已是强弩之末，只需轻轻一碰，趋势就会反转。”在我的交易员训练营里，经常听到戴维提到类似的至理名言。现在非常高兴能够看到它们出现在这本书里，你不用参加交易训练营，也不用跟着戴维学习，就能获得它们。

戴维喜欢安静，总是孤身待在自己的交易室里，日复一日。他对很多重要交易员的成长，都起到举足轻重的作用。在和朋友讨论市场的时候，我经常听到这样的话：“戴维会在这里划线。”他的解盘方式已经被数以百计的学生采用。

一个世纪之前，理查德·威科夫的经典著作面世。戴维在此基础上不断扩展，并建立起一套现代的市场分析体系，包含价格和成交量两大基本元素。价格棒形图的高度变幻莫测，配合成交量棒形图的起起伏伏，构成了戴维解读所有市场及所有时间段群体行为的依据。戴维对盘口进行分析并制订交易计划后，他会下单交易。

所有交易在价格和成交量图形上都是有迹可循的。戴维专注于这些图形，而图形对他也毫无保留。在本书里，他将教会你如何读懂它们的语言。

仔细阅读这本书，你会意识到假突破的重大意义。戴维把假突破称为探底回升(Spring)和冲高回落(Upthrust)。他信誓旦旦地说："一旦你领悟探底回升和冲高回落的行为，行动信号就会跃入你的眼帘，且在任何时间段都有效。其中，探底回升不仅为当日平仓的短线玩家提供动力，也作为长期资本获利的催化剂。"

我在戴维讲述和呈现交易例子的报告厅后排坐了几个小时。我的主要交易方式之一就变为了"假突破"。**现在，你可以在戴维提供的126幅走势图的引导下，一幅一幅地移步向前，逐渐学会如何读懂它们的语言，并预测趋势反转的时机。**

在浮筹消化的那一章，你将学到如何判断当前趋势。也许是"希腊大军的方阵阔步穿越特洛伊平原"那样勇往直前，也许是"其前进的动力正被新增加的供应筹码吸走"那样反转！随着目光在戴维的图形上移动，你会看到量价图形如何将它们秘而不宣的强势和弱势和盘托出。

阅读本书时切勿匆忙。这不是一本让你一蹴而就的作品，你需要把他的很多思想沉淀下来，将这种理念应用到现实的图形上，领悟更多意义，然后再回到书中，研读其他内容。你给予它的关注越多，你得到的收获也越大。

祝阅读愉快！祝交易愉快！

前 言

TRADES ABOUT TO HAPPEN

量价分析创始人威科夫的解盘研究

1888 年，理查德·威科夫来到华尔街，他的最大成就浓缩成了一本自传《华尔街 40 年投机与冒险》(*Wall Street Ventures and Adventures Through 40 Years, 1930*)。

人们津津乐道威科夫所观察到的大鳄们的传奇以及大鳄们如何操纵市场的内部故事，却忽视了他为交易找出的一种“培训出来的判断”，而这是最引人瞩目、最具启发的内容。威科夫在 1905 年写道：

> 迄今为止，我已经把 17 年中的大部分光阴洒在了华尔街。在各形各色的股票交易公司里，我从基层一步步做起，干过打杂工、普通职员、一般合伙人和高级合伙人。但是，穷尽我之所见、所学及所钻研的领域，我还没能为客户，也未能为自己，形成一套在股票市场掘金的完美计划和方法。

他发现，大交易商潜心制作股票交易行情图形，并研究图形上出现的股票交易情况，而普通投资者对此则知之甚少，他们对专业投资人教授“股票市场的内部运行情况”的高等教育或者教育服务存在很大的需求。威科夫希望解释清楚，在股票市场里，公众为什么一次又一次地被那些大操纵者蒙骗。

从走势图进行盘面解析和主动交易

1907 年年底，华尔街恐慌的余波尚未完全平息。威科夫决定创建一份教育月刊《股票行情》（*The Ticker*），收录关于股票市场方面的文章。为了寻找鲜活素材，完成期刊的写作任务，他涉足股票、债券以及商品期货市场等各个领域，并测试由读者提供的基于数据统计和不同理论的各种交易方式。

尽管最终没有什么结果，但他还是意识到走势图提供的历史价格记录远远胜过纯粹的数据统计。随着图形和股票市场技术分析研究的逐步深入，他又想到了行情记录图形：我越来越多地看到，股票的行为反映出了掌控它们走势的那些人的计划和目的，并看到了从图形上判断操纵者在做什么的可能性。

在一名证券交易所场内交易员的指导下，威科夫开始了认真的解盘研究。他把解盘文章发表在《股票行情》上面，这些文章受到读者的热烈欢迎，读者强烈要求威科夫提供更多内容。通过这些原创的系列文章，威科夫整理了相关素材，撰写了第一部著作《解盘研究》（*Studies in Tape Reading*），以柔洛·特普（Rollo Tape）的笔名于 1910 年出版。关于这本书，威科夫后来在自传里这样写道：

> 自学和坚持使用《解盘研究》一书中建议的方法，养成一种直觉判断，这种直觉判断可能是数月或者数年间每周花费27小时盯盘得到的自然结果。

在接下来的几年里，股票价格的波动幅度越来越大，威科夫把他的解盘方法也扩展到了更为广泛的市场上。由于公众需要技术分析不太难懂的交易建议，他又创建了《趋势通讯》（*Trend Letter*），仅包含交易清单的一页纸，每周一次。这份资料流传得越来越广，直至跟随者群体变得过于庞大，几近失控，于1917年结束发行。

可是，威科夫并未就此销声匿迹。《股票行情》摇身一变成为《华尔街杂志》（*Magazine of Wall Street*），他一直写到1926年退休。在生命的最后几年里，威科夫重燃公众教育的理想，并提出了创办华尔街大学的构想，但健康状况使他心有余而力不足。1932年，他把精力转到了一本解释自己股票交易方法的教材上：第一部分涵盖股票市场的科学技术手段讲座；第二部分包括盘面解析与主动交易讲座。最终，威科夫于1934年辞世。

后来者对威科夫交易体系的完善

自1934年以来，广为人知的“威科夫教程”为这位市场大师留下了一个不容忽视的席位，并且成千上万的交易员和投资者都学习过这本教科书。今天，位于亚利桑那州凤凰城的股票市场研究院仍然开设这门课程。在过去近90年间，这本教材一直在进行修订和更新，以便在不改变威科夫初衷的同时，又适应市场条件的变化。在我看来，

“以《纽约时报》50 指数棒形图判断市场走势”这一章抓住了精髓，为本书的写作提供了很好的启示。

今天修读威科夫教程的学生大多专注于各种吸筹和派发的模型，可威科夫从来没想过对吸筹派发建立模型，这些内容在他离世之后才加进去。毋庸置疑，他探讨过这些模型包含的市场行为特征。然而，威科夫当初提到这些术语的时候，大部分都是关于点位和图形的，从来没有涉及任何具体内容，而现在吸筹派发被当成带有成交量的棒形图揭示出来的行为来讲授。

这些模型由他过去的助手建立起来，目的是让这门课程显得有些特别。按照威科夫自传里的说法，他想做的是教会学生养成交易员的感觉和直觉。但特异性更加具体，推广起来自然比直觉更加容易。对于行为模式识别与棒形图解读技巧这二者来说，我们对前者的依赖远多于后者，但这些行为模式很快就会像几何图形一样变得杂乱无章。那些寻找快捷、不假思索的解决办法的人，把价格运动一股脑儿地充塞进去，导致的是僵化而不是创新。这样的情况往往让学习威科夫分析方法的新学员垂头丧气，他们根本没有想到，解盘的世界原来是灰色的，而不是黑白分明的。所以大家必须拥有开放的心态，而不是死守先入为主的理想状态。

一位讲授威科夫课程的著名讲师鲍勃·伊万斯（Bob Evans）创造了很多栩栩如生的比喻来描述探底回升、冲高回落、冰线等内容，但威科夫没用过这样的术语。当然，这并不会让这些用法成为禁忌，也不会把它们说得一无是处。恰恰相反，它们非常有用。威科夫首先是一名解盘者，随着市场变得越来越健全，波动越来越剧烈，他把解盘技巧带入棒形图的研读中，而棒形图关注的就是价格区间、收盘价和成交量。显然，他也很清楚趋势线、通道以及支撑线和阻力线的重要性，然而，这些内容在现代课程中所占的比重比他在世时大得多。

从所有图形上找出有价值的信息

我借用威科夫的原著和鲍勃·伊万斯的理念，因此，我的方法囊括了价格区间、收盘价和成交量，而且也使用了“线条故事”，也就是由图形上的线条勾勒并连接起来的价 / 量行为。这些线条把价格的运动情况汇聚、凸显出来，指导我们关注那些提示市场行动的价量行为。我要做的是，找出图形上的交易，而不是挖空心思琢磨吸筹或者派发的情况是否会发生。真正有价值的信息存在于威科夫的解盘方法中，这已经成了一门失传的艺术。

本书展示了如何以符合逻辑的方式解读棒形图和波形图，找到即将发生的交易。通过研读示例图形，我相信读者在研读市场本身“在说什么”的方面，将会获得无与伦比的启发。开始的时候你似乎会感到有些无聊，但通过练习和重复，你的第二天性就会得到开发，你将被赋予定位出不同等级反转点的能力。

在贯穿本书的学习中，我们将：

◎ 比较买盘或卖盘的努力及其结果，即成交量和与之对应的上涨幅度或下跌幅度。

◎ 注意是轻松移动还是缺乏移动，即价格棒形图的宽窄程度。

◎ 在棒形图的价格区间内考虑收盘价的含义，即收盘价的相对位置。

◎ 注意上冲和下攻的减弱，即多空力量的衰减大小。

◎ 在刺穿支撑 / 阻力线之后，注意是否继续先前的走势，这包括了探底回升和冲高回落的概念。

◎ 注意对高量区以及价格加速上涨或下跌的“垂直”区的测试。

◎ 考虑价格与趋势线、通道和支撑 / 阻力线的交叉，这些情况通常都会凸显出价 / 量的故事。

在本书的后半部分，我详细介绍了纯正的威科夫解盘工具的应用情况，它更适合于当今波动巨大的股票和期货市场。这些分析工具，可以用于实时交易的软件，可以用在任何一天的价格运动上。为了能在所有图形类型上找出交易的痕迹，我们将遵循理查德·威科夫在很久以前发出的指令：

> 成功的图形解盘是对力量的研究，它需要具备判断哪一方拥有最大力量的能力，还需要义无反顾地站到强者一边的勇气。就像企业和个人的生命周期一样，市场在每一个波段中都会有一个关键时刻。在这些性命攸关的节点上，就算是一根羽毛的重量，都可以立马决定趋势走向，而能看出这些的人赢多输少。

阅读完《威科夫量价分析图解》后，我保证你不会再回到以前看走势图的模式里。我将把我所知道的有关威科夫和价 / 量行为的一切，毫无保留地全部教给你们，不会隐藏任何秘密。子曰：“温故而知新，可以为师矣。”

目　录

TRADES ABOUT TO HAPPEN

第1章
将精力集中在线条和成交量上

TRADES ABOUT TO HAPPEN

寻找交易机会就像捕鱼，鱼总是喜欢聚集在某些特定水域，而在交易区间的边缘附近，投资机会出现的频率更高。

框定支撑线和阻力线，就能看出趋势吗？交易区间有的是长方形，有的是三角形，如何在交易区间的边界被反复测试的地方精准交易？加入成交量后，可以更好地理解价格运动吗？

寻找交易机会就像捕鱼。在湖里的任何地方都可能抓到鱼，但在不同的时间段里，鱼总是喜欢聚集在某些特定水域。与之类似的是，一个图形的任何点上都有可能钓出大生意来，然而，在交易区间的边缘附近，这种投资机会出现的频率更高。

交易区间没有固定模式。在某个交易区间被确认之前，价格总会起起伏伏，以无穷尽的方式呈现。一般来说，交易区间是长方形的，价格在上下边界之间摆动，或者交易区间会收缩成三角形。当然，我们关心的是交易区间的变化，而不是它属于什么样的几何形状。当交易区间的演变超过几个月甚至几年，它们的边界通常会扩张，并且其中还包含无数更小的交易区间。由于买卖双方对控制权的争夺，交易区间的边界将会反复遭受测试，不管边界何时被破坏，其决定性因素都在于买卖盘的跟进或者缺乏跟进。在突破或突破失败出现之后，价格通常会再次测试这些区域。

在随后的几章里，我们将考查这些节点的价量行为特征。记住：我们是在讨论所有规模的交易区间，而不只是顶或底位置的交易区间。

我们在书中描述的行为适用于所有图表，无论图表的时间框架是多少。经过练习，你可以很容易鉴别出图 1.1 上所圈出的那些区域的行为。

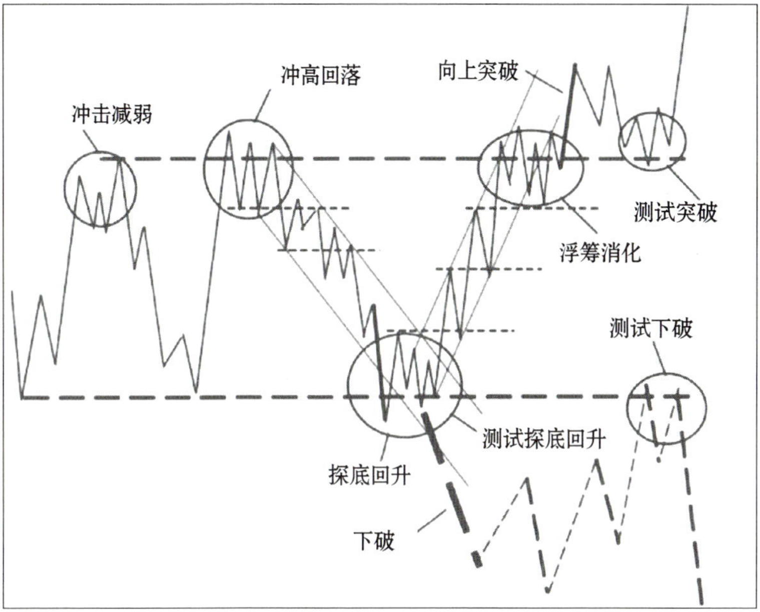

图 1.1　寻找交易区间

资料来源：TradeStation。

从价格转折点寻找行动信号

画出交易区间，这似乎是项很简单的任务。只需要目视，就可以找出它们的水平关系。

看图 1.2 纳斯达克指数期货的 6 个交易区间。通过反复框定支撑线和阻力线，我们就可看出单个区间如何形成趋势，如何在一团乱麻般的价格运动中寻找转折点。探底回升、冲高回落、浮筹消化以及测

试突破 / 下破等，这些转折点就是让我们采取行动的信号。为了更好地理解价格运动的过程，稍后的章节里，我们将加入成交量这一因素。

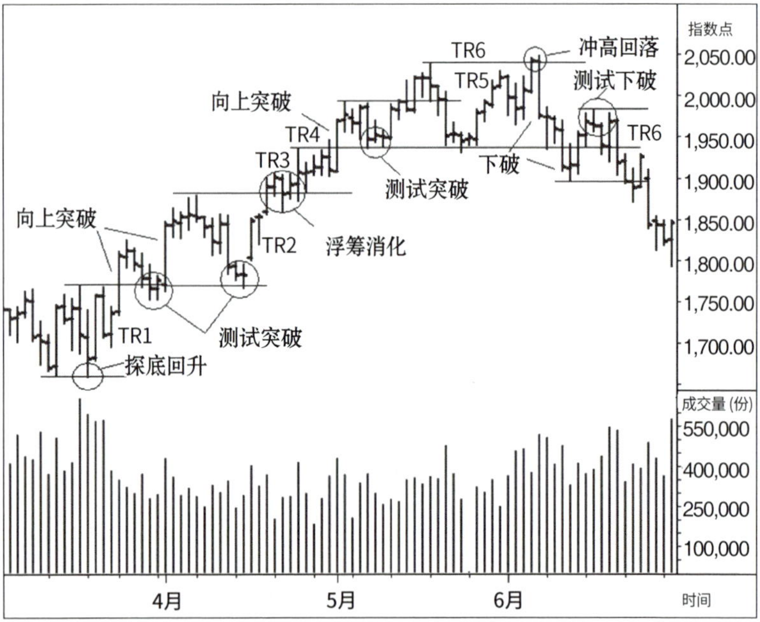

图 1.2　纳斯达克指数期货日走势图

资料来源：TradeStation。

但是，我们首先得把精力集中在线条上，这是接下来两个章节的主题，也是我的解盘方法的第一步。解读一张没有线条的图表，就像研究一份没有边界线的世界地图。

第2章
价格运动着，线打破了可以再划

TRADES ABOUT TO HAPPEN

轴线本身并不揭示市场的强势或弱势，也不发出买入或卖出信号。2006年3月债券的日走势图围绕轴线运动几个月，其间的价量行为究竟透露出什么？

一个大型上升趋势中产生了长时间的横盘整理，2003年3月道指趋势线不能描绘上行角度，更好选择应该是划第二条平行线，这样能有效定位即将到来的顶点吗？

有些价格趋势并不理会通道。2005年5月食糖走势图，价格飙升至通道界限外，按常规思路已经没法很好描绘通道，这种情况下要拥有开放的心态，考虑其他可能性。

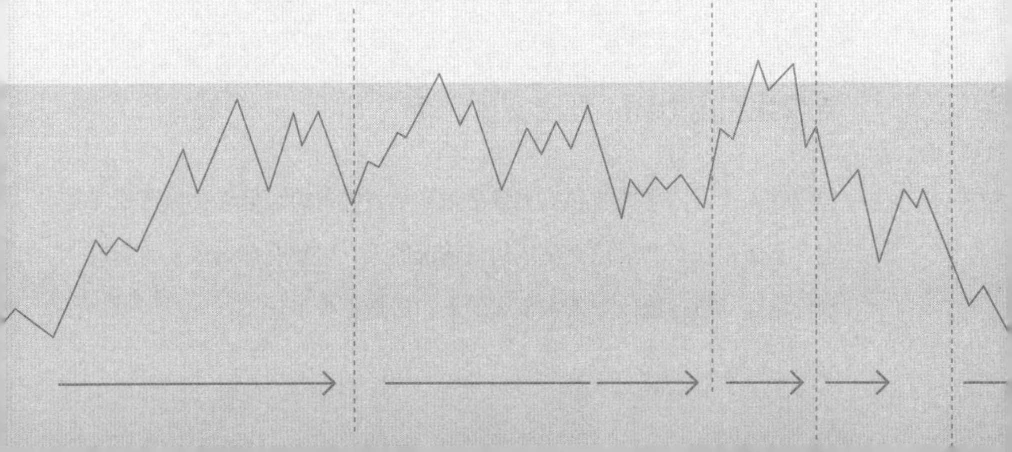

交易和技术分析简直太简单了。你可以在互联网上找到各式各样的交易系统，这些软件会告诉你如何在 a 点买入，在 b 点卖出，仅仅 4 个月获利就可高达 3 000%。

技术分析的书最推崇在突破或者跌破趋势线时买入。趋势确实需要有突破才能持续，但这些突破大多都以失败告终。同样，跌破趋势线本身也没多少保障可言。趋势线破位之前的情况，趋势线破位的方式，揭示给我们的内容会更多。那些怀疑一切的人搬出了“线划出来就被打破”这种老生常谈的论调。那又能怎样？价格运动发展着，线被打破了，可以重新再划。

支撑线和阻力线：划出交易区间

有人说，划支撑线和阻力线是为初学者准备的。但你会惊奇地发现，不能用线条凸显出交易区间内情况的人，居然有那么多，而能识别价格运动所环绕的那条水平线的人，居然更少了。

先看一个典型的交易区间，Level 3 通信公司日走势图（图 2.1）。9 月 25 日的高点之后出现了大量的横向移动，阻力线从这个高点穿过，而 10 月 2 日出现的低点成了支撑线。

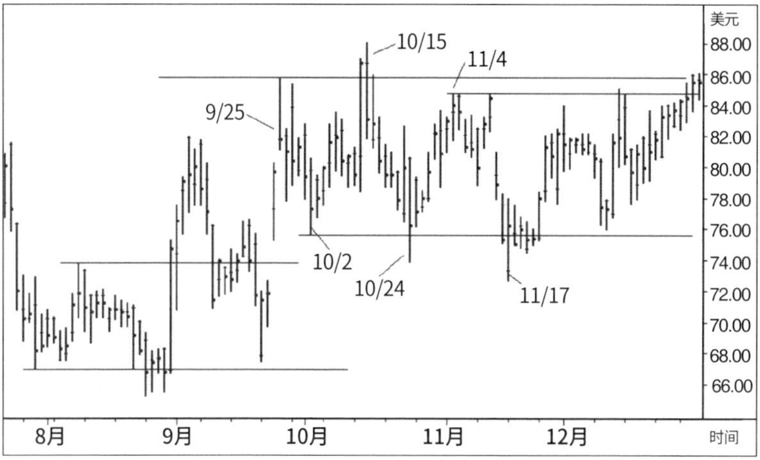

图 2.1　Level 3 通信公司日走势图（1）

资料来源：TradeStation。

我为什么选择这两个点作为阻力线和支撑线呢？ 10 月 15 日和 24 日的高点和低点同样很合适，甚至可能更合适，毕竟见顶的日子是 15 日。在现实的情况下，我或许会在 10 月的高点和低点框定交易区间。但从右往左回看，这两条粗线讲述的内容就更丰富了，它们演绎出了 10 月和 11 月间价格向上和向下的突破失败。

在 10 月 2 日和 24 日两点之间，空方试图控制该股，迫使价格更低。然而，在它的每一次尝试中，多头都作了抵抗，把价格重新拉升回来。这是一个很重要的信息，多头仍然处于优势地位。接下来，10 月 2 日的支撑线把多空双方的争斗展现在我们眼前。12 月下旬，支撑线上移，多头逐渐战胜了空头。价格持续上扬，加上大部分日收盘价都处于当日高点这一事实，告诉我们更有可能的情况是市场在走牛，而不是宽幅震荡。它表明，该股已经处于强势买方的掌控中。

9 月 25 日高点上划出的阻力线在 10 月 14 日被击穿，并出现了最高的收盘价。这一刻起，多头似乎已经取得了主导地位。空头在次日扭转了局面，并把价格打回到交易区间内。这个反转动作威胁到从 8 月份低点启动的上涨趋势，直到价格在 10 月 24 日和 11 月 17 日拒绝下破。大家可以留意到，10 月份的高点在本交易区间没有发挥任何作用。穿过 11 月 4 日的高点形成了一条阻力线，它阻挡住了 12 月的两次反弹，也标记出了从 10 月 24 日低点开始的交易区间的高点。交易区间处在另一个更大的交易区间内的情况并不常见，尤其是当它们的跨度为数月的时候。

图 2.1 的交易区间的波动幅度大约是 10 月份最高价格的 20%，可以看成中等规模的交易区间。在小时走势图上，有很多小型的交易区间，它们从高点到低点的波幅小于 1%，这样的交易区间也许最多只能持续几天。虽然支撑 / 阻力线不能总像图 2.1 那样栩栩如生地讲述突破失败所带来的交易机会，但在这个下降趋势的案例中，却能显现出高低点的稳步下移。

正如图 2.2 显示的阿哥尼可老鹰矿场（Agnico Eagle Mines）小时走势图，线条揭示了价格与以前所划的各种线条之间是如何相互影响的。交易区间 AA' 是图形上的主要区间，包含一个较小的区间 BC，但这个区间没有能够支撑市场。跌至支撑线 D 的下破引发了最后一次向主要区间的反弹，该反弹在 2012 年 1 月 17 日以一次剧涨结束。这根棒形中弱势的收盘揭示出大量卖盘的存在。支撑线 D 也起到轴线的作用，价格不断地想要从它之下尝试收复失地，最后的一次尝试发生在从支撑线 E 开始的上涨。通过划出这些线条，交易员能够预测价格在以前的支撑 / 阻力线附近见顶或见底。正因为如此，线条就成了交易员武器库的一个重要组成部分，尤其是当它们与趋势线、通道和价 / 量行为一起使用的时候。

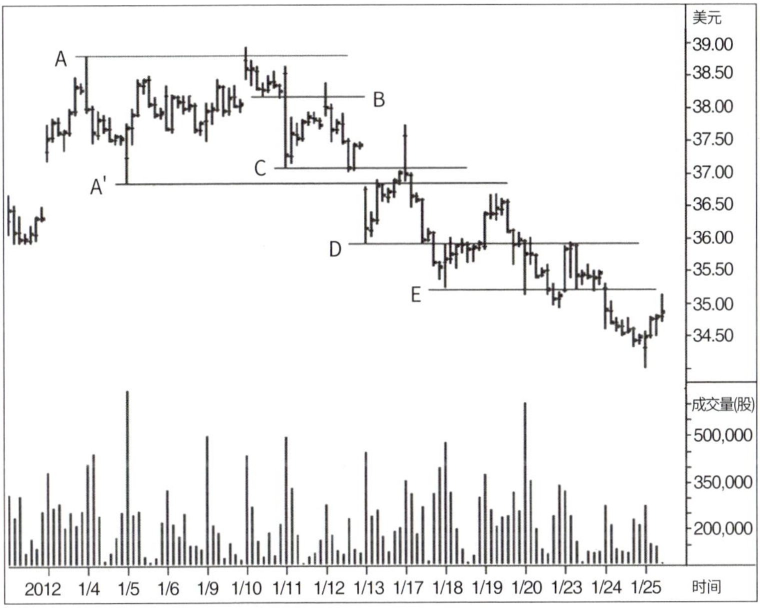

图 2.2　阿哥尼可老鹰矿场小时走势图

资料来源：TradeStation。

在日走势图上，有时会出现最有用的轴线。如 2006 年 3 月债券的日走势图（图 2.3），穿过 2005 年 11 月的高点划出阻力线 A，它在 2005 年 1 月为价格提供支撑，并在 2006 年 2 月两次成为阻力。

轴线本身并不揭示市场的强势或弱势，也不发出买入或卖出信号，它只显示一个不断地产生支撑和阻力作用的价格水平。价格可能会围绕它周围持续运动几周甚至几个月。多数时候，顶部形态的最后一涨或底部形态的最后一跌都发生在轴线附近。

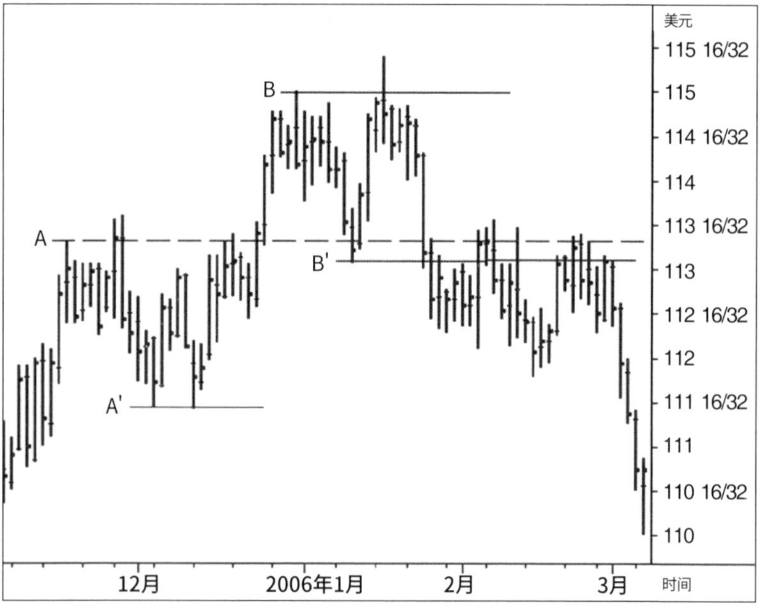

图 2.3　2006 年 3 月债券日走势图

资料来源：TradeStation。

让这条线意义非凡的是它附近的价量行为。但你得学会看到这些线条。经过练习，你只需瞟一眼，就能看出这些线条间的相互关系。

当我们划出这些水平线，就会不断看见交易区间任意一边的假性运动。对比一下图 2.1 在 10 月 15 日的假突破和 3 月债券在 1 月的剧涨。在线条的帮助下，所有这些行为都显而易见。在图 2.1 中，2003 年 7 月至 8 月的小交易区间跟 11 月 17 日的下跌情况一样，都由一次向下的假突破引发市场转牛。交易区间呈水平形态。它们通常有三种走势：一是令最顽固的多头也感到厌倦的，漫长且难熬的横盘整理；二是价格波幅逐渐向一个均衡点缩窄的三角形态；三是假性的突破/下破。在后续章节中，我们会更多地讨论这些行为。

趋势线：买盘和卖盘争夺的边界

趋势线描绘了上涨或者下跌的角度。趋势线被称为动态的支撑线和阻力线，与形成交易区间的静态平行线截然不同。在下降趋势中，穿过相继更低的高点划出趋势线，也被称为供给线。趋势线顺着高点走，听起来似乎有些诡异，比如图 2.3 中的 1 月和 3 月的情况，这个位置后来在 7 月和 9 月形成了阻力。7 月和 9 月的阻力点被称为接触点，也就是下降趋势中的反弹被趋势线停住的地方。接触点增加了趋势线的有效性。

在上升趋势中，趋势线顺着上涨的支撑点划出来，也被称为需求线，因为它标示出了买盘不断涌现的点。稍后我们会讨论，把这两条线结合起来，就形成了趋势通道。

看几个上升趋势线的例子。正常情况下，我们从下跌的低点开始划线。不让所划的趋势线穿过价格运动轨迹的前提是，找到第二个定位点。在 10 年期国债的连续日走势图（图 2.4）中，我们看到了最简单明了的趋势线。11 月 4 日和 12 月 5 日的低点是定位点，这条线为其他 3 次修正提供了支撑。尽管价格在第 3 点的位置稍稍掉到了线的下方，但随即修复，创出新高。你马上就明白了，只根据击穿上升趋势线就机械做空的做法，其内在风险究竟有多大。

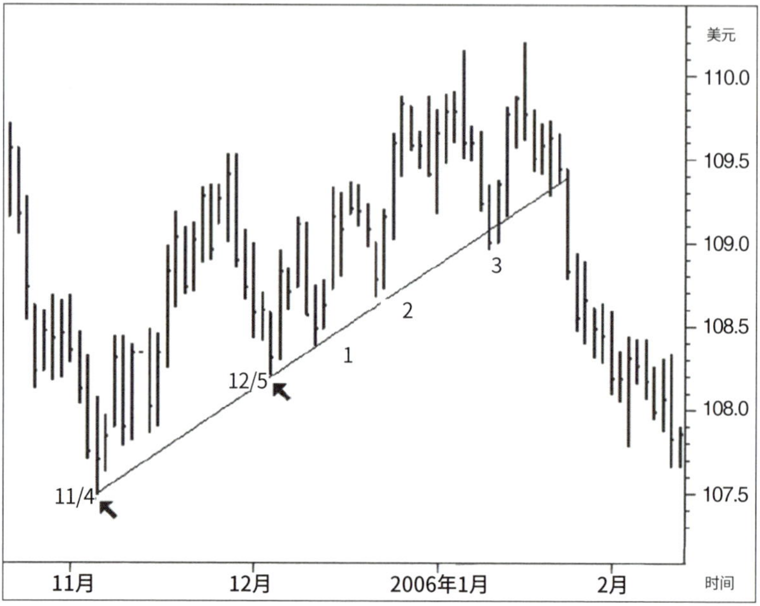

图 2.4　10 年期国债连续日走势图

资料来源：MetaStock。

如前所述，说出真相的是趋势线破位之前的行为及其产生方式。看完本书后，1 月 25 日下破前的熊市行为，在你面前就会昭然若揭。2 个月后，10 年期国债跌至 105.24 以下。

趋势线是从走势图上一个交易日的角度划出来的。人们查看交易图形时，就像测量员在标定土地上进行开发一样。图 2.5 是 Level 3 通信公司第二张日走势图，它展现了截止到 2005 年 12 月 1 日的走势。把价格下探的底部支撑点连在一起，就形成了初步的趋势线。趋势线是辅助观察价格前进方向，所以点的选择不能过于刻板，要学会灵活变通。实际划线有一些偏差也是合理的，用包容的心态解盘，才能从走势图中得到最有价值的信息，趋势一旦形成都会持续一段时间。

图 2.5　Level 3 通信公司日走势图（2）

资料来源：TradeStation。

在 10 月份的低点开始的那一波上涨中，我们加入了一条小型的趋势线。我们并没有选择最低的那一点作为首个定位点，如果选择它，这条线就不符合上涨的角度；取而代之以第 4 天的低点（点 1）作为起点，但如果从这个低点划出一条陡峭的趋势线 a，就将穿过价格的运动。点 2 作为第二定位点，不仅对其他价格没有影响，并且一目了然，稍后还为点 3 提供了支撑。另一个考量的因素是，我们不知道价格会不会继续上涨，直到“b”的高点被超过之前，点 1 到点 2 的划线都只是一条临时线，一段高过“b”的反弹才构建了一个上升趋势。

但我并不是那么的刻板，因为随后总是可以重新划线。

如果你对10年期国债的走势图（图2.4）作同样处理，那么，趋势线要到12月后期的上涨超越了11月份的高点之后才能得到确认。因为12月的接触点1和接触点2沿着这条线撑住了价格，所以我会毫不犹豫地划出来。

如果图2.5在12月1日之后马上涨到了58.95美元，那这里显示出来的趋势线就不能描绘上行角度，也就是说，从点1新划出的线条就无法找准上行角度。

一个大型上升趋势中产生了长时间横盘整理之后，类似的情况也会发生。图2.6是从2003年3月低点开始的道琼斯工业平均指数(以下简称“道指”）月走势图，它给我们提供了一个很好的范例。横盘整理是价格运动要选择方向的重要时刻，这个时候不能因为趋势不明朗而胡乱操作。不要贸然行动，保持耐心，等趋势形成再决策，要明白趋势形成都会持续一段时间，这样才能提高交易成功率。

这里有一条贯穿2003年和2004年低点的上升趋势线，但2005年3月高点出现的修正跌破了这条线，紧随其后的是6个月的横盘整理。当重拾上升趋势的时候，我们可以从2003年和2005年10月的低点重新划出一条趋势线，但这有点缺乏思考。如果只是机械划线，解盘结果往往与真实走势背道而驰。

更好的选择应该是,划第二条平行线,并定位在2005年的低点上，这样就保持了原来的上行角度。但它对于定位2007年10月的高点没有太大帮助。两条趋势线形成的平行线可以帮助我们更清楚理解价格波动范围，找到趋势内的支撑位和阻力位。一旦破位，就要考虑可能出现的新情况，原来的平行线形成的趋势就需要重划，以描绘新趋势。

图 2.6　道指月走势图

资料来源：TradeStation。

平行线：在通道中观察价格运动

谈到平行线，我们自然会被带入趋势通道的话题之中。在上升通道里，需求线从低点划出来，一条平行的供给线从其间的一个高点划出。图 2.7 描绘了定位点以及如何按顺序划出平行线。

在图 2.5 上，从 b 点的高位划一条线出来，你马上就会看到一个上升通道。理想的上升通道还要有另外的几个价格接触点，并且它应该将多数价格运动包含在其边界内。一段超出上升通道顶部的反弹通常是比大部分其他数学工具更优秀的超买指标。

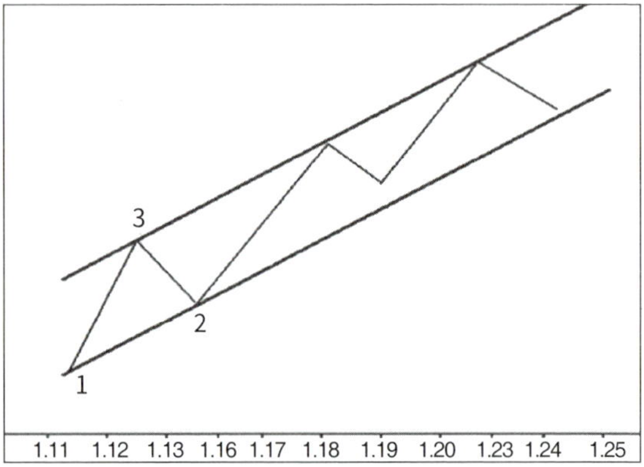

图 2.7　正常的上升通道图

资料来源：TradeStation。

2006 年 4 月活牛的日走势图（图 2.8）上，出现了更为有意思的一组通道。走势图开始于点 1 和点 2 处的低点，平行线没有从其间的高点处穿过，而是从 10 月初 90 美分的高点处划出。如果线条经过了 9 月末的点 1 和点 2 其间的高点，那供给线就会穿过几乎所有的价格运动轨迹。因此，我们对线条的处理，应该是灵活的，而且富有创造性的，同时又不能胡来。

你能够轻而易举地看见图表顶部的交易区间，它包含了高点之上的一次假突破以及一次对区间底部的结果难料的突破，这些都是价格掉头向下的迹象。

直至 2006 年 4 月的直线般的下跌通道令人印象深刻，你可以看见三个定位点以及 3 月中旬的虚弱反弹，注意在这次小型的横盘整理式反弹中，价格在供应线之上取得了怎样的进展。

4 月份一路狂泻的价格触碰到需求线，并折头向上，形成了这次下行过程中最大的上涨。希望你能够看见价格运动对这个下降通道中的定位点的认可。在实时交易中，或许我开始时划的线会截然不同，不过，一旦价格破位 90 美分，最好的通道应该就会变清晰。

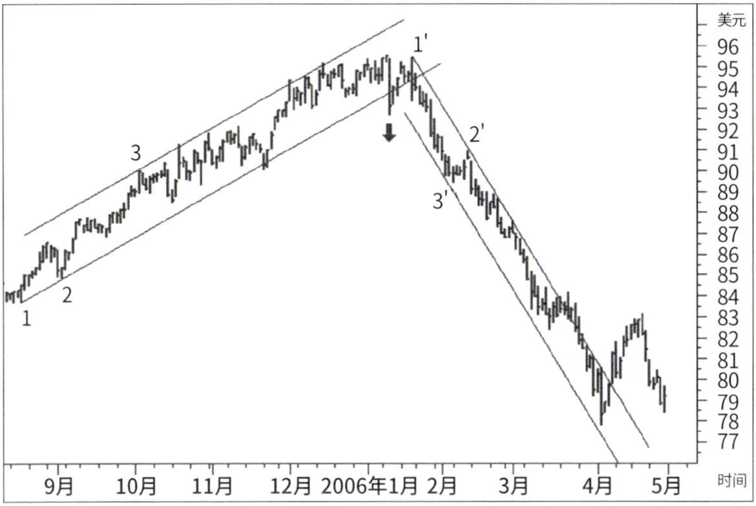

图 2.8　2006 年 4 月活牛日走势图

资料来源：MetaStock。

关于上升通道，我还得赘言几句。作为威科夫课程最杰出、最热情洋溢的讲师，鲍勃·伊万斯曾经制作过威科夫讨论解盘方法的各种录音磁带，还为描述不同的市场行为设计出了各种栩栩如生的比喻。在最著名的一套磁带里，他与听众分享了“采贝者的悲剧”。这个故事出自他的一位学生，用来解释破位至上升通道需求线之下的盘面表现。它把市场在通道里的上涨比作潜水者从海底采集贝壳后返回水面（供给线），并将其放在浮在水面的篮子里。

然而，在某个时候，潜水者会下沉到正常的深度（需求线）以下的地方，并出现痉挛等不适反应。他虽然竭尽全力想要回到水面，但心有余而力不足，最终只能随波逐流。如图 2.8，点 1 就是冲击上升通道顶部的最后一次尝试。从这个角度看，我们要学会观察需求线破位后的反弹特征。如果价格重拾涨势，并屡创新高，上升趋势重整旗鼓的概率就大。

在商品研究局（CRB）指数月走势图（图 2.9）中，我们看到了从 2001 年低点开始的“非通胀”型上涨。这次陡峭的上涨完美地符合从点 1、2 和 3 处划出的上升通道。注意随后不计其数的接触点。

图 2.9　CRB 指数月走势图

资料来源：TradeStation。

在 2005 年 1 月的低位之后，能源价格开始呈指数型增长，上涨更陡，价格趋向于沿着供应线运行。从点 4 的高点划出第二条平行线，这条线止住了接下来的两次上涨。

正如图 2.6 显示，第二条平行线扩大了通道范围，为观察价格运动提供了有用指导。在图 2.9 上，这些线条没有显示出上升趋势的结束，只是它的幅度更大，并持续了好多年。

反转趋势线：牛熊转换的关键

另外一种线型反转趋势线和反转趋势通道也值得关注。图 2.10 描绘了它的基本形状。注意，划的时候一般用虚线，以使它们区别于正常的趋势线 / 通道，其中，一些上升趋势并不符合我们之前讨论过的常规通道。这些线都是辅助我们识别图像中的支撑位和阻力位。反转上升通道内，原来的阻力位会变成支撑位；而反转下降通道内，原来的支撑位会变成阻力位。

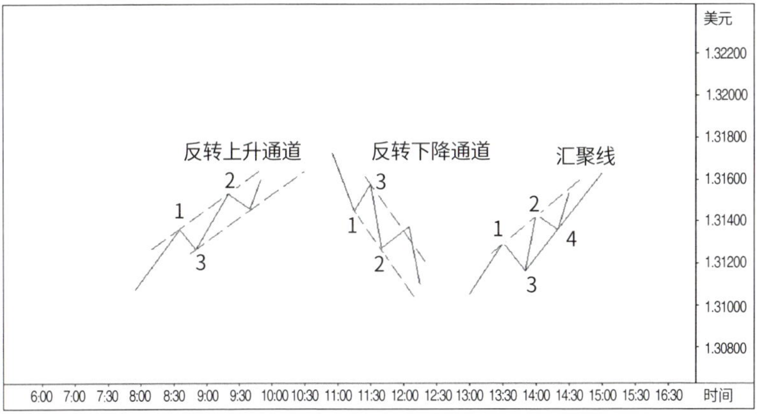

图 2.10　反转趋势通道说明图

资料来源：TradeStation。

鉴于角度的关系，我们需要划一条反转趋势线，让其穿过不断抬升的高点，点 1 和点 2。要形成一个反向上升通道，就需要划一条平行线穿过其间的低点。

在图 2.10 里，反向通道低位线不仅不会影响到价格区间，还为价格提供支撑。很多情况下，正常的上升趋势线将与反转趋势线很好地结合，形成汇聚线（Converging Lines），有些技术专家称为上升楔形（Rising Wedge）。上升楔形大多是价格下跌过程中的反弹，是多方在空方连续打击下的无力挣扎，大部分情况下形成上升楔形不会改变下跌趋势。

在上升趋势里，汇聚线通常表示上涨已是强弩之末。当价格在一个汇聚线形态内下跌时，它一般发出下跌见底的信号。汇聚线是趋势反转的信号，一旦看到类似交叉信号，就要做好调整交易计划的准备。

图 2.11 呈现的是一幅未给出明确名称的图形，前面提到的 3 种反转趋势线 / 通道类型在上面都能看到。图形左侧的下跌是一个反转下跌通道（AA'）。把 2 个低点连接起来，然后在其间的高点上划出一条平行线，这个通道就划出来了。反向上升通道 CC' 角度更陡峭，价格运动到了 C 线的上方，但从这个高点开始的下跌在其平行线 C' 上找到了支撑。

超出反转趋势线上方或者下方的运动，通常标志着一个波段的结束。我就认识一位很机敏的交易员，他开发了一套软件，专门用来显示每天有多少只股票触碰或越过反转趋势线。如果大盘处于上升趋势中，且出现这种情况的股票数量大量增加时，通常表明，市场将面临下跌风险。BB' 线没有形成一条反转通道，而是一条汇聚线，其中 B 线是一条反转趋势线，B' 线是正常的趋势线，两者形成了收敛或者楔形的形态。除了这种图表形态外，我并不认为其他形态有任何意义，因为这种形态与结束行为最为相关。超出反转趋势线 / 通道上方或者下方的运动而引发趋势反转，这样的情况经常发生。

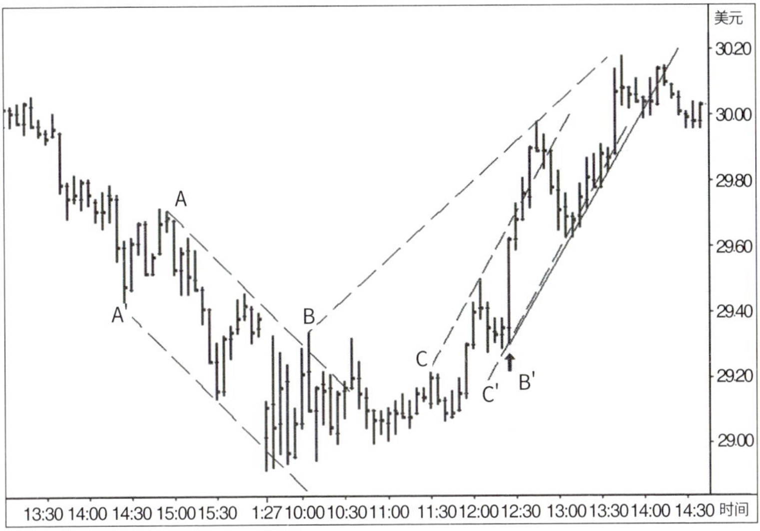

图 2.11　反转通道示例

资料来源：TradeStation。

图 2.12 显示了标准普尔（以下简称“标普”）指数 2011 年 8 月低点以来的价格变动。我们来看看交易区间 AB，价格巨幅振荡，并经历了暴跌创出新低和抽身反转两个阶段。

请注意，这次反转出现在击破了下跌收敛区内的反转趋势线底部之后，在 10 月 4 日的低点和 10 月 27 日的高点的突破位置划上圆圈，而后者处于反转趋势通道之上，导致了一次 142 点的暴跌。

还有，B 线在本图形中，既是阻力线，也是支撑线，这成了从 12 月份低点开始大幅上涨的跳板。

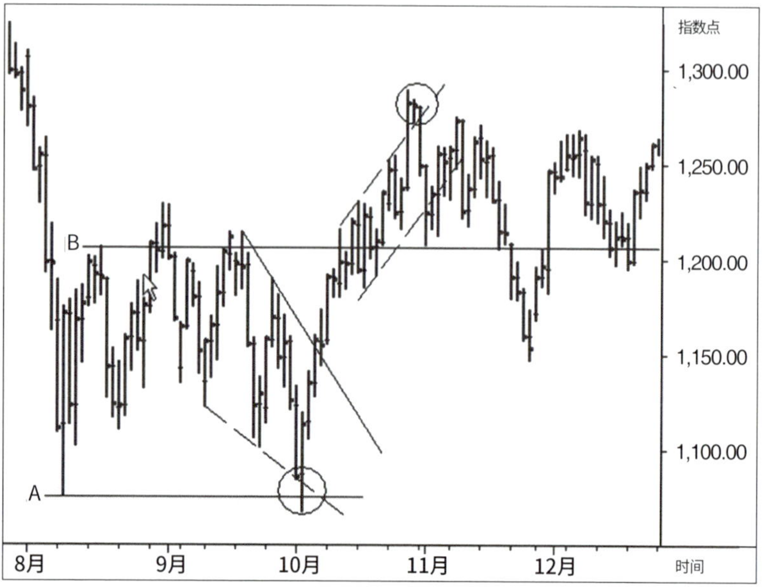

图 2.12　标普指数连续日走势图

资料来源：TradeStation。

图 2.13 显示了一个跨度达数年之久的反转趋势通道。从整个图形来看，你会发现反转趋势线 A 穿过 1993 年至 2003 年高点，平行线 A' 穿过了 1996 年的低点。2011 年呈直线型的价格上涨把价格推到趋势线 A 之上。A' 线穿过了某些价格波动区间，但它是一条平行线，而不是趋势线。在通常情况下，市场都很遵从这条平行线，然而，只有到了 2003 年高点之后，才能划出 A' 这条线。

从 2002—2009 年的低点划出 B 线，与从 2003 年高点划出的平行线 B' 一起，形成了一条正常的上升通道。价格上涨到了这个通道的最顶部，这里产生了很多线条的汇聚，它们共同强调了这个潜在极端顶部的重要性。

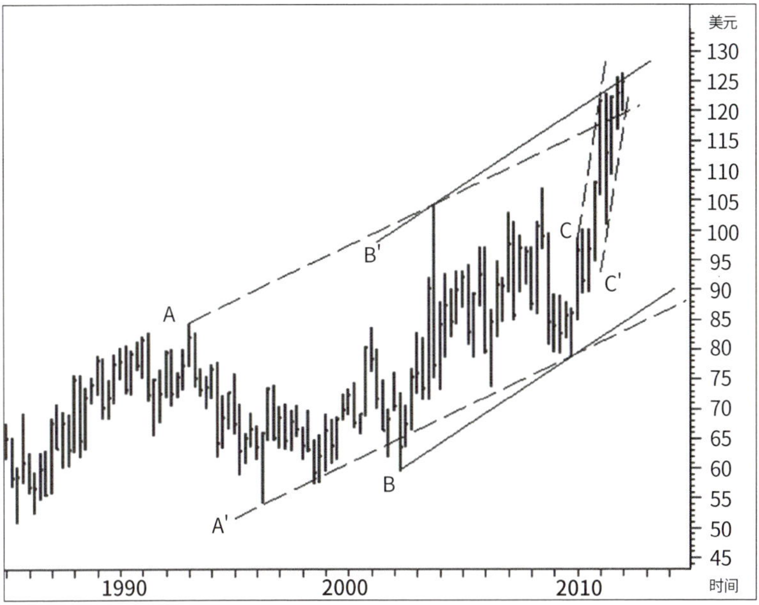

图 2.13　活牛季度走势图

资料来源：MetaStock。

2007 年 10 月，股票市场达到了最高点，绝大部分股票应声下跌。但美国钢铁（图 2.14）例外，整个 2007 年都在横盘整理。2008 年 4 月，它爆发了，并在接下来的 2 个月内股价上涨几乎达到了 70 美元。在横盘整理阶段，为了保证自己在市场生存下来，务必留意市场大趋势。并不是所有的横盘整理后都是暴涨，也会有暴跌的情况。只有在整体市场交易活跃，投资者纷纷入场时，上涨的概率才比较大。

这波上涨突破了任何正常上升通道的局限，但在股价于 2008 年 6 月上涨到反转趋势线之上后，冲天的牛气最终丧失殆尽，价格一落千丈。正如你所看到的，超出反转趋势线都值得你格外警惕趋势的反转。其他趋势线的破位情况都没有这样的预见价值。

图 2.14 美国钢铁月走势图

资料来源：TradeStation。

有些价格趋势并不理会通道。因为它们的涨跌幅度过大，正常的或者扩展的通道已经无法满足实际情况。如图 2.15，食糖在 2005 年 5 月至 2006 年 2 月间的走势很好地说明了这个问题。

我们在周走势图上标出了 5 个点。我唯一能想象出的线条从点 3 和点 5 开始。从点 4 穿过的平行线未能起到很好的支撑作用，毕竟价格后期飙升至其界限之外。

如果再划一条穿过点 2 的平行线，这个扩展了的通道就包含了最后高点之前的大部分价格变化情况。或许，这不能算一种完全“合法”的划通道的方式。

尽管第二条平行线的高点出现在点 3 和点 5 前，但它确实是很有效的。我们划支撑线 / 阻力线、趋势线和通道（正常、反转或者扩展）时，需要拥有开放的心态，必须时刻考虑其他可能性。至此，我们拥有了足够的技术手段，可以开始讲述线条的故事了。

图 2.15　2005 年 5 月—2006 年 2 月食糖走势图

资料来源：MetaStock。

第3章
线条用无声的语言讲述价 / 量行为

TRADES ABOUT TO HAPPEN

月线或年线的走势慢，更倾向于识别长期机会。从“大萧条”到20世纪70年代的“石油危机”，大豆油现货价怎样上演过山车？

2000年1月，QQQ股价经历一次急剧放量破位，接着创出新高，价格区间收窄，趋势已是强弩之末。不久，QQQ股价以更大的价格差和放大的成交量下跌，刺穿冰线，多头为什么蜂拥而入？

1998年12月，斯伦贝谢周成交量达到高潮，空方付出巨大努力拉低了价格，股价被拉到交易区间下方。然而，几乎没有跟随者，抛压怎样在随后的反弹中迅速蒸发？

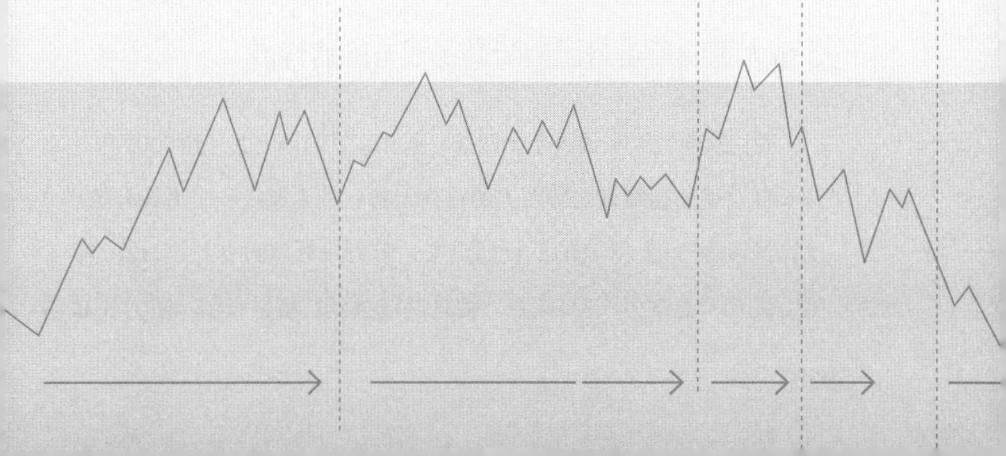

在你所有的图表上划线，其重要性我再怎么强调都不为过。线条可以讲故事，让价 / 量行为跃然纸上：

◎ 它们可以定义价格趋势范围内涨跌的角度；

◎ 警示市场达到趋势中的超买点或者超卖点的时机；

◎ 框出交易区间；

◎ 描绘价格向一个均衡点的收窄；

◎ 帮助预测修正过程中可能的支撑线或阻力线的位置。

5 张大豆油日走势图判断交易双方的博弈点

我们从研究大豆油入手。图 3.1 显示了 2001 年 12 月到 2002 年 5 月 6 日大豆油连续日走势图上的价格走势。从支撑线和阻力线开始。支撑线 A 从 1 月 28 日的低点划出来，阻力线 B 穿过 2 月 5 日高点，阻力线 C 穿过 3 月 15 日高点。把这些线条延长至整张图，阻力线 B

后来成为 3 月和 5 月回调的支撑线。当一条线既做支撑线又做阻力线的时候，就被称作轴线。一般而言，价格倾向于围绕轴线运行。

图 3.1　大豆油日走势图 (1)

资料来源：TradeStation。

在爱德华和迈吉的《股市趋势技术分析》(*Technical Analysis of Stock Trends*) 一书中，他们对支撑线和阻力线作了最为广泛的讨论。尽管未提及上面描述的轴线，但他们确实注意到了同时作为支撑线和阻力线的水平线条：

> 有一个有趣而重要的事实，很多马虎的图形研究者从来都没有抓住这一点：关键的价格水平线一直都在不停转换角色，

从支撑线到阻力线，从阻力线到支撑线。太奇怪了！过去的顶部一旦被突破，就成为后续下跌趋势的底部；而过去的底部一旦被击穿，就成为后面上涨阶段的顶部。

支撑线 / 阻力线也在这部分图表中框出了这样两个交易区间。通过划出这些线，你可以更好地观察出双方的各种突破尝试，就像第一次世界大战中，遍布壕沟的战场上发生的那样。在交易区间里，多空双方数不胜数的假突破就是摸清对方真正实力的重要测试行为。正如接下来要讨论的，很多低风险的交易机会都是由这些测试提供的。

在市场发展的这个阶段，只能划出一条重要的趋势线。在图 3.2 中，TT' 是一个正常的上升通道，其中，支撑线 T 穿过了 1 月至 2 月低点，注意在 5 月初，价格是怎样和这条线相交的；阻力线 T' 穿过 3 月高点。在这个例子中，两低点间的高点原本应该在 2 月末，但考虑到后续的价格运行情况，穿过两低点间真正高点的线条会没有意义，因此，我们就要寻找图形上更高的点。上升通道 TT' 的角度不是十分陡峭，因而区间不会包含较大规模的反弹。另外，TT' 内部还出现了两个小型的上升通道：一是从 2 月底到 3 月 15 日；二是从 3 月低点到 4 月高点。

请留意 4 月份市场是如何在没有跟风盘的情况下，上涨到这个上升通道的顶部之上，而且也突破了阻力线 C 的。通道上轨即供给线之上的上涨形成超买状态，这种状态比从数学指标得到的信号更为可靠。顶部的日收盘价位置表明，市场遇到了抛盘。此时，我们应该保持谨慎。划通道有时也不是十分复杂的事。从 4 月高点开始的下行趋势过于陡峭，我简单地划了一条下降趋势线。在买方与卖方相互博弈的某些节点，价格通常会到达线条的交叉点或者汇合点。

图 3.2 大豆油日走势图 (2)

资料来源：TradeStation。

很多时候，这些区域附近会出现重要的转折点。在 4 月高点，一个小型上升通道的供给线与阻力线 C 相交。在 5 月低点，趋势线 T、阻力线 B 以及一条次级下降趋势线即将汇聚。当汇聚线出现时，你就得开始评估转折点出现的可能性了。我很少简单地以趋势线为依据决定一次交易，也会考虑其他因素，但如果你想仅以一种技术手段进行交易，那么这些线对你应该是一种绝佳参考。

图 3.3 是大豆油截至 2002 年 7 月第二周的价格运行情况。一眼可以看出，从 5 月低点开始了一次快速的 4 日连涨，随后慢慢进入有序的爬楼梯状的上升。5 月低点的不同转折点可以划出好几个通道，但到了 5 月 30 日（从高点算起的 5 天）时，通道 VV' 是最能胜任的。

这波上涨行情把通道 TT' 的顶部远远抛在了后面。从 6 月 6 日高点起，一个新的交易区间形成了，注意这个交易区间的下边界是怎样向阻力线 C 靠近的。在市场上涨到 5 月高点之后，我会连接 5 月和 7 月的低点，并划出其间高点的平行线，作出通道 XX' 。

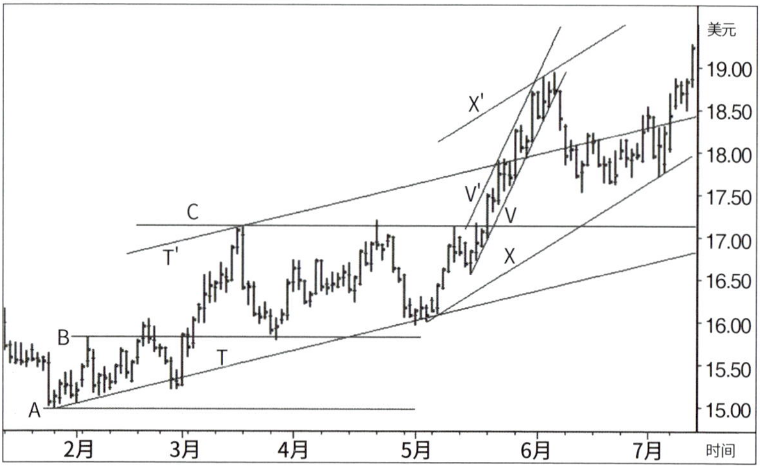

图 3.3 大豆油日走势图 (3)

资料来源：TradeStation。

在结束本次研究之前，我们最后看一看图 3.4。从 7 月低点启动的上涨，稍稍越过了通道 XX'，形成了一些超买行情。阻力线 E 穿过了 7 月高点，也就是从这个高点起，市场下滑，一直到它在线条 D 上找到支撑为止。价格再次上行，趋势线 Y 出现了，还与线条 X' 形成了上升楔形。不管你喜不喜欢寻找几何图形，但这些交会的线条确实清楚地显示，上涨冲力在减弱。价格持续穿过通道 XX' 的供给线，但没有能够启动一次角度更加陡峭的上行。从通道上方高点下跌之后，我划出阻力线 F。下跌在 Y 线附近找到支撑，市场则在反转下行之前确实在 F 线上方形成了新的局部高点。在这个关键时刻，阻力线 F、供给线 X'、支撑线 Y，全都在这里汇聚。划出支撑线 G，穿过最后两个高点之间的低点，在未来的几周里它产生了重要的作用。

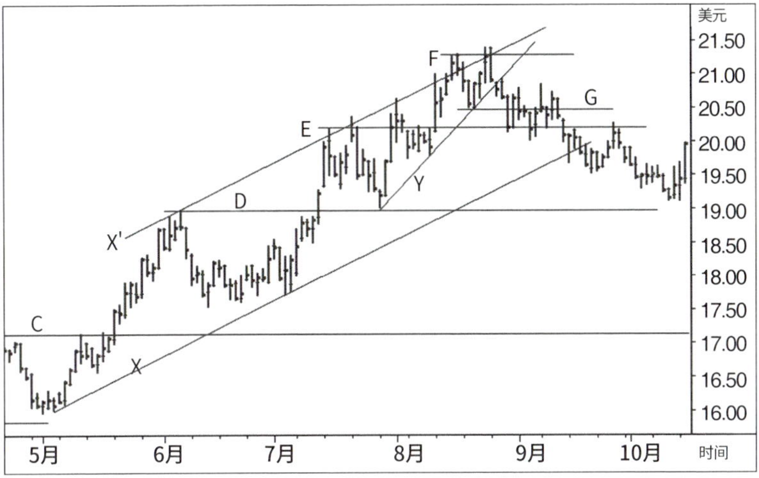

图 3.4 大豆油日走势图 (4)

资料来源：TradeStation。

至此，我们还只讨论了随着价格运行，在图形上划出的线条。在图 3.5 大豆油走势图上，我们对最重要的 8 个点进行了编号。在这些点位，我们识别出了结束动作，或是即将出现结束动作的信号。

点 1 是 C 线之上的假突破。在这里，市场上涨至阻力线 C 之上，收盘在阻力线 C 之下，收盘价接近当日低点。两天后，狭窄的价格区间进一步表明需求疲软，价格将要回调，紧随而来的下跌在支撑线 B 上方止步，这波下跌低点的价格区间在缩窄，空头似乎占了上风。

在点 2，价格反转向上，收盘在前日高点之上，使市场处于强势位置。这次反转把价格推到一个更高的高点，一直到 6 月初，上涨力竭为止。

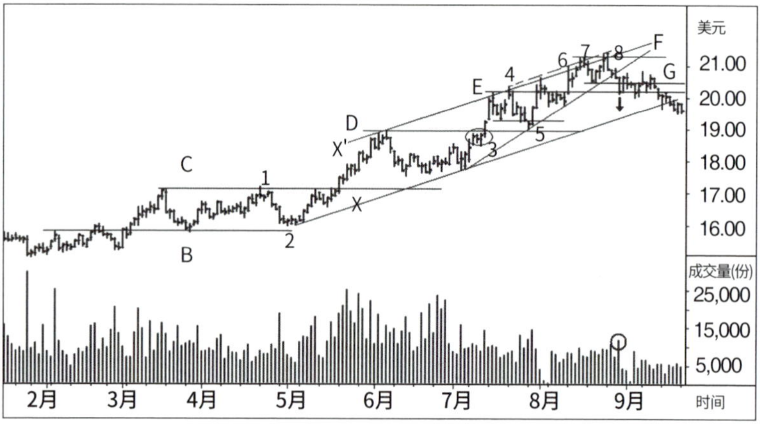

图 3.5　大豆油日走势图（5）

资料来源：TradeStation。

注意狭窄的价格区间和 6 月高点上的疲软收盘。在回抽和整固之后，市场回到了新交易区间的上部。棒形图中的圈标出了在一个紧凑的价格区间中的 3 天盘整期。紧随其后，市场在两个交易日加速上行。点 3 指出突破前一个紧凑的价格区间内部的浮筹消化过程。点 4 价格上涨至从 5 月低点开始的上升通道之上，收盘位置表明供应出现。向点 5 的回落，测试了价格直线上涨的区域，但点 5 的收盘位置表明买盘出现。点 6 和点 7 的价格一步步奋力持续走高。

从点 4 和点 6 的高点处划一条反转趋势线（虚线），这凸显市场缺乏向上的进展。点 8 略微创出新高和弱势收盘表明，需求已是强弩之末。

总之，点 4 到点 8 之间（点 5 除外）的综合表现，反映了大豆油的上涨趋势正在放缓，修正的可能性增加，而支撑线 G 之下的高成交量破位（看箭头），也说明了卖盘力量已经战胜了买盘力量。多头试图在支撑线 G 之下收复失地，但空头挫败了这个企图，即上涨以疲软的收盘结束。所有这些点位，我们将在后文中进一步讨论。

在月线和年线上划线，识别交易中长期机会

我们在大豆油日走势图上划不同类型的线条，这些线条也可以被运用到更长期的的图形上。这些线条帮助我们把注意力集中在更大的“战线”上。

在某些情况下，它们提供的支撑或阻力长达数年甚至数十年。股票投资者、交易员以及商品期货操盘手都需要认识市场在历史框架内的位置。我们可以用前面讨论过的方式解读长期的支撑线 / 阻力线、趋势线以及通道与棒形图的区间（周、月、年）及其收盘位置。在研究长期图形时，时间是唯一不同的因素。或许，我们解读小时走势图或日走势图上的价格波动比解读月走势图或年走势图上的快很多，但后者的价值在于能够识别出长期机会。有了这些信息，我们就可以将精力集中在日走势图上。

2002 年，大豆油有这样一个机会。图 3.6 显示了 1931—2003 年的大豆油现货价。它给我们讲述了很多商品在过去 75 年之间的故事：

◎ 20 世纪 30 年代初期，价格在“大萧条”的深渊中触底。

◎ 20 世纪 40 年代初期，价格在“马歇尔计划”的刺激下涨至高位。

◎ 20 世纪 50—60 年代末期，价格进入一个极度沉闷的时期。

◎ 20 世纪 70 年代中期，价格在通胀的压力下急剧上涨。

◎ 20 世纪 80 年代到 21 世纪初期，价格进入极端波动的交易区间。

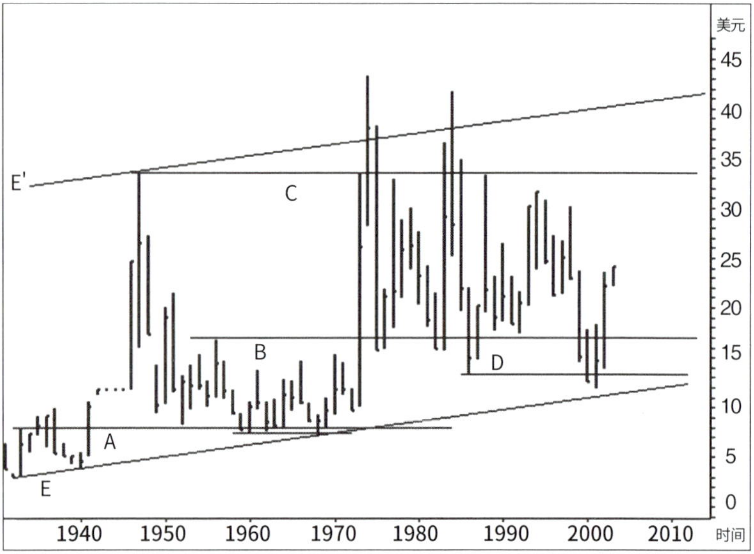

图 3.6　大豆油现货价年走势图

资料来源：MetaStock。

美国出产的很多农产品的价格形态大致都是这样。水平阻力线 A、B、C 分别经过 1935 年、1947 年和 1956 年的高点。仔细观察市场与这些线条之间的相交。1952—1972 年，大豆油的底部基本稳定在 1935 年高点的顶部位置。1956 年的高点被 1973 年的狂涨淹没，而这波涨势部分得益于出口需求的增加。但这次越过了 1947 年峰顶的爆发性上涨，好景不长，价格很快反转，并退回 1956 年高点附近。

并在之前的阻力水平之上发展出一个新的交易区间。

1985 年之后，价格收缩了 13 年。从更长的时间来看，1998—2000 年的下挫是从 1975 年低点开始的一个较大交易区间的终极震仓。2001 年，就在我们研究日走势图后不久，价格反转至 2000 年高点之上，并收盘在靠近交易区间 BD 中部。这令大豆油站在了一个进入更大规模上涨的跳板上。弄清楚市场在 2002 年伊始长期图形上所处的位置，就会对 5 月和 7 月转折点有更深刻的认识。截至 2004 年年初，价格已经上涨到 34 美分附近。在涨至 2008 年高点时，价格再次翻番，高达 71 美分。

图 3.7 追溯到 1930 年的可可现货价格。

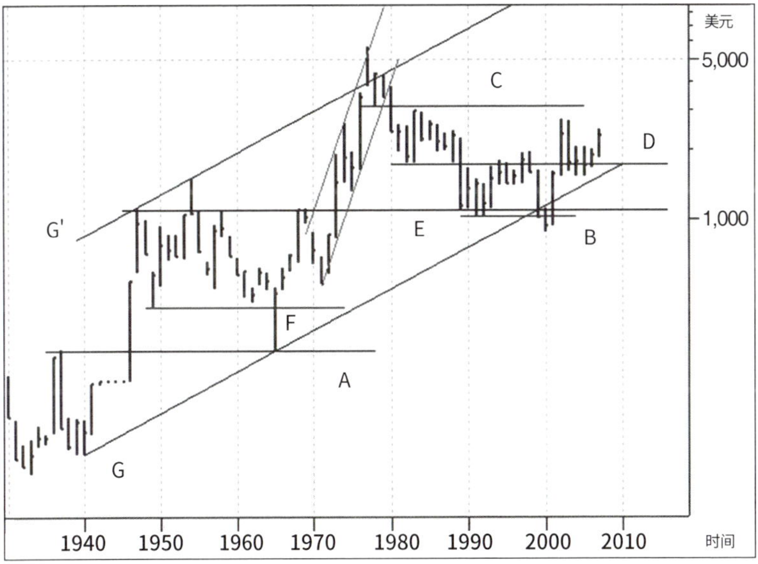

图 3.7　可可现货价年走势图

资料来源：MetaStock。

可可价格的主要转折点与大豆油如出一辙：底部在 20 世纪 30 年代初，顶部在 1947 年，长长的交易区间一直持续到 20 世纪 60 年代的低点，20 世纪 70 年代的巨大升浪以及 20 世纪末的底部。1977 年，可可最高点时的价格是 1933 年低点的 74 倍。1977 年的价格区间相当于 1933—1973 年。只有使用半对数比例尺才能让我们看到早前的历史价格。

穿过 1940 年至 1965 年低点划出的上升通道 GG'，几乎囊括了所有价格形态。然而，1977 年，价格超出了上升通道 GG'。在接下来的一年里，1977 年的所有上涨都蒸发殆尽。从 1977 年高点开始的下跌以一种有序的方式延续，所有的支撑都在后来的日子里成了阻力线，可以预期它们在未来仍然将发挥重要作用。当时，我认为可可的价格在 1992 年已经见底。此时，下冲减弱，价格回到了 1947 年阻力线的上方，并且正在测试 1973 年的垂直上涨区域。尽管到 1998 年，价格几乎翻番，但上涨过程太曲折。还有两点值得注意，1997 年，次级突破之后，缺乏买盘跟进；1999 年，可可经历了一次剧烈的下跌，并在接近 1992 年低点附近止跌。

请记住，只要价格下跌就要对较大的价格棒做半对数比例尺处理。因而，对图形的简单浏览会让人以为 1987 年和 1996 年的区间比 2000 年的小。然而，事实并不是这样。

2000 年，价格走势发生了明显变化。在这里，我们看到的下跌情况不多，但也看不出上涨的意愿，价格收窄，形成了自 1971 年以来最狭窄的年度区间。按照狭窄区间的讨论，2000 年的表现值得特别关注。

市场止步不前的位置刚好在 1992 年低点，也处于长期上升趋势线之下。趋势线的破位并不是太严重，但真正起作用的是它破位的方式以及后续跟进的幅度。正如你看到的，没有轻松下移。如果卖方还占据着上风，那么价格应该持续走低。次年，价格反转至 2000 年高点之上，趋势的变化才显而易见。这时，大家可以放心大胆地买入可可。随后两年，可可价格上涨了 200%。无论从哪个时间周期来看，1992—2001 年的盘面表现都是一个典型的底部标志。

在可可和大豆油年走势图上，围绕主支撑线和主阻力线出现的价格运动是整个故事的主线。债券月走势图（图 3.8）则是另外一番光景。在这里，一个反转趋势通道 EE'（虚线），很好地描述了债券期货的上涨角度。

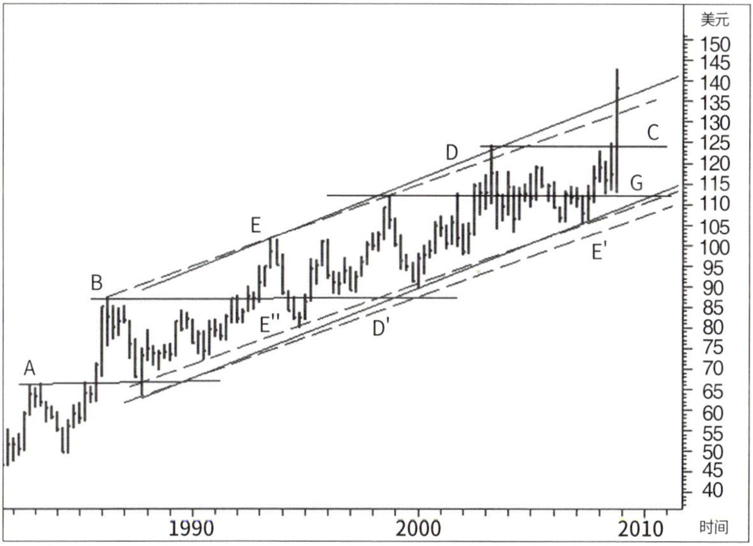

图 3.8 债券连续月走势图

资料来源：MetaStock。

这个通道是由穿过1986—1993年的高点的直线E与穿过1987年低点的平行线E'构成的。第二条平行线E"的下轨穿过了1990年的低点,并在1994年和2000年1月提供了支撑。平行线E'是先划的,所以与价格之间一直都未产生相互影响。1998年和2003年的上涨刺穿了反转趋势通道EE'的上轨,形成了暂时性的超买状态。通常,反转趋势线和趋势通道适用于上涨/下跌角度非常陡峭的情况。

如果仅从1981年或者1984年低点划出趋势线,通道永远也不会包含后面出现的价格形态。在价格从1994年的低点上涨之后,就可以经过1987年至1994年的低点划出一条线D',并协同经过1993年高点的平行线D一起勾勒出正常趋势通道DD'。它与反转趋势通道EE'完美吻合。

我推崇反转趋势通道EE',在于它描述了上涨的原始角度,其发出的信号得到了正常趋势通道的进一步强化。

线条C、D和E在2003年顶部的交会,警示我们债券市场已经过度超买了。在接下来的整个上涨趋势中,这3条线起到了重要作用。

1987年,股票市场崩盘,债券市场也逃不过暴跌。价格在1982—1983年高点的顶部找到了支撑线A,后来穿过1986年高点的阻力线B,并得到整固。你很容易看见线B之上为期3年的价格运动的收窄,并在1997年结束。

穿过1998年高点(由长期资本管理公司的崩盘造成)最上面的阻力线G,终止了2001年的涨势。2002年8月至2003年4月9个月的拉抬动作标志着一个5年交易区间的开始。2008年12月,股票市场陷入恐慌,债券飙升至143美元,而这是2012年之前闻所未闻的价格。

接下来,债券交易进入了频繁波动时期,价格区间在26个点左右。

直到 2011 年 9 月，价格涨至 147 美元，并触摸到了 2003 年顶部时的反转趋势线 E。

底部“冰线”是多头负隅顽抗

在现代的威科夫教程里，交易区间底部的支撑线，被喻为覆盖在冻结起来的池塘水面上的冰，也称为“冰线”。威科夫虽然从来没有用过这个说法，但这个比喻很容易让人记住。在图 3.7 中，1977—2000 年的下行趋势显示，价格反复与冰线交叉。在图 3.4 中，两个高点之间划出的支撑线 G 起到了次级冰线的作用。尽管 G 线下方出现了数不胜数的试探性上涨，但都没有形成可持续的升势。

价格与冰线相互作用的最好例子是 2000 年 1 月至 4 月 QQQ 日走势图，见图 3.9。2000 年 1 月，QQQ 经历了一次急剧放量的破位，接着又创出了一系列新高。在 2 月份上涨之后，QQQ 在交易区间 AB 上方，盘整了 10 天。后来，它突破了这个阻力位置，拉升至 3 月 10 日的顶点 1。在这个位置，每日价格区间收窄，收盘价靠近日低点，趋势已是强弩之末。很快，价格跌回到 3 月 16 日低点。从交易量来看，3 月 15 日的点 2，是股票以有史以来最大的下跌成交量破位；3 月 24 日上涨至顶部点 3，但没有量的配合。总之，我们在这个位置上看到了上涨通道中的超买情形、在日价格区间中部收盘以及上涨势头减弱。买方在下一日进行微弱的拉涨，但收窄的日交易区间、低成交量以及弱势收盘，使股票连续跌落 3 个台阶，甚至直奔交易区间 BD 底部。

在 4 月 3 日点 4 处，QQQ 以更大的价格差和放大的成交量下跌，刺穿了从 3 月 16 日低点划出的冰线 B，也刺穿了 1 月高点划出的支撑线 B。此时，多头马上趁弱势蜂拥而入，把价格抬高至日内高点，并且位于冰线 B 之上，当天的日价格区间的幅度和成交量均刷新了纪录。即使日内形成了对下跌的修复，但从 3 月 24 日高点形成的 24 点下跌已经标志着市场行为的显著转熊。紧随其后的是无量上涨，收复的失地尚不足之前下跌的 50%。从 4 月 10 日点 5 开始，价格 5 天内跌掉了 29 点，结束了冰线上的涨势。4 月份的价格稳定在支撑线 A 附近。到这时，股票已经在 16 天内损失了 35% 的市值，下跌的速度和量级宣告了一次大规模趋势变化的开始。尽管峰顶已经完成，但与冰线的互动还是持续了 6 个月之久。

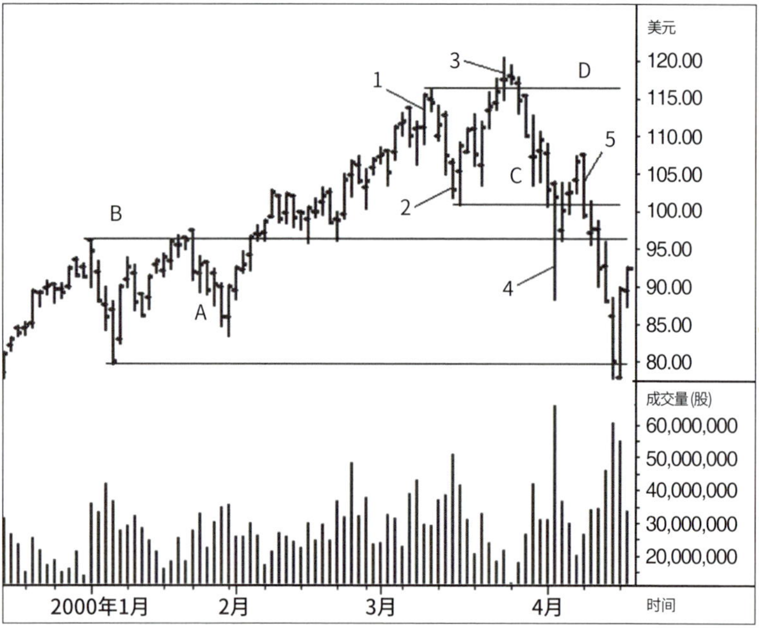

图 3.9　QQQ 日走势图

资料来源：TradeStation。

结合 QQQ 周走势图（图 3.10），图 3.9 上的线条能告诉我们更多内容。QQQ 在 4 月和 5 月作了 6 周努力，通过上涨脱离 1 月份的支撑线 A。空头暂时战胜了多头，把股票价格打到了支撑线 A 下方，但股价因后继乏力形成一次大逆转，并测试了原始冰线 B。在 7 月末的第二次回抽之后，股票再次触及冰线 B。2001 年 9 月 1 日结束的那一周价格收在了冰线 B 之上。

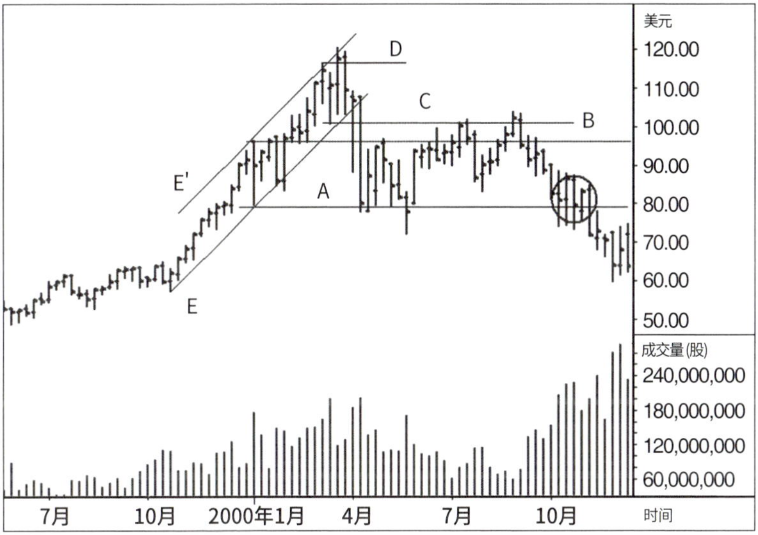

图 3.10 QQQ 周走势图

资料来源：TradeStation。

然而，后继乏力，下一周转头向下，更是凸显了空头占据着支配地位。价格回到交易区间底部（圈出的区域），买方和卖方陷入了为期 5 周的肉搏。它成为多头最后的一线希望，买盘来自 4 月和 5 月低点附近的空头回补、9 月初做空的获利平仓以及新进多头的底部建仓行为。空头吸收了多头的筹码，筑顶结束，下行趋势切实展开。3月低点已经贴上了冰线C的标签，同样的情形也适用于穿过1月低点划出的线A。经过任何交易区间底部的支撑线，无论是年走势线还是小时走势线都可以这样来看。长期来看，我们应该期望2000年1月的冰线A在所有纳斯达克指数中都扮演重要角色。从2009年低点开始的上涨在2012年止步于这条线上。

顶部形成是多头弹尽粮绝

纵贯本书，我们将会看到价格与各种线条及通道交互的更多例子。向我介绍威科夫教程的人总是强调顶的重要性，其实威科夫并不把三角形态看成所谓的“持续整理形态”，事实上他压根就不关心图表的形态。他寻找收紧的价格区间，尤其是两条趋势线交会的点及周边。三角形态本身的预测价值不大，甚至可以说没有，它只表示价格波动的幅度逐步收窄至供需双方之间的一个均衡点上。

这个均衡注定要被打破。我们寻找能指示未来方向的价 / 量的线索。在成交量不同寻常飙升或反转行动让天平倾向于某一方之前，我们所得到的证据都是矛盾的。威科夫描述从沉闷市场中预测方向：

> 一个波澜不惊的市场表明它没有能力支持上涨，或者对利多新闻没有反应。从技术上看，它是很弱的……当价格逐步坚挺时，当空头突袭之后不能再掠取相当数量的股票时，当股票在听到利空消息也不下跌时，我们可以期待在不久的将来会看到一个上涨的市场。

在月度或年度长期图形中，三角形态的出现可能显得尤为恐怖，但它提供了最大的回报。20 世纪 60 年代末到 20 世纪 80 年代，我的朋友和导师就找到了这样的情况。

在期货交易的税法改革之前，他通过持有 6 个月或者更长期限的合约赚到了长期的资本收益。这种做法要求购买掉期合约（Deferred Contracts），并以极大耐心持有。通常情况下，这些头寸必须展期好几次，才会出现预期的价格变动。

最令人难以忘怀而且持续时间最长的顶部出现在 1974—1977 年的白银期货市场上（图 3.11）。由于商品期货整体呈现牛市趋势，几乎没有交易员怀疑白银上涨最终会超越交易区间之外，但谁也不知道哪一次上行才是“真的”。

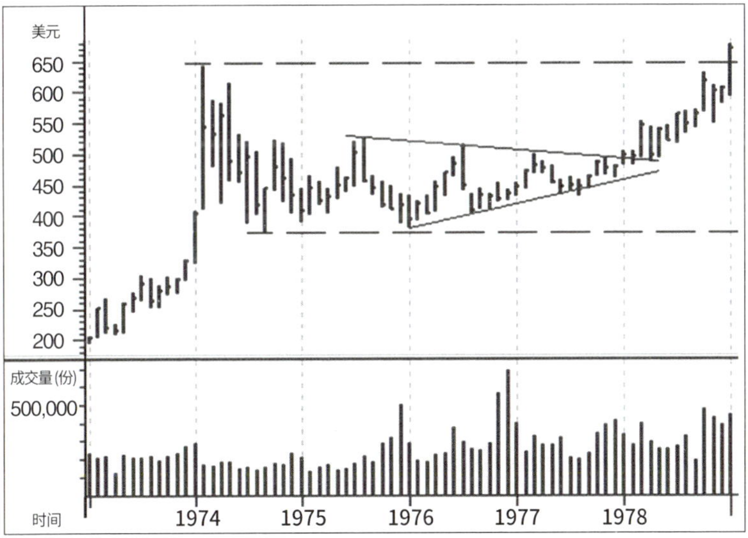

图 3.11　白银连续月走势图

资料来源：TradeStation。

本着市场一致的牛市期望，耗费尽可能多的多头就成了市场的日常工作。每一次向上波动都会吸引一批新的投机者入场，这些人很快就会在随后的向下波动中被清洗出局。

然而，在日走势图上，多头正步步为营地战胜空头。在月走势图上，不同寻常的成交量出现在 1976 年 11 月和 12 月，价格也没有跌至这段时期的低点，直至许多年以后。1977 年，白银在 6 月份找到了支撑。尽管这个低点在 8 月份被刷新，价格收在本月交易区间的中部。1977 年 8 月，月度成交量是整年最低的，这也说明抛压耗尽，价格小幅上涨 2 个月，并在 11 月至 12 月收窄，进入三角形态的终点。

“突破”这个三角的方式可能最没创意：一个月价格区间狭窄，另一个月横向移动，这就像一辆满载沉重货物的卡车喘着粗气驶离停车场。1978 年 3 月的上涨中出现了价差扩大趋势，价格也越过了 1975 年的高点，但并非直线上升。把 1974 年 1—2 月的价格运行情况与 1978 年作比较。前者的价格直线上涨，市场上有恐慌性买盘，这是一种投机性的发泄，也就是威科夫所称的“皮下注射”；后者的价格上涨悄无声息，没有激动人心的事情发生。买盘引发的是怀疑，而不是急迫跟进。随着买盘逐步战胜持续性抛售的卖盘，价格小心翼翼地上涨，并对每一条支撑线 / 阻力线都作了测试、再测试。

每个阻力水平所供应的白银数量随着其所有权从弱手向强手中转移而被稳步消化掉。白银价格缓慢移动，从很多方面看都很像在 1 分钟或者 5 分钟棒形图上看到的样子。解盘者很久以来一直都对缓慢上涨的意义有很好的认识，这与价格轻松上行的泡沫状况是截然相反的。

针对威科夫的“价格逐步坚挺”之说，汉弗莱·尼尔（Humphrey Neil）写道：“越是伴随着交易数量稳步上涨，就越能证明这是一个更高质量的买入，正好与爆发式、价格在大范围变化的情况相反。”我再补充下面的说法：做空者把缓慢的节奏看成是需求不振的信号，逐步的上涨吸引着他们以做空入场，接下来因判断错误而强制平仓，为做多者提供了额外的收益机会。

总之，白银月走势图 4 年三角形态的突破，是以慢吞吞的爬行开始，最终势不可挡地造就了期货市场历史上最大的牛市之一。我们刚研究了发展了数年之久的经典三角形态，再看看数不胜数的较小型的三角。划出简单的趋势三角形，显示价格之间的联系。有时候，三角形是有意义的，有时候则没有。但它都能凸显出收缩点，比如在图 3.12 的斯伦贝谢公司（SLB）日走势图中的点 1 和点 2。

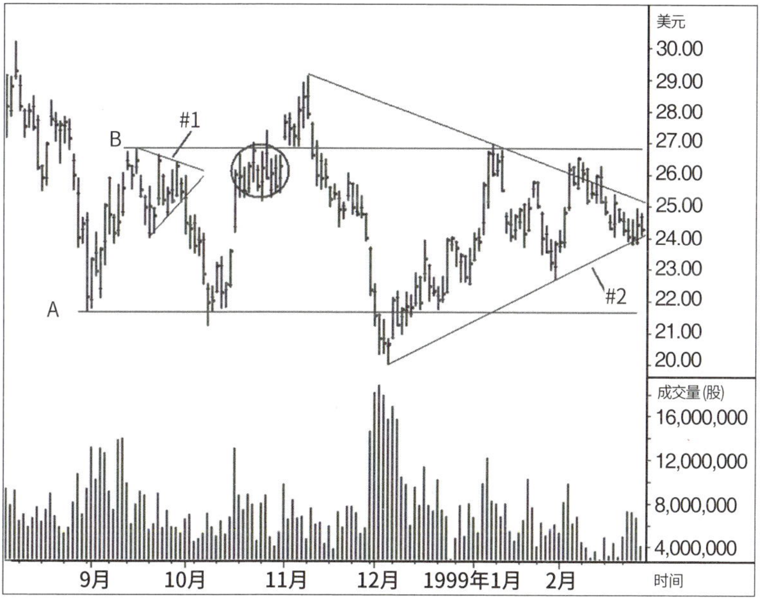

图 3.12　斯伦贝谢公司日走势图（1）

资料来源：TradeStation。

1998年9月，第一个三角点1在几天之内形成，它自成一派，并不需要更大的环境支持。第二个较大的三角点2横跨4个月，而且当我们在周走势图（图3.13）上看到它的位置时，才能够更好地理解它的重要性。三角点2的价/量行为预示着更弱，还是新的上升趋势即将开始？

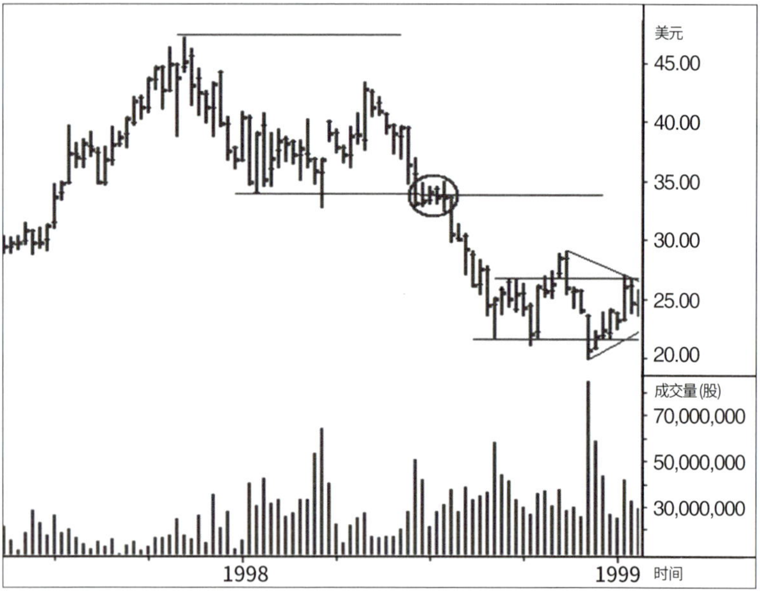

图 3.13　斯伦贝谢公司周走势图

资料来源：TradeStation。

1998年12月4日，周成交量是图形上最大的量，这就是高潮。在日走势图上，我们看到空头付出巨大努力，把价格拉到交易区间下方。然而，几乎没有跟随者，股票快速跳回到交易区间内。

在周走势图上，抛压的高峰出现在12月初，而那一周中出现的所有抛盘在随后的反弹中被蒸发掉了。

在日走势图中，我们看到从 1998 年 9 月低点开始的交易区间内的各种细节，12 月的放量跳水导致了一波反转上行，并一直上涨到交易区间的顶部。带着很小的成交量回抽到 1 月低点，这是对低点的二次测试。随着价格抬升，脱离 1 月低点，大家或许会发现，价格正收窄成三角。

沿着 11 月和 1 月的高点以及 12 月和 1 月的低点划出两条线，框住了价格的波动。1 月初的快速上涨和 2 月初的再次上涨，反映出多头的急迫心态。随后，价格回抽至上涨趋势线，回到 1 月低点之上进行休整。图 3.14 显示，在最后 8 个交易日，价格收紧在一个振幅为 2.25 点的区间内，这预示着很快有事发生。股票可能开始突破三角，反转向下，也可能下破然后反转向上。如果我们在突破时买入，或者在下破时卖出，我们的风险就增大很多，也可能被清洗出去。12 月初出现抛盘高潮，从 12 月低点开始反转以及股票抬高支撑线的能力，所有这一切都验证了看涨的观点。现在，让我们看看最后 8 条价格棒所传递出来的信息。

在 1—4 日，收盘价较低，靠近低点。第 3 和第 4 日交易量增大。3—5 日的收盘集中在一个 44 美分的区间内，这说明空头尽管做了很大努力，但是收效甚微。第 5 日的上涨收复了前 4 日的大部分失地，而且成交量大增也表明了需求。在接下来的 3 天里，价格收窄在第 5 日的区间内，而且成交量萎缩了。5—7 日的收盘价集中在一个 31 美分的区间内，这表明股价走到了死角。图表告诉我们，在第 8 日做多，保护性止损放在第 4 日低点之下。3 月 3 日，SLB 以 25 美元开盘，随即上涨至 44 美元。

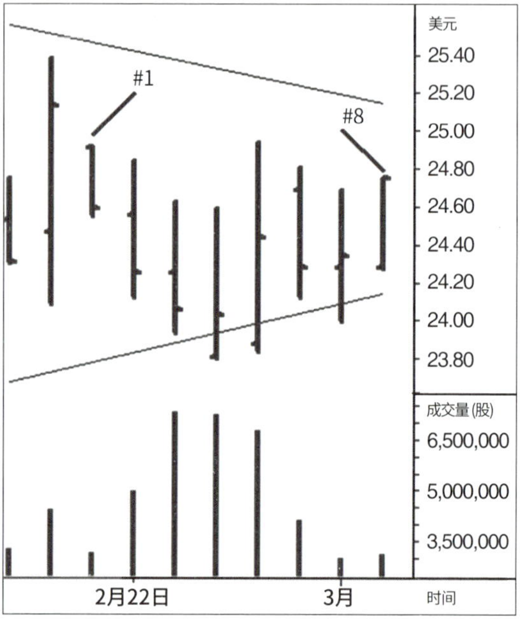

图 3.14　斯伦贝谢公司日走势图（2）

资料来源：TradeStation。

三角的价 / 量行为并不总是如此完美。很多时候，我们必须面对更为复杂的局面，在那些情况中，三角顶点之前的行为通常决定最终的结果。

正如我前面已经说过的，价格收紧是三角形态的标志。年走势图上价格收紧的结果可能是最扣人心弦的。一个最佳例子出现在白糖年走势图上（图 3.15），现货价在 2000 年的上下线交易区间内盘整了 4 年。当时，我认为不久后的期货价格会反弹至 16 美分，也就是 20 世纪 90 年代创出的高点。最终的结果是，几年之后，现货和期货就涨到了 35 美分以上。

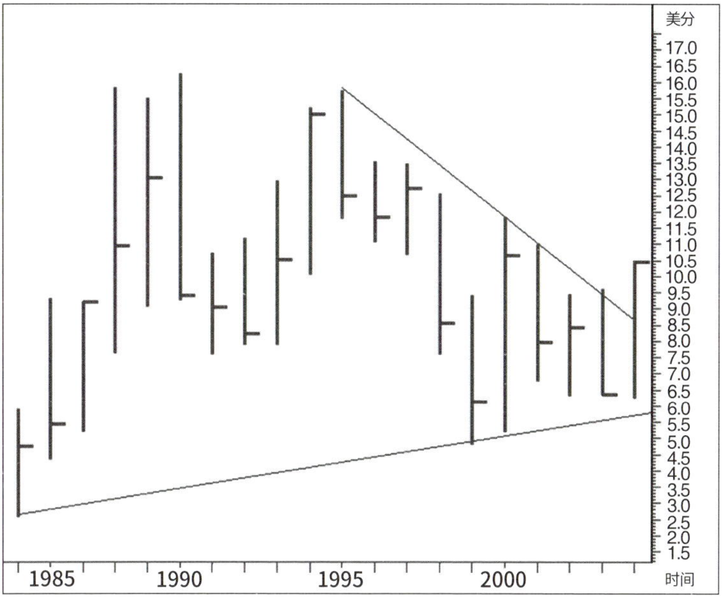

图 3.15　白糖年走势图

资料来源：MetaStock。

当我首次拿到一幅图形的时候，我会在上面适当地划些线，凸显出其最重要的特征，然后进行认真分析。现在，我们转向家得宝公司（Home Depot）的周走势图（图 3.16）上的一个不完整的三角。这里，我们看到 1999 年年末价格上涨至从 1998 年的低点划出的上升通道之上，并了解到了如下的情况：

◎ 1999 年 12 月，前两周直线上涨，第二周的量是自 1998 年的低点以来最大的。

◎ 2000 年 1 月，第一周的下跌是数年中最大的下跌周，伴随着自 1998 年低点以来最大的下跌量。

◎ 3 月中旬，轻松上移，圈出的区域中的收盘位置发出了警示，随时可能遇到麻烦。

◎ 4 月，第二周小规模上冲和大规模下跌反转。

◎ 5 月，在 1999 年 4—7 月阻力线顶部形成支撑。

◎ 7 月，高点的小规模上冲之后，在 8 月份的第二周以最大的当日成交量掉头下行。

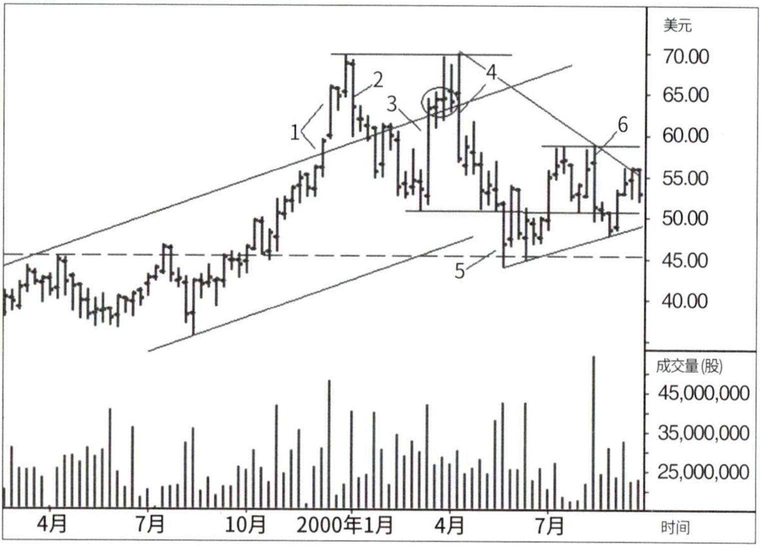

图 3.16　家得宝公司周走势图

资料来源：TradeStation。

把这些情况综合起来，就成了看跌依据。在后面的几周里，价格收紧在一个从高点划出的下跌趋势线与从 2000 年 5 月低点划出的上涨趋势线之间的收敛三角形中。

在家得宝公司日走势图（图 3.17）上，有一条跨越 16 个交易日、狭窄的交易区间 AB，它在周走势图上的一个宽阔的区间（点 6）内部形成。9 日，价格破位到区间底部之下，没有后续的抛盘跟进。13 日，交易者对第 9 日的低点进行了试探，并在低位收盘，但这一次空方仍未能利用好走熊的价格行动。15 日，股票涨到交易区间之上，收盘时微跌。股票在最后一日破位，收在了 15 日棒形图的低位之下，交易量的下降也是自 8 月低点以来最大的，多头力量已不复存在。

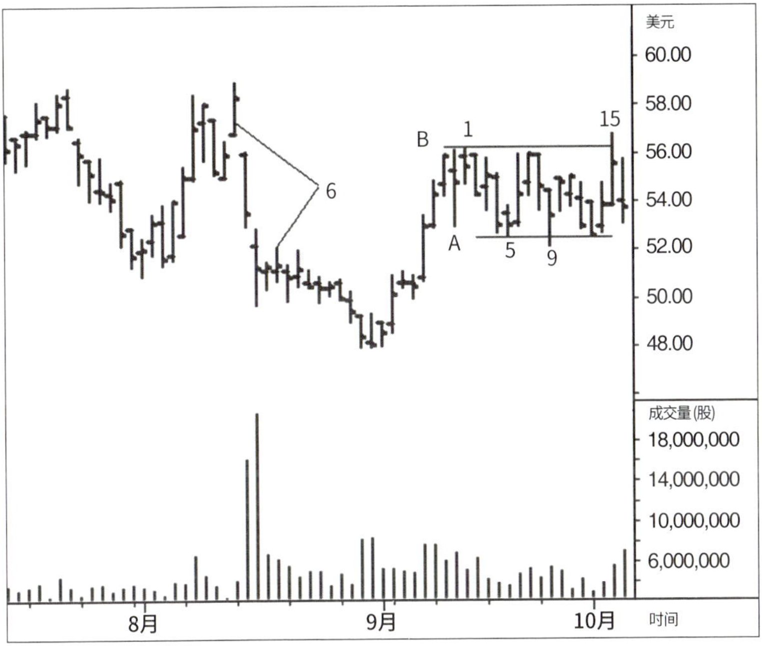

图 3.17 家得宝公司日走势图

资料来源：TradeStation。

现在，我们就有了一系列可以参照的市场行为来采取行动了。没有人能确切地知道，交易区间是否还将持续，价格是否将延续三角形。

但是，在一份悲观的看跌周走势图中不起眼的冲高回落，增加了下破的可能性。在收盘或者次日开盘时建空仓，并把止损点放在15日的高点之上。次日，股票跌到51.12美元；4日之后，见35美元。这个位置出现的天量成交显示高潮已经到来。我意识到，在小交易区间内的某些波动区域，偶尔会出现看涨机会。但市场在供给战胜了需求（点6）的区域里表现出来的步履蹒跚，我不得不将其作为最大的考虑因素。这将让你坚定自己的想法：寻找做空的机会而不是短多。

在对斯伦贝谢公司和家得宝公司的研究中，我引导读者穿越了一个简单的线条故事，并把线条故事与棒形图的分析结合起来，涵盖了价格区间、收盘位置以及成交量。后续还会带来更多的内容。

第4章
看懂棒形图，聆听市场的声音

TRADES ABOUT TO HAPPEN

研究棒形图是一个循序渐进的过程，需要把当前的价格变化与最近的价格棒走势进行比较。将成交量也纳入讨论中，以此来鉴别那些已经蓄势待发的变化所发出的相关信号。

2004年1月，道指出现了自2003年11月份低位以来首次外包反转，盘面上最大的转熊信号形成了。接下来的几个月，道指每隔一段时间就在狭窄的区间挣扎，还能创出新高吗?

2003年12月，美国钢铁强势跳空高开，不断扩大价差向上运动，警醒的交易员激进补多。他们根本不担心“站在高高的山岗上”，他们的止损秘诀是什么?

在研究棒形图时，我们要经历一个循序渐进的评估过程。这个过程包含了用当前价格变化与最近的价格棒走势进行比较。我们从比较中得出推断或结论，以修正对下一个时间段的预期。我们随时都得面对这样的现实：一切皆有可能发生。我们关注的市场会因为预料之外的事件而向上或者向下形成陡峭的跳空。尽管这是概率曲线上的极端情况，但我们必须把它看成风险投机领域不可或缺的一部分。

详解 10 组两日价格棒，构建预期逻辑

图 4.1 的练习只是一个概要，没有趋势线、通道、支撑位 / 阻力位和成交量等概念。假定两个条件：每条价格棒代表一个交易日，价格处于下跌趋势。第一条价格棒是 a 日，第二条是 b 日。从这点有限的信息里，你会期望 c 日发生什么情况？总是会有两种解读方式，杯子是装满了一半，还是空着一半。有些情况会模棱两可，因此还要考虑价格区间和收盘的位置。但我们不能把这两条价格棒组成的系列看

成研究预期价格变动的“跟踪解析系统”，也不要期望它们能解决所有问题。我们讨论两天的价格形态，以便为接下来的一个交易日构建一个能作出预期的逻辑模式。我的观察和推断也在其中。

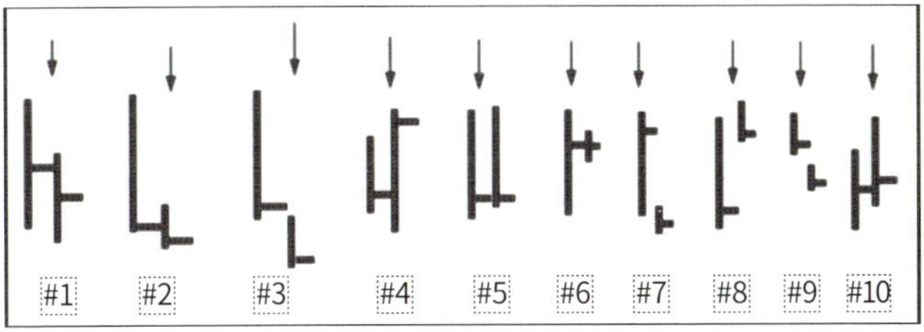

图 4.1　价格棒时序图

#1：a 日价格棒的长短反映了价格轻松下移的情况，并解释了更长的棒形意味着什么。由于收盘于中部，我们可以假设买盘出现在当天较低的价格水平。b 日，价格区间收窄，价格也没有轻松下移。当天的低点只比 a 日略低，说明下冲的缩短。再次于中部收盘，表明买盘在较低的价格水平出现。

连续两个交易日的收盘价都在中间位置，下行的惯性也减弱了，市场表现出不愿意下行的姿态。因此，预计在 c 日会有尝试上涨的情况出现。如果涨幅越过 b 日的高点，然后再反转到 b 日的低点之下，预期价格会进一步走弱。

#2：a 日有轻松下移的情况，在区间低点收盘，显示空头已大获全胜。b 日收窄的区间解读起来更难一点。这意味着空头已经黔驴技穷了，还是意味着多头站稳了脚跟，扫清了空头的所有筹码？收盘位置提供了线索，b 日在低点收盘，并低于 a 日的低点，推断空头仍然掌握着主动权。如果收在区间的高位，结果应该更加有利于看涨。

考虑到 b 日的收盘位置，我们暂且预期 c 日会进一步走弱。如果 c 日没有下跌或下跌幅度很小，甚至价格上涨到 b 日的高点之上，就有可能取得更大的上涨。

#3：a 日表现出弱势的特点：轻松下移以及在靠近区间低点的位置收盘。b 日出现了轻微的向下跳空缺口，但区间收窄了；靠近低点收盘，处于 a 日的低点之下。

尽管 b 日的下跌不再轻松，但所有的成交都发生在 a 日低点之下，且在当日低点收盘。反弹能力的缺乏加上当天在低位的收盘说明，空头仍然掌控着市场，所以，预期出现更低的价格。如果价格反转到 a 日收盘价格之上，尤其是在跌破 b 日的低点之后，那么某种未知程度的反转将会出现。#3 的形态比 #1 和 #2 更看跌。

#4：a 日的价格区间更窄，收盘位于区间的低位，空头似乎在 a 日结束时掌控了局势。b 日的价格跌到 a 日的低点之下，并掉头向上，收在 a 日高点之上。

b 日的反攻属于经典的关键性反转，它告诉我们在上一低点之下没有进一步抛售的压力。抛售压力的缺失形成了一个真空，多头乘虚而入，这种买入在很大程度上可能是空头回补导致的。位于 a 日高点之上的强势收盘表明至少暂时找到了支撑，c 日继续跟进上涨是可预期的。如果出现反转和在 b 日低点之下收盘的情况，后市走熊的可能性就非常大。b 日的低点可以作为任何新多头的止损点。

#5：a 日有轻松下移的情况，收盘接近区间的低点。b 日的一波高于 a 日高点的上涨没有能够撑住，价格跌回到靠近低点的地方。两日的收盘刚好一样。你认为这两日如此集中的收盘价能反映出有坚实的支撑存在吗?

因为 b 日的上涨没有能够撑住，上涨赢得的地盘在收盘时失去 99%，预计 c 日将进一步走弱。尽管有连续两日的支撑动作，但收盘价的位置反映出 c 日的弱势和在支撑上涨方面的乏力。这两个集中的收盘并不被看成是强势支撑，而更像是在下跌趋势中的临时支撑。

#6：a 日有轻松下移的情况，收盘位置靠近高点。b 日属于那种难以捉摸的区间狭窄的线型，价格难以离开 a 日的收盘位置。

a 日的收盘位置表明，买盘出现在区间较低的位置，这种情况隐含着牛市的意味。b 日显示完全缺乏波动，用威科夫的话说，这种类型的日线被看成是“节点”，从中会出现更大幅度的波动。这两条日线的环境告诉我们，价格已经进入了死角。光靠它看不出方向，但 c 日要非常小心，某种决定性的事件就要发生了。

#7：和 #6 一样，a 日有轻松下移的情况，收盘靠近区间高点。b 日高点与 a 日的收盘价之间出现一个巨大的跳空，实际的区间很窄，价格收在低点，且在 a 日低点的下方。

尽管 b 日的价格区间很窄，然而，加上这个跳空缺口的话，真正的区间则非常大。从中看到，a 日的斩获已经丧失殆尽。跳空或许源自隔夜的利空事件，或是一份尚未公开的报告。在跳空开盘之后，几乎没有出现什么大的变动，这反映出熊市的情况。多方不愿意向上做出任何尝试性的举动，而空方也不急于获利了结。抛压和买盘不足，在整个过程中压制了价格。c 日有可能更加疲软。

#8：这里是 #7 的反转，a 日有轻松下移的情况，弱势收盘在靠近区间低点的位置。b 日的价格跳空缺口更大，并上涨至 a 日的高点之上；然而，收盘的位置处于实际区间的低点，并略低于 a 日的高点。

b 日的真正区间从 a 日的收盘处开始，某些不期而至的利多消息造成这样一个更大的跳空缺口。b 日的走势无疑是上涨，它抹去了 a 日的全部颓势。除了收盘的位置，它走牛的程度仅次于 #4 的关键性反转。有人或许会担心 b 日的“弱势”收盘情况，但当考虑真正区间的时候，它其实并不弱。

#9：a 和 b 两日都是狭窄的区间，收盘也都靠近低点。b 日的开盘价格在 a 日低点之下，并在整个期间都停留在 a 日低点之下。

两天都没有轻松下移的情况。这两条价格棒反映了一个正一步步受到蚕食的市场，多头正在从中撤离，成交量很可能处于从低到适中的范围内。这里没有狂野，没有连续的冲击，也没有高潮性的行动。相反，缓慢、稳定、很不起眼的两个下跌日一晃而过，其中有几次报涨，可能是小规模的做空者平仓，或者是几个莽撞的抄底者。预计 c 日会更弱。

#10：a 日没有轻松下移的情况，价格在中部收盘。b 日的价格上涨相对要轻松很多，但收盘脱离了当日的高点，收在“a”日的高点之下，只略微拉高了一点。

a 日的中部收盘以及宽幅价差的缩紧，表明买盘出现。a 日结束的时候，上涨似乎已经是板上钉钉了。b 日出现了强劲上涨，但收盘的位置表明遭遇了空头。b 日的收盘出现在两个交易日的中点，我们可以假设交易会很活跃，可能还极具波动性，却几乎没看到价格涨上去多少。看上去仍是空头的天下，c 日预计走弱。c 日的开盘位置传递出来的信息可以满足牛市或熊市。从很多方面看，#10 都呈现出最模棱两可的局面。

在图 4.2 中，我把上面讨论的 10 种 2 日系列价格棒设计成一个为期 20 天的下跌通道，顺序完全一样。这只是纯粹的假设情况，随机安排，但典型的清晰与模糊的混杂还是有其真实的一面。我连接两个高点和其间的低点，划出支撑线 / 阻力线以及正常的下降通道。这些线条共同框出了价格的变化，指出了小型交易区间形成的区域以及下破出现的地方，并凸显了假突破 / 下破以及下降的角度。

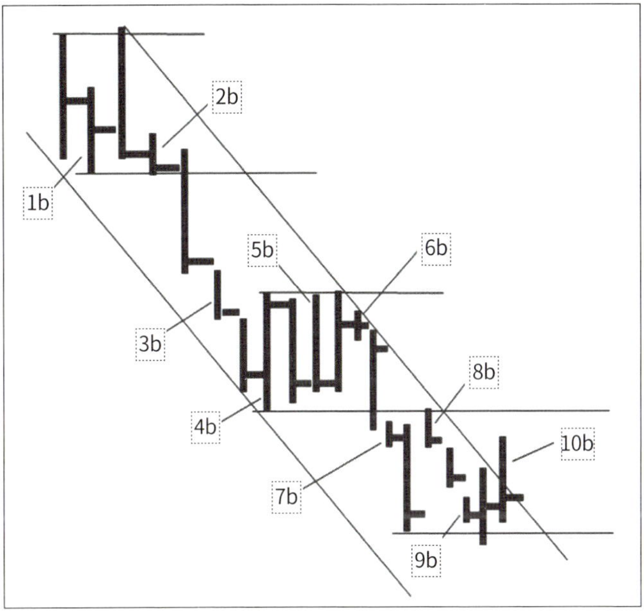

图 4.2　假想的价格运动

放到一个更大背景里看，某些价格棒被赋予了新的含义，1b 收盘位置的价格行为表明将出现一次上涨。由此导致的上涨突破了 1a 的顶部，价格随后以熊市的姿态转头下行。价格棒 2b 隐含着熊味，这里的一切使它变得更加清晰，市场缺乏反弹的能力，只能在低位徘徊。3a 轻松下跌，且显示出空头占得先手，在 3b 和 4a 中，空头依然掌控着局面。4b 的关键反转暂时止住了下跌。

5a 和 5b 的价格行为展示了一幅熊市的画面。6a 的强势收盘说明多头正试图消化浮筹。6b 的价格来到了死角，我们等待着市场亮出它的底牌。与通常情况一样，很棘手而且波动剧烈。7a 的交易区间的底部被跌破，价格转头向上。只要 7a 的低点能够提供支撑，这个探底回升式的行为就有看涨的潜力。结果，晚间出台的某些利空消息造成了 7b 很大缺口的跳空低开，再一次给出了很强的看跌暗示。价格在 8a 日加速下跌。

当我们把 8b 日看成一个 2 日练习的组成部分时，复苏表现得看涨。图 4.2 上，我们把 8b 日看成是想移动到前支撑线上面的一次尝试。8b 的收盘位置警示我们，这次尝试已经失败。9a 和 9b 的狭窄区间反映出移动不会太容易，并表明这是一次对新近低点的二次测试。10a 日的表现在图 4.1 上看似乎非常模糊，但在图 4.2 上看起来就更有意味，价格跌至交易区间低点之下，但下跌取得的进展很少。如果我们可以测量出在 1b、4b、8a 和 10a 之下的下行距离所涵盖的区域，那么就会清楚地看到下冲的势头已经减弱，收盘位置处于中部，位于 9b 的收盘价之上，它表达了想进一步收复失地的预期。

在最后的 10b 日，价格上升穿过了下跌趋势线，却未能站稳，因为收盘靠近当日低点，但价格成功地超过了前三条价格棒的高点，并且比前一天略微收高。如果 11a 的下行压力不大，那么价格就将站上跳板，迎接一波更大的上涨。

至此，我们已经提到过轻松移动、探底回升、冲高回落、浮筹消化、冲击减弱等概念。这些内容在后面章节中还将进行详细的讨论。成交量是一个被遗漏的元素。为了把成交量纳入讨论中，我在价格棒下方设计了假想的成交量直方图。因为这些图形是手工绘制，每日间隔不是十分均等。尽管这些图形或许并不十分精准，其间的行为却为我们的讨论补充了其他因素。不过，还是先就成交量赘言几句，成交量丈量力量，我们将多空双方的力量（或努力）与战果（价格上的得与失）进行比较，以确定是哪一方占优，以此来鉴别出那些已经蓄势待发的变化所发出的相关信号。

量的解读被例行公事地概括为一套常用的公式：价量齐升 = 看涨；价升量跌 = 看跌；价跌量升 = 看跌；价量齐跌 = 看涨。这些公式都太简单化了，只能作为概略的指引，它们没有抓住价 / 量行为的细微差别。举例说明，有这样的情况存在：量跌时价升是因为几乎没有交易者愿意与强势的上涨趋势对赌；缩量时价跌，是因为多头撤出或缴械。伴随着大成交量的上涨和下跌可能说明高潮来临，或者是停止动作；伴随小成交量的上涨或下跌通常发出强弩之末的信号。很多趋势都从放量开始，爆发的成交量是主要的驱动者，是造成更大波动的动能。在最初的能量爆发之后，成交量通常都会萎缩。威科夫对市场力量的经典描述振聋发聩：

> 市场就像一只慢慢转动的轮子，它是继续朝同一个方向转，还是静止或反转，完全取决于与之连接的轮轴和链条上的力量，即使连接断裂，没有任何力量继续去影响轮子的运动，它仍然会保持来自最近的支配力的某种动能，持续旋转，直到静止，或屈从于其他影响。

连同价格区间和收盘位置一起考虑的时候，我们就可以对成交量做出更好的解读。

在图 4.3 中，2a 日的冲高回落和反转下跌所表现出来的熊势，反映在成交量上就是抛压严重。

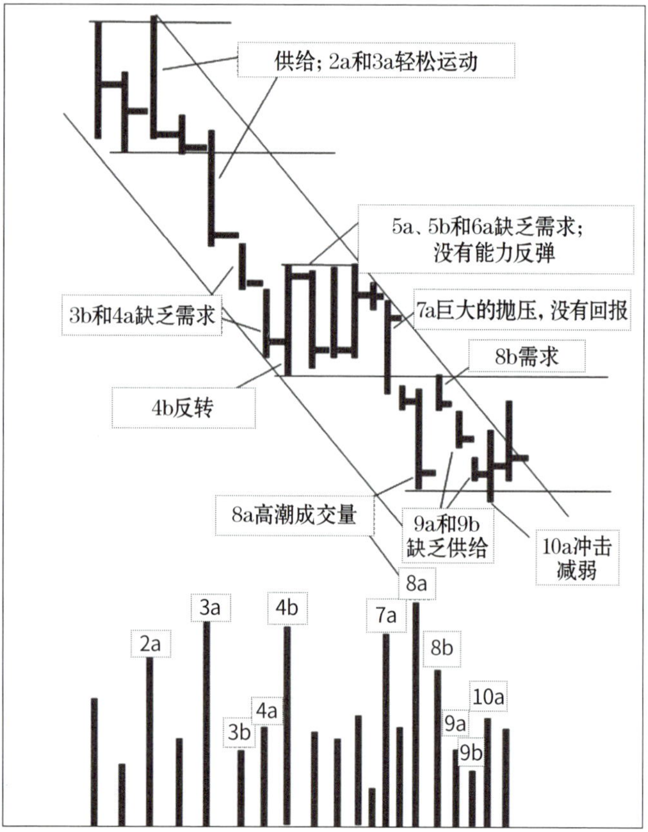

图 4.3　包含成交量的棒形图

在 3a 日的突破失败位置，我们看到了轻松下移和疲软的收盘，它们自己讲述了一个看跌的故事。价格跌到支撑线之下时出现了较大成交量，说明空方已经战胜多方。在 3b 日和 4a 日，价格在适度的成交量配合下滑到了更低的位置。此处的低成交量与疲软的收盘一样，说明需求缺乏。4b 日上巨大的成交量强化了关键性反转。5a 日、5b 日和 6a 日没有显示出强劲的需求，价格只是在一个小范围内上蹿下跳。7a 日的巨大抛盘被多头挫败，收盘价靠近当日高点，这次无功而返可能表明多头正在赢得先手。7b 日，随利空消息冲击市场，价格在前低之下跳空低开。空头在 8a 日登峰造极，但疲软的收盘仍然发出了继续走低的警示。8b 日没有出现下行，价格跳空高开后稍走低；然而，它未能越过从 4b 低点划出的支撑线，此时变成了阻力线。但 8b 日的成交量在图 4.3 上所有上涨日中排名第二。

我们可以编撰这样一个故事：多头或许已在 8a 日的高潮成交量的掩盖下开始崭露头角。当一个市场里充斥着卖盘的时候，买盘通常都是悄无声息的。8b 日出现了需求的影子，但还不足以突破上方阻力线。9a 日和 9b 日的价 / 量行为，窄价格区间和低成交量表明抛压正走入颓势。为什么 9a 和 9b 没有像 3b 和 4a 那样被解读成看跌？因为，3b 和 4a 处于下跌中，9a 和 9b 则在对一个高量低点进行再次测试。由于 9a 日和 9b 日仍然处于低位，8a 日的溃败仍然是可能的。这种情况发生在 10a 日，当日的交易量萎缩。

自整个下跌运动以来，这是对支撑的最低量的刺穿（把 10a 日与 3a 日和 8a 日做个比较）。10a 日的收盘位置靠近中部，更重要的是它位于 8a 日低点之上，它表明抛压已经耗尽了。在某一个层面上，10a 日的行为代表了对 8a 日的一个小规模探底回升。

在整个下跌环境中，我们在 10a 日看到了下冲减弱，10b 日的大部分收获在收盘时被蒸发了。尽管这不是一个真实的交易情况，也应该认真观察从 10b 日高点回抽所表现出来的特征，看看抛压是否已经耗尽。如果缩量，就出现了低风险的买入机会，另一个买进的策略是，在 10b 的高点之上挂单做多。

看标普指数日走势图，从盘面形态解读价格

我们看一下 2003 年的标普指数连续日走势图。图 4.4 显示了一次上升趋势过程中 17 个交易日的价格情况。什么样的行为最能影响价格？我不会具体说哪一天，也不涉及趋势线或成交量，更不提市场创出更高高点或者低点的能力。哪种行为一直反复出现，使上升趋势得以继续？你只需要了解相关概念，就能自己下意识地得到答案。

图 4.4 上最看跌的行为是什么？如何在整幅图的大背景下解读 16 日和 17 日的含义？期待 18 日发生什么？必须穿破附近的哪种价格水平，才能说明空方正在获得先手？假设你在 12 日做多，止损应该设在什么位置？这些都是你在看一幅走势图时会问的各种问题。

我认为，图 4.4 的上升趋势能得以持续，是因为多头具有锲而不舍地战胜所有做空者努力的能力。换个角度说，无论空方在任何时候得到打压价格的机会，也都只能无功而返。看跌的跟风者很少，甚至可以说没有，3 日和 4 日的走势证实了这一点。价格区间的收窄和收盘的位置表明，在 2 日的大规模上涨之后，需求疲软了，市场或许会遭遇多头头寸的获利了结。

因而，3 日发出了修正警示，4 日增加了更深回抽的可能性。在这里，市场涨到了 3 日高点之上，掉头反转至 3 日低点之下，以疲态收盘。优势似乎已经转移到空头一边。然而，5 日跟进者的缺乏，促发了新的买盘，升势重启。在 5 日和 6 日轮番上涨之后，人们又一次

获利了结。6 日收盘的位置说明市场遭遇抛压。7 日缺乏卖盘跟进，为又一轮做多提供了舞台。10 日再次看到市场遭遇抛压，收盘的位置对此表露无遗。最看跌的行为出现在 11 日，8—10 日收复的大部分领地都丧失殆尽；然而，空方又一次没有能够利用好市场的脆弱。

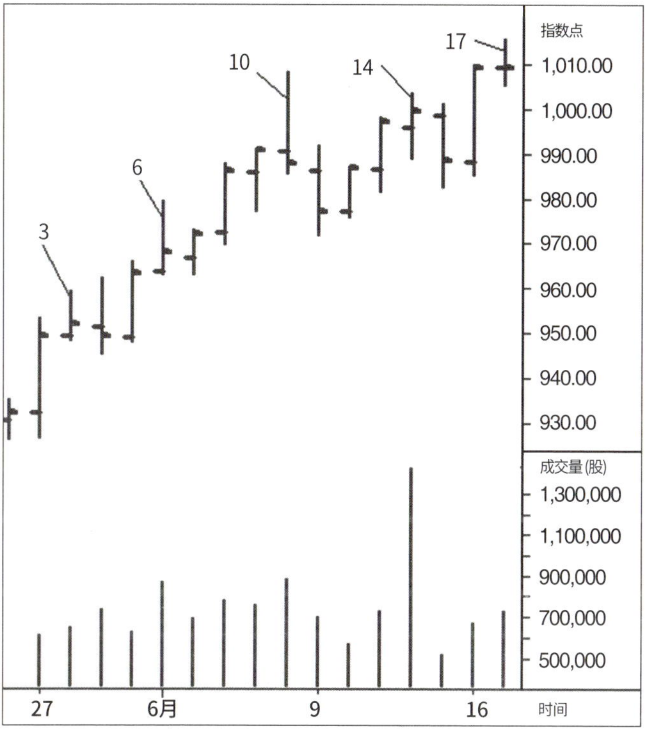

图 4.4 标普指数日走势图 (1)

资料来源：TradeStation。

最终，14 日的略微上涨过程和收获不佳警示我们，需求可能成了强弩之末。市场在第 15 日轻易就放弃了，但是没有持续的抛盘出现，价格在 16 日创出了新高。

这就让我们对 16 日和 17 日产生了质疑，不单因为它们本身，而是考虑到整张图的大背景。10 日和 11 日的陡峭下破可以被看成是战士身上的伤口，不是致命的，但需要时间来愈合。这也是长线投资者的共识，急涨和急跌都不能持久。作为短线交易员，预判准确可以大赚一笔，长线交易员无惧短期波动，最难受的是目标不明确的投资者，在巨大的颠簸中割肉出局，留下深深的遗憾。

因而，市场需要在一个交易区间内盘整或者整固。供需之间的力量平衡在 16 日被打破，市场呈现出了轻松上移、高位收盘以及图 4.4 上的最高价收盘。

牛市的大旗又一次高高飘扬，全场涨声一片。然而，17 日则让人忧虑：后续跟进乏力、价格区间狭窄以及在中部位置收盘。这警示我们，需求可能耗尽，创新高过程中的狭窄价格区间千万不要忽视，因为它常常导致疲软。

在上涨过程中，我们需要保持冷静，对盘口进行解读，多头和空头谁获得了主动，谁在节节败退，只有认清这点，利润才能滚滚而来。在下跌过程中，则要控制恐惧情绪，冷静寻找市场的最大恐慌点。既不盲目止盈，也不着急抄底，才是在市场生存之道。

图 4.5，18 日的价格未能越过 17 日的高点，还跌到了 17 日低点之下。在中部略靠下的位置收盘，淡化了看跌的氛围。我们仍然得关注狭窄的区间，它表明冲高回落已经发生。还有另外一种说法，市场正在消化浮筹。在对前一个阻力位的再次测试中，多头必须消化在 10 日买入的多头头寸的平仓、在较低点位买入的多头获利以及高价引来的新做空盘。因而，我们不得不认真权衡冲高回落和浮筹消化这两种可能性。所有的多头都应该把止损点提高至 18 日的低点下方。

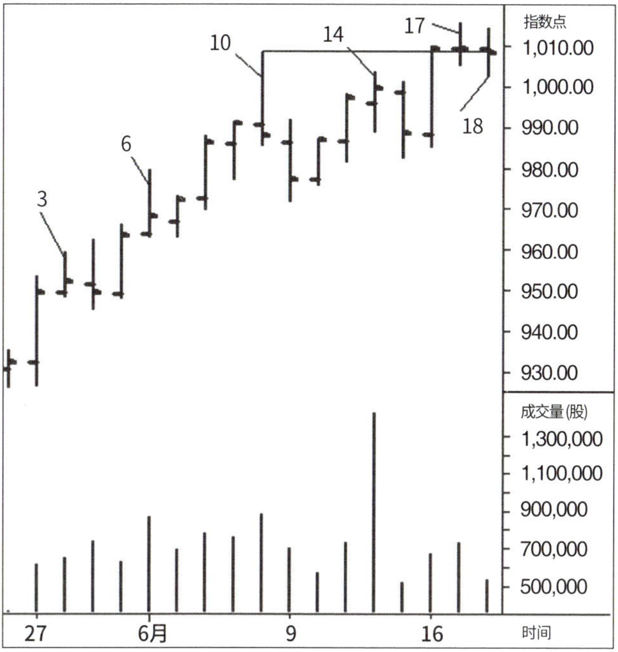

图 4.5　标普指数日走势图 (2)

资料来源：TradeStation。

答案在 19 日已经清晰可见了，见图 4.6。在开盘时做了一次短暂的上冲尝试之后，标准普尔旋即跳水至 17 日和 18 日的低点之下，16 日收复的失地大部分丧失殆尽。由于每日成交量看起来全都一样，根本分不出多空的力量，基本上靠价格区间的大小和收盘位置解读这份图形。空方现在没有占得上风，交易区间之上的突破确实是一次冲高回落。这里的经验教训很简单：当市场移动到前期高点并且价格区间收窄的时候，必须时刻警惕。价格走势的历史信息越多，确认交易区间的结束位置就会越容易。比如，来自 10 日高点与 11 日低点之间的下跌，是过去 3 个月内最大的双日下跌。这种转態的表现在日走势图上更为醒目。在 18 日下方成交的空头挂单头寸，将被 17 日高点的止损单保护，19 日应该将止损调低至当日高点之上。

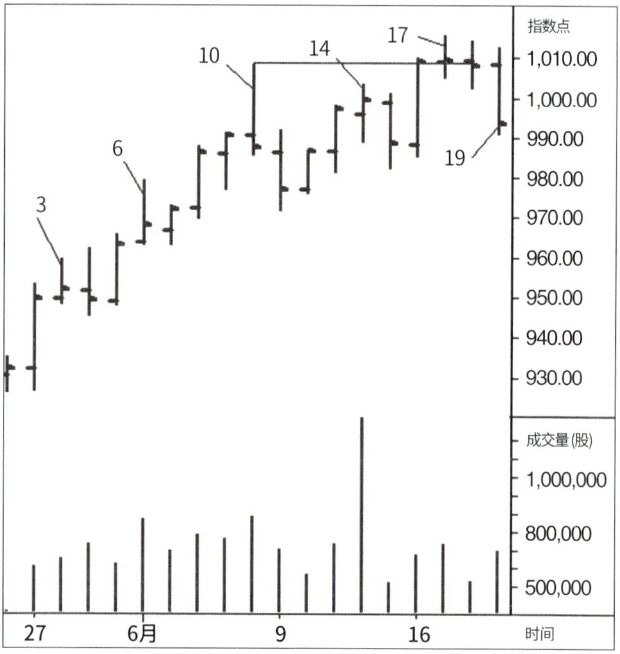

图 4.6　标普指数日走势图（3）

资料来源：TradeStation。

图 4.7 显示了 20—27 日的交易情况。21 日过后，市场几乎没有下跌。23 日的反转行为看起来很吓人，因为价格收在了交易区间的下轨之下。

虽然跟风抛盘没有马上出现，但市场仍然无法脱离这个危险之地。在价格缠住交易区间的低位不放时，就增加了至少有一次下破的概率，多数时候会是一波陡峭的下行。24—26 日在 23 日的区间内苦守。

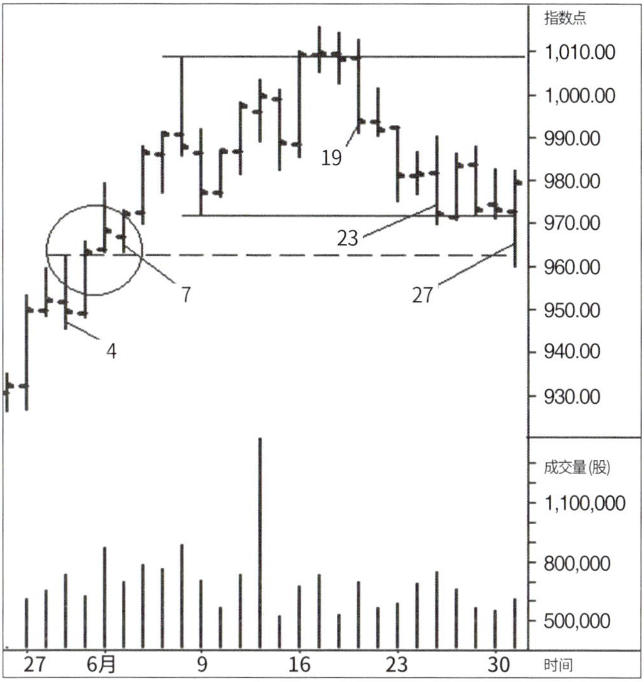

图 4.7　标普指数日走势图（4）

资料来源：TradeStation。

27 日，市场跌到了前 6 日的低点之下，并反转上行进入交易区间内，这形成了对 10 日高点以来的交易区间的一个潜在探底回升。27 日的低点位于围绕 962 点的支撑线形成的“十字交叉”内，同时也处于 4 日高点和 7 日低点之间。从 7 日开始的上升中出现了需求的身影，而且在 27 日再次出现。

正如图 4.8 所示，27 日的探底回升在两天后被测试，成交量减少，远离当天低点收盘。30 日，轻松上移和强势收盘很好地说明了买方入场。31 日，随着市场接近区间顶部，区间逐步收窄。由于收盘稳固，多头似乎还能够消化掉市场里的浮筹。随后，我们在第 32 日看到比较温和的外包反转（outside downward reversal）。

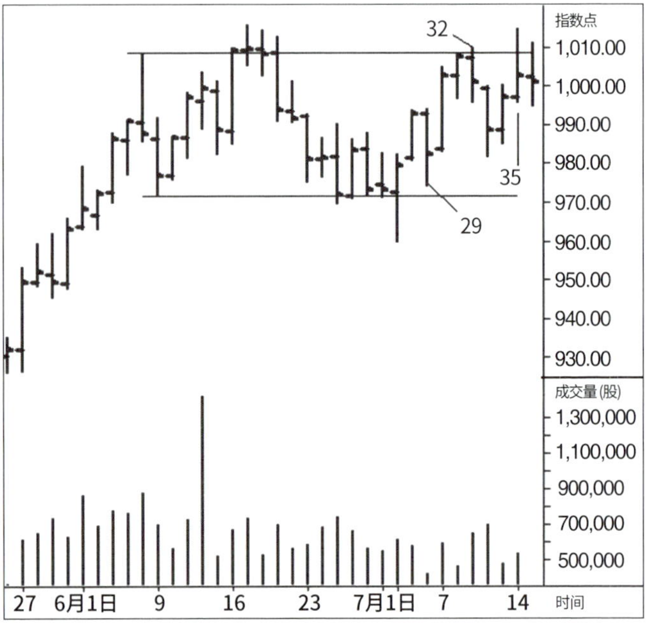

图 4.8　标普指数日走势图（5）

资料来源：TradeStation。

市场在 33 日进一步败退，但在 34 日没有抛盘跟进，这为又一次测试上部阻力位敞开了大门。35 日，价格上涨到 32 日的高点之上，但是惨遭失利，在靠近交易日低点的位置收盘。疲软的价格走势和增大的成交量说明，这个位置遭遇了大量卖盘。36 日决定了市场命运，清除阻力的努力又一次失败，市场收盘的位置更加靠近当日低点，再一次下跌的概率增大。这次下跌一直持续到 8 月 5 日，以 27 日低点的探底回升结束。从那里开始，价格一路上涨了 6 个月。

道指形成狭窄区间，多空争斗的转折点

图 4.9 的道指日走势图显示了 6 个月涨势的一部分。这个阶段从 2003 年 11 月 21 日的低位开始，也是涨势最迅猛的阶段。

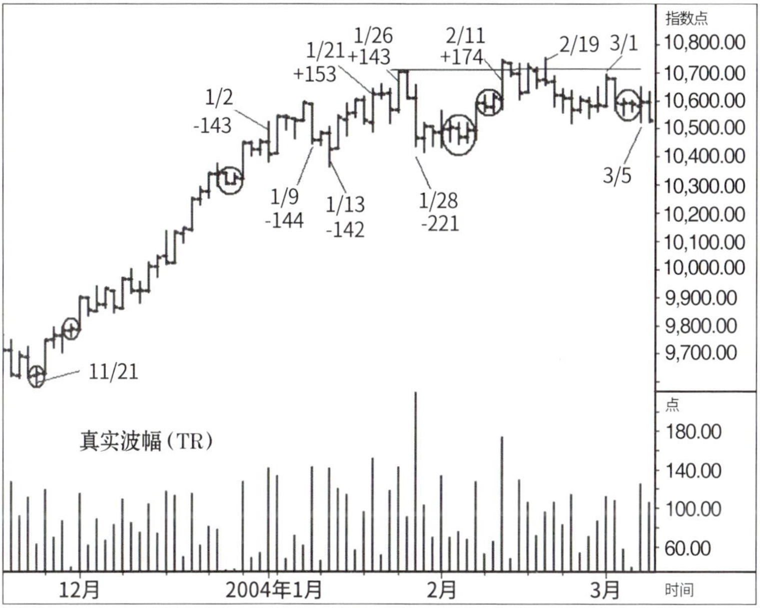

图 4.9　道指日走势图

资料来源：TradeStation。

为了方便这次研究，我在价格走势下面加了一份真实波幅直方图。这个设定是独立的，不与他日的数据进行比较。每日的波幅可以像成交量一样进行解读，作为成交量的一个完美替代。实际成交量的高低读数之间的区别并不会很大。

2004 年 1 月 2 日，我注意到盘面的一个变化。在那一天，道指

出现了自 11 月份低位以来首次外包反转，其规模之大，令之前所有下跌棒形图望尘莫及。我认为这是盘面上最大的转熊信号。第二天，所有疲态一扫而光。5 天之后（1 月 9 日），道指又一次出现大幅下跌。1 月 13 日，我们看到另一次宽幅的下跌反转。请注意 1 月 9 日和 13 日是如何测试 1 月 2 日区间的。然而，1 月 13 日的收盘位置说明了买盘的存在。在接下来的 8 个交易日里，道指上涨了 340 点，前进的步伐比 12 月份更加沉重。1 月 21 日大幅上涨超过 153 个点，这是连续几个月里最大的涨幅。另一个强劲表现出现在 1 月 26 日。

多头似乎完全掌控了局面，次日却没有买盘跟进。在 1 月 28 日，市场遭遇了自 2003 年 4 月以来最大的抛盘，把 1 月 21 日和 26 日之间的成果洗劫一空。这在盘面上是一个重大变化。鲍勃·伊万斯这位最著名的威科夫教程讲师会说，在这个棒形上涂一层花生黄油，以便把它烂熟于心。因为有朋友过去曾在他的图形上把“层”这个词涂黑。但空头很快被消灭，价格在一个狭窄的区间撑了 6 个交易日。

2 月 11 日，市场表现强劲，迎来下一次上摆。在这个位置上，道指从低点启动，上涨 174 点，在高位收盘，并创出了年内新高。尽管看起来似乎是多头在掌控局面，但这波涨势还是在持续 5 个交易日后止步。2 月 19 日，多头把市场推上比 2 月 11 日略高的新高，并随即出现反转，在靠近当日低点的位置收盘。在这个点位上，从 2 月 2 日开始的所有盘面表现都清晰起来，预示着更大规模的下跌。3 月 1 日做多的成果在 3 月 2 日彻底蒸发了，价格收在靠近 3 月 1 日的低位。

3 月 3 日和 4 日，道指在狭窄的区间挣扎。它们的意义不应该被低估，它们标出了交易区间正中心的死角，如果多方想重新掌控局面，市场必须上涨。表面看起来，3 月 5 日的局面很不明朗，价格反复上下波动，收盘在区间中部略靠上一点的位置。谁在这次搏杀中胜出？多方还是空方？我们认真想一下 1 月 13 日和 26 日之间的上行的特征变化、1 月 28 日大幅杀跌、2 月 11 日和 3 月 1 日之后多头坐失的良机以及 2 月 18 日的冲高回落。在这个大背景下，3 月 5 日的迟疑不决就凸显了市场的脆弱。

3 月 8 日，星期一，道指返身下行，靠近 7 日低点收盘。毫无疑问，股指将有一波较大的下跌。对于道指来说，这标志着一次 600 点跌幅的开始。道指在 3 月 5 日之后的岌岌可危得到了其他几种股票指数 / 平均数的进一步证实。3 月 5 日，道指经历了年度最大跌幅，纳斯达克综合指数也遭遇了类似打击，而标普现货指数和罗素 2 000 指数上涨至年度最高水平。它们在 3 月 8 日反转下跌的时候，其产生的冲高回落把利空的消息昭告天下。

在对图 4.9 的讨论中，1 月 2 日、9 日和 28 日的日跌幅也凸显出了行为上看跌的变化。威科夫在解盘教程里说过，卖出浪的时长和距离增加时，或买入浪缩减时，上升趋势就结束了。从解盘者的角度看，可以用同样的方式来看待这三日的宽幅价格区间。威科夫及他的后继者当然认识到，狭窄区间具有同等重要的意义。基于他们的吸筹和派发模型，在上涨或者下跌前的一个交易区间内确定最终的转折点时，狭窄区间起到了重要的作用。

正如在前面的讨论中解释过的，狭窄区间告诉了我们有关轻松移动的某些情况，尤其是当我们把收盘位置也纳入考虑的时候。

在托比 · 克雷贝尔（Toby Crabel）的分析文章中，狭窄区间扮演着主要的角色。托比 · 克雷贝尔是一位具有传奇色彩的交易员和分析师。他在出版一本发现市场本质的著作后，试图从出版商那里回购所有印刷出来的书籍。这些书流出来很少，很快便成了珍本。

在《以短期价格形态和开盘区间突破进行日内交易操作》(*Day Trading with Short Term Price Pattern and Opening Range Breakout*)里，托比·克雷贝尔引述了亚瑟·梅里尔（Arthur Merrill）的作品，并以此作为灵感。他也显示出了对威科夫最后供给点位和最后支撑点位概念的全面掌握，并把它作为了窄幅形态理论的一个具体来源。克雷贝尔从定量分析的角度理解威科夫的观点，他对交易结果的测试建立在依据开盘突破几个窄幅日组合而进行买卖的基础上。在一个特别重要的段落里，他写道：

> 这些测试以一种简陋的体系呈现，但并不是说我建议以这种方式进行交易。我所有工作的目的是为了确定市场的本质，以下市场概念帮助我完成这项工作。在应用二棒形窄幅或者其他市场概念时，必须考虑市场的整个背景，它被定义为由趋势、价格行为、价格形态以及支撑/阻力组成的一个整体。其中，最重要的是趋势，它凌驾于其他市场背景因素之上。

与最后 20 个交易日内所有的 2 日棒形图相比，二棒形窄幅图都是区间最狭窄的两个连续交易日，它代表了所谓的收缩/扩展原则，解释了市场如何在活跃期和休整期之间相互切换的方式。通过规定相对的规模而非具体的规模，二棒形窄幅图概念在活跃的市场和沉闷的市场这两种条件下都同样适用。在图 4.9 中，一幅二棒形窄幅图在 3 月 3 日和 4 日出现。3 月 5 日开盘之前，市场处于一个非涨不可的位置，但当天的上行未能挺住的事实增加了我们对市场脆弱一面的了解。

此外，我还圈出了二棒形窄幅图的两个例子：2 月 9 日和 10 日的行为确实造成了为期一天的牛市反应。克雷贝尔量化了另外几个窄幅价格形态。一个最引人瞩目的形状，三棒形窄幅图被定义为过去 20 个市场交易日中最窄的 3 日价格幅度。关于这个图形，他给出了一些很有启发的评论：

> 三棒形窄幅图的心理暗示很有意思。一般情况下，在图形形成时，投机者漠不关心。他们基本不会关注一个收缩至如此程度的市场。这是市场变盘准备得最充分的位置，会呈现出爆发性的机会。奇怪的是，他们最初对这种形态的变化表示出的兴趣会如此之少。把市场带入趋势里的是那些受过良好训练的交易员，他们识别出这些机会并贡献了力量。
>
> 我们对这些图形的形成过程要认真观察，以便对即将出现的行为做出预判，而不是由于对这些形态做了量化处理，才让我们能那样做。测试证明了几件事情：一是市场存在这样一个趋势，它左右着形态形成之日后市场的全日走向；二是市场的大趋势对形态形成后 2~5 日保持这个趋势的能力有影响。这与二棒形窄幅图是不同的，后者显示的是突破方向的趋势，与趋势本身无关。

在道指走势图上，2 月 3—5 日形成一幅三棒形窄幅图，而且这 3 个窄幅都没有超出 2 月 2 日的区间范围。由于克雷贝尔发现区内交易日是“趋势动作的先兆”，这个特别的三棒形窄幅图就有了更大的潜力，250 点的上涨也证明了这一点。威科夫将这种价格的收紧看成是铰链，与那种让门可以转动打开的铰链一样。铰链是价格波动的先兆：很多大幅波动由周走势图或月走势图上的铰链导致。

克雷贝尔还测试了“四窄幅”的窄幅形态，它包括一个日区间比前 3 日的每一日区间都窄的交易日。当四窄幅以内包线的形式出现时（ID/NR4），我们观察到了令人满意的结果。这种图形出现的机会要少于四窄幅。12 月 24 日出现了 ID/NR4，但节前的交易氛围稀释了影响。11 月 21 日和 28 日是典型的一组四窄幅形态。11 月 21 日，小规模的探底回升以及收盘的位置赋予了四窄幅形态一个更令人难忘的故事。正如我们看到的，威科夫的方法整合了价格区间、收盘位置、成交量以及与支撑线 / 阻力线和趋势线的交互作用，一起解释图上在发生什么情况。

然而，克雷贝尔则专注于这样一种机会，它会产生趋势日，可以形成一次成功的日内交易，或 2~5 日的波动，通常比更偏直觉的威科夫方法更加直接。

克雷贝尔谋求的是日内交易的明确规则，威科夫则灵活地研判多头和空头之间的争斗，比如 2 月 12—18 日处于 2 月 11 日的区间内。2 月 12 日是唯一的 ID/NR4，但没有能产生趋势日。不约而同地，这 4 个区内交易日把举证的担子压到了空头肩上。价格的收缩表明市场还没让步，多头试图消化眼前的浮筹，关注下一波上涨的特征。次日糟糕的表现，使故事转向了熊市。

这是我比较喜欢的一种把克雷贝尔的贡献与威科夫的方法结合起来的方式。克雷贝尔是短线交易大师，进行日内交易还稳定赢利的难度可想而知。只有执行力强的操盘手，复盘自己的交易过程，不断总结得失，才能适应市场并稳定获利。克雷贝尔和威科夫的共同点是，他们都会不断磨炼交易技巧，而且都会严格遵守交易纪律。所以，他们在市场生存了下来，今天我们才有幸学习和理解这些交易大师的投资经验和投资理论。

美国钢铁上升趋势图——量价齐升

我把视线转向处于上升趋势中途的美国钢铁上，见图 4.10。在 2003 年 10 月月底，该股跃至主要阻力位 22 美元之上。当需求战胜了供给时，价格区间增大，成交量增加。在 24 美元之上，上涨的步伐放缓了。

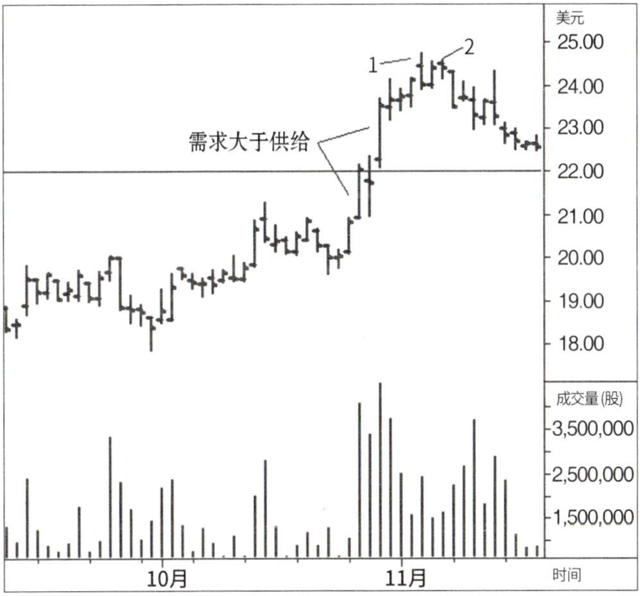

图 4.10 美国钢铁日走势图（1）

资料来源：TradeStation。

11 月 5 日（点 1），反转行为发出了修正警示。2 天之后（点 2），股票测试高点，但幅度比前 6 日的任何一日都要窄（NR7），而收盘价格没有变化，处于当日区间的中间。次日的下破招致了更弱的走势。在这次下跌的最后 4 天，价格区间收窄，成交量萎缩，这是理想的对突破的测试行为。

在次日开盘建立多头头寸，止损位刚好在 20.95 美元之下，需求在这些棒形的低点战胜了供给。最后的 3 日也符合三棒形窄幅图的定义。这里我们就得到了一个两种交易方法都要求采取行动的点位。

价 / 量行为给了我们一个理想的回抽来测试突破（参见图 1.1），而三棒形窄幅图指明了在开盘幅度之上（之下）做多（空）的具体点位数。鉴于潜在的看涨趋势，多头头寸是首选。

正如你在图 4.11 中看到的，美国钢铁的高点、低点和收盘价连续 6 个交易日不断抬高。第 6 日（12 月 1 日）的价格区间扩大到 1.64 点，这是自 10 月 30 日以来最大的区间，而当时的真正区间相当于 1.97 点。这次轻松上移出现在 11 月高点的突破位置。随着多头获利回吐，在后面的 3 个交易日，上涨止步。大家一般会期待股票回抽，测试突破位。然而，浅尝辄止的修正没有给人任何机会在价格疲软时以更便宜的价格买入，它证实了趋势潜在的力量。如上所述，克雷贝尔把区内交易日看成“趋势动作的先兆”。这 3 日可能会被与三棒形窄幅混为一谈，只是在最后 20 天里（在 11 月的低位）出现了 3 个较窄的日子。

由于幅度很小以及收盘位置集中，市场又一次倾向上涨。猛一瞅，3 日的盘面很令人失望。在这里，股票反弹至前 4 个交易日的高点，反转收盘在上一日相同的位置，接近区间的低点。从很多方面看，它都像 2 月 19 日的道指表现（图 4.9）。但那个例子中的累积的行为指向了下跌；而在美国钢铁中的情况则不是这样。在有关下一交易日表现的钟形概率曲线内，第 3 日发出了潜在的冲高回落的警示。

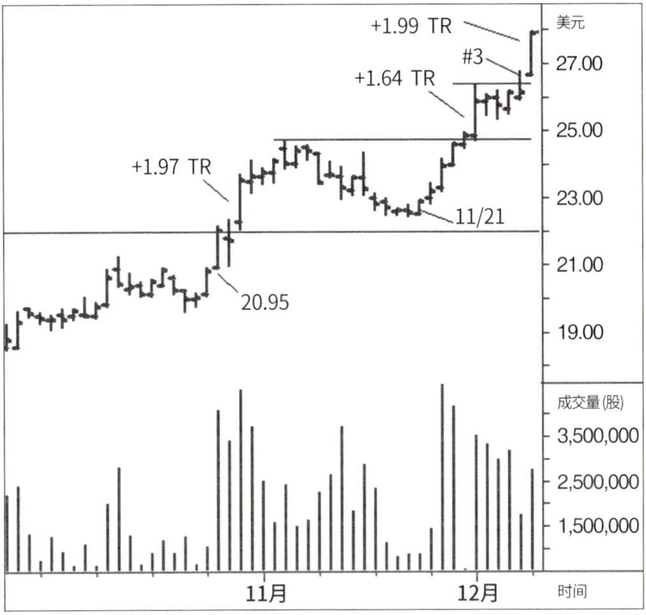

图 4.11 美国钢铁日走势图（2）

资料来源：TradeStation。

价格反而在次日（12 月 8 日）跳空高开，几乎到了点 3 的高点之上，并且以不断扩大的价差（1.99 点的真实波幅）向上运动，并稳稳地在高位收盘。强劲跳空高开的概率是极低的，然而，警醒的交易员一定会对这种局面马上作出应对。一旦股票越过了上一日的高点，激进的交易员就会补进更多股票，并马上在上一日收盘价下方设置止损保护。虽然不能保证一定会成功，但这一系列的行为有利于上涨趋势的延续。

尽管我还没有对此类牛市起飞做过统计学研究，但经验告诉我，出现上涨的概率相当大。尽管 3 日的行动显示了一次冲高回落，但要是它们在上涨趋势中无功而返也不足为奇，就像下跌趋势中俯首皆是失败的探底回升一样。我稍后会对这个话题再作详述。

收缩 / 扩张原理的作用在图 4.12 中可以看到。12 月 8 日之后，股票在狭窄的区间内坚守了 2 日，其中第 2 日困在了第 1 日的区间里。

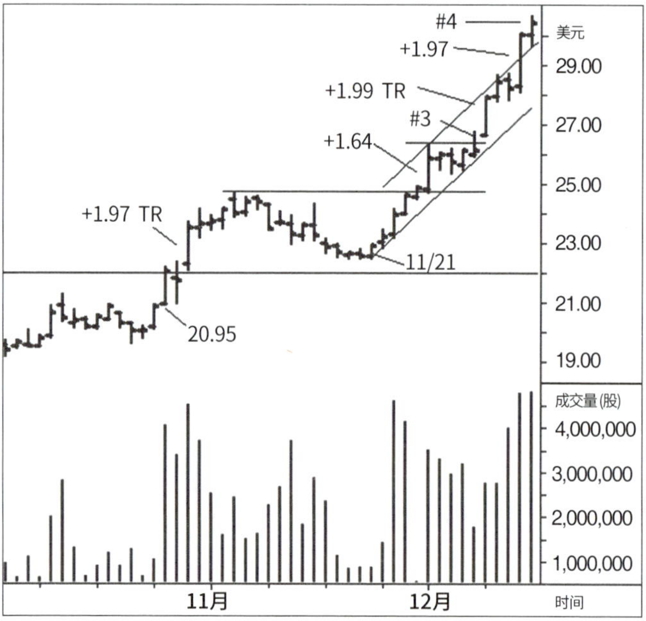

图 4.12 美国钢铁日走势图（3）

资料来源：TradeStation。

与之前自 11 月低点起的下跌棒形的成交量相比，这天的下跌成交量是最大的，它说明有需求存在，大量的做空努力都未能取得下跌的进展。最后，注意到这两日的价格如何维持在 12 月 8 日的高点上，我们再一次看到浅尝辄止的修正,将潜在的买家拒之门外。12 月 11 日，趋势重新恢复，价格区间更大，相当于 1.97 点，成交量放大到 4 月份以来的最高水平。它可能发出了高潮行为的信号，也可能是更急剧上涨的信号，即股票已经达到了上升通道的超买点。12 月 12 日（点 4），成交量放大到一个更高水平。

因此，两日的合并成交量可以作为买入高潮到来的指标，这两日低点 28.11 美元之下的下行威胁到上涨趋势，所以，多头头寸的止损点应抬高至 28.09 美元。

美国钢铁在 12 月 15 日跳空高开（图 4.13），真正的幅度相当于 1.26 点，这是从 11 月 21 日以来第 4 大的增幅。在随后一日（点 5），股票收盘下跌了 55 美分，这是自上涨开始以来的最大跌幅，也标志着该股首次收盘在前日低点之下。然而，12 月 17 日，股票反转向上，收在前两日的高点之上。

12 月 18 日，市场表现强势，可以在上一个交易区间的低点 30.51 美元之下几美分止损。12 月 11 日低点（28.11）和 12 月 17 日低点形成了一条比较陡峭的上升趋势。12 月 23 日和 24 日（点 6，NR7）有两个内包交易日，股票维持在 12 月 18 日高点的顶部——节日交易氛围解释了次日低成交量的原因。12 月 29 日，该股又出现了一次 1.97 点幅度的上行，触到上升通道的顶部。随后横向盘整了 5 个交易日，一直都维持在前高之上。5 日中有两日发出了较大修正出现的警示。

第一次警示是 12 月 30 日的价格行为，这一天，在一个内包线中产生了最大的日内破位和跌幅，这成了自 11 月 21 日以来最看跌的行为转变。

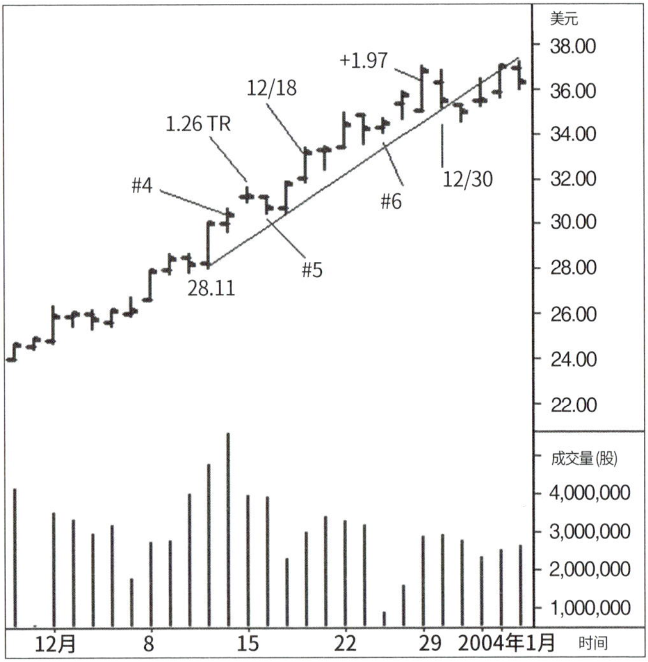

图 4.13　美国钢铁日走势图（4）

资料来源：TradeStation。

把这一日的价格变动与 2004 年 1 月 2 日的道指（图 4.9）作比较。图形上的最后一日创出了略微的新高，但未能守住胜利果实，因此产生了一个潜在的上冲回落，这是第二次对出现较大修正的警示。这些行为上的细微变化，都在指向一次修正。

波段交易者应该获利了结，而头寸交易者应该继续将止损点放在 30.51 美元，由此导致的抛盘经过 9 个交易日后在 33.19 美元筑底成功。更大规模的上涨在 2004 年 3 月见顶，也就是我们研究结束之后的 2 个月，价格至 40.15 美元。在 2000 年 11 月和 2003 年 3 月间，美国钢铁的股价形成了一个大底，且点数图统计预计最高涨到 43 美元。

白糖日走势图将交易者暴露在未知中

根据有关研判棒形图的内容，观察 2012 年 6—7 月的白糖价格上涨（图 4.14）。

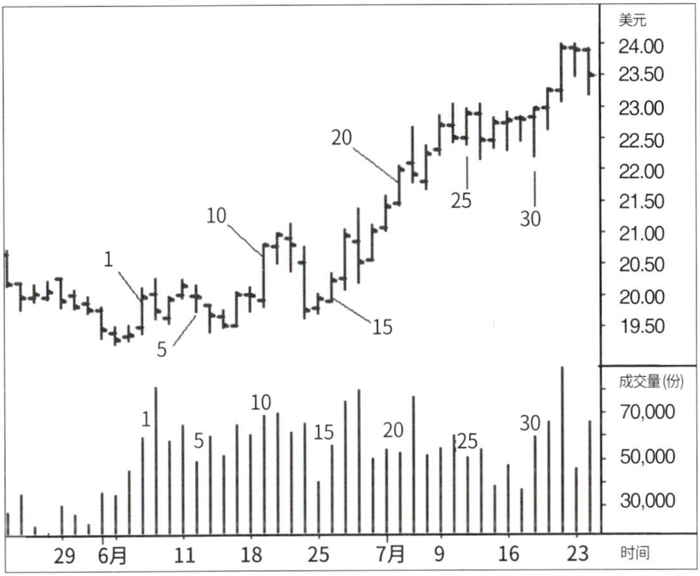

图 4.14　2012 年 6—7 月的白糖日走势图 (1)

资料来源：TradeStation。

要对线条和价 / 量行为做尽可能详尽的了解，它们很好地解释了发生了什么，并为市场未来的走向构建了坚实的理论依据。从 6 月 2 日的启动开始，我为每个第 5 日编号作为参照点，最后一日是第 34 号。在第 34 日收盘之后研究这份图形，以横线和斜线框住价格运动。汇总如下：

◎ 穿过第 2 日的高点（20.29）、第 12 日的高点（21.14）、第 24 日的高点（23.05）和第 32 日的高点（23.99）划出横线，它们说明相继出现的上升浪上的上冲动力不足。穿过第 3 日和第 26 日的低点划出较短的横线，在第 3 日下方的小规模下跌中出现了探底回升。

◎ 反转趋势线最能指明高点的位置：这条线穿过第 2 日和第 21 日的高点。

◎ 穿过第 8 日低点的平行线构成了反转趋势通道。第 30 日的低点得到了这条线的支撑。

◎ 穿过第 14 日的低点划出第二条平行线。

◎ 由于威胁趋势的价格棒形未能引发更大的弱势，上涨趋势得以延续。换句话说，缺乏下跌的跟进者。威胁的价格行为出现在第 2 日、第 13 日、第 17 日、第 21 日、第 24 日和第 26 日。除了第 26 日，这些下跌日都伴随着巨大的成交量，并有很宽的区间。

◎ 第 32 日的成交量在图形上显示是最大的，其区间是上涨日中第三大的，它发出了高潮出现的信号。

◎ 第 30 日低点至 32 日的高点是图形上最陡峭的 3 日涨幅（179 点），凸显了高潮行为的存在。

◎ 在第 33 日，市场试图反转，但是价格复苏，在略微低于高点的位置收盘。第 33 日后，上行跟进的缺乏，加重了看跌的局面。

至此，自 6 月低点以来的上行得以延长的原因显而易见，看得出市场在第 34 日收盘时的脆弱。图 4.15 显示后面的 8 个交易日。第 35 日，狭窄的区间又给了多头一次推高价格的机会，市场维持在第 24 日的顶部位置。看不出市场会在次日创下最大跌幅，然而，它却发生了。

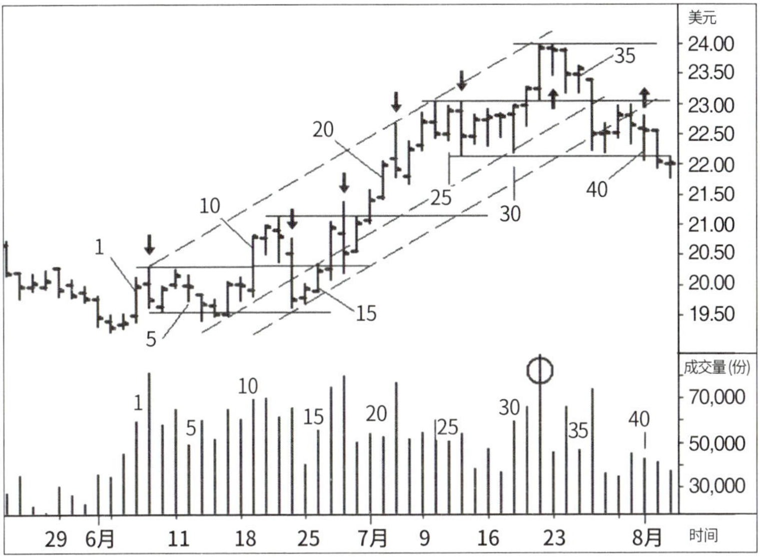

图 4.15　2012 年 6—7 月白糖日走势图 (2)

资料来源：TradeStation。

第 36 日，一个显而易见的看跌变化体现在真实波幅、高成交量以及疲软的收盘上，它增加了一波大得多的下行可能性。在后面 3 个时段里，白糖价格维持在穿过第 26 日低点的线条之上。第 39 日产生了一根外包线，但收盘的位置弱化了该时段的看跌依据。第 40 日，价格下滑到支撑线下面，但有所恢复，在靠近高点的位置收盘，距离高点只有 0.08 点。这里有一个潜在的探底回升，不能排除再次尝试反弹的可能。

第 41 日，决定性的时刻来临：没有上涨的力量继续跟进，在前日低点之下收盘。在这个点位，价格将要下行，下跌阶段应该就要开始了。然而 42 日，幅度收窄，成交量萎缩，收盘价只下跌了 4 个点。想象一下你在 34 日或 41 日做空了。你相信最近一日的表现否定了之前的看跌行为吗？它是否值得你平掉空头头寸呢？这里，我们遇到了交易进程中的众多艰难时刻之一，不得不心甘情愿地把自己暴露在未知之中，付出“求索成本”。从第 42 日收盘起，10 月白糖在接下来的 9 个交易日下跌了 183 点。这个下跌中的每一日都有一个更低的高点、低点和收盘，每一个收盘价都位于前一日的低点之下。

从本章所列举的例子中，你应该做好了更轻松地解读任何棒形图的准备，不论是日走势图还是月走势图。你应该有能力去倾听市场自己的声音，而不是分析一系列的指标或算法。这些强大的知识来自对线条和价 / 量行为共同讲述的那些故事的反复观察。

第5章

探底回升：价格跌破支撑线却转头向上

TRADES ABOUT TO HAPPEN

探底回升为持仓不过夜的短线炒家的短线交易提供机会，也为长期资本获得收益充当催化剂。如果下破未能产生新的卖出潮，是否就应强势做多？

2003年8月，IBM股价刺穿了2个月交易区间的底部，短暂下破的成交量没有增加，股价跃回到交易区间，并在一个狭窄范围内找到支撑。收盘价表现出该股不愿下行的意愿，是否属于探底回升的二次测试？

2000年3月，联合太平洋公司股价维持在一个明确的下降通道内部，似乎出现了小型探底回升，但这种情况是冲击减弱，接下来是横盘整理还是趋势反转？

在各种股市研讨会或者交易员训练营上，在介绍探底回升和冲高回落时，我都会这么说："你可以通过探底回升和冲高回落进行交易来谋生。"一旦适应了这两种假突破的市场行为并洞察先机，你就能看出在所有时间段内都在发挥作用的行动信号。其中，探底回升为持仓不过夜的短线炒家的短线交易提供机会，也为长期资本获得收益充当催化剂。

对我而言，探底回升是一次交易区间或者支撑水平的失败（刺穿），但是没有后续跟进并导致向上反转的过程。在这里，交易区间的持续时间段不需要满足某一个预先规定的量。我的这个观点源于对债券 4 日价格变化的多年追踪，比如，它就代表着 5 分钟走势图上的 320 根价格棒（只考虑白天的交易时段）。由 320 根价格棒组成的交易区间的一次失败，粗略一看就是一个颇具价值的交易机会。

在各种走势图上，由探底回升产生的潜在收益是一个关于基本趋势、市场波动性和点数图准备期的函数。这句话点出了关于探底回升的三个重要概念。

◎ 当市场跌破一个明确的支撑，但缺乏跟进时，我把它看成一个“潜在的探底回升”。也就是说，破位后的惜售提升了向上反转或探底回升的可能性，但不能保证一定会出现探底回升。价 / 量行为以及探底回升位置周边广泛的大环境更能影响概率的大小，并决定探底回升的程度。

◎ 在上涨趋势中的探底回升，成功的概率较大。反之，如果下跌趋势中的潜在探底回升没能发展出来，做空者就获得了有用的交易信息。

◎ 市场波动性决定了探底回升的反转规模。准备的数量，即交易区间的大小，也决定着由探底回升所产生的上涨量级。准备的数量指的是用于预测价格的点数图中密集区的数量。

下破未产生卖出潮，强势做多

威科夫自己没有提到过有关探底回升的内容，但他讨论过市场如何测试和再次测试支撑位，主力在明确的支撑之下筹划的卖盘提供了最终的测试机会，通过这些测试，主力有机会去评判支撑附近存在多少需求。如果下破未能产生新的卖出潮，市场主力就会发现供给留下的真空，并强势做多，造成快速的反转行情。同时，支撑位下方的下跌，通常会得到止损抛盘的协助。

正如汉弗莱·尼尔在他的《观盘看市》(*Tape Reading and Market Tactics*) 中写到，市场“被买入和卖出指令打得千疮百孔”。一些人的止损抛盘对冲了多头头寸，另一些人可能是在更大规模的下跌预期中建仓了新空单。

市场在面对下滑的收入报告等经济数据时，通常会激发出这种止损抛盘。当价格跌到支撑位置下方时，我仿佛看到了一场拳击比赛：一名拳手把对手打出比赛圈，撞到第五排坐席上，该对手就不能再回到台上重新比赛，只能不情愿地离开。下破让天平倾向于空方，他们应该会好好利用这个优势。

在这种情况没有出现时，你可以做多，并在下破的低点之下设置止损点。这是在风险最小的危险点买入，但并不是说，我们怀着反转即将出现的希望，机械地在每一次下破时买入。我们不会站在飞驰的火车前面，去捡并不是肯定存在的零钱。

由于交易区间之下的下跌提高了探底回升的可能性，你可能会考虑，到底多大规模的下跌能满足探底回升的定义。这个问题并没有任何精确的规则，但有些有用的指南，“相对小的破位”是比较正确的一种情况。这样的术语并不能传递太多含义，只能通过亲身经验得来，就像看着画板说它大概有 1 英尺（约 30.48 厘米）。

在第 3 章，我们讨论过 QQQ 图（图 3.9）上一个开口很大的下跌（2000 年 4 月 4 日），图 5.1 就来源于这张图，只是部分内容被放大了。3 月 10—16 日的交易区间跨越了 15.44 点。4 月 4 日，下跌高达 12.69 个点，跌到 101.00 美元，相当于交易区间的 82%，如果只考虑下破的规模，我们就会排除探底回升的可能，尽管股价修复并收盘在了 3 月 16 日的低点之上。在 4 月 4 日低位，股票从上一交易日的收盘价算起缩水了 14%，并且比交易区间低点低了 12.5%；成交量和价格区间是当时的最高纪录。因此，这次下跌的量级预示了今后更大的弱势。正如之前已经看到的，4 月 4 日的成交量和价格区间是当时的最大纪录水平。

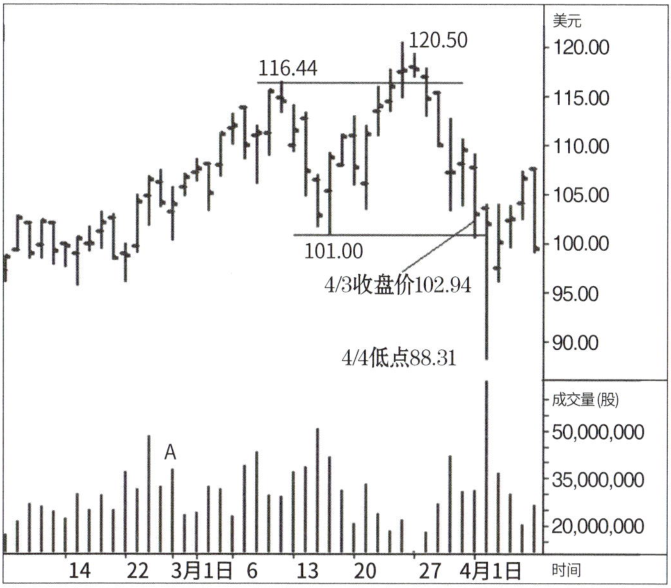

图 5.1　QQQ 日走势图（1）

资料来源：TradeStation。

几周之后，QQQ 企稳了，在 78 美元到 94.25 美元的交易区间进行横盘整理（图 5.2）。5 月 22 日开始探底回升，股票破位到 78 美元之下并反转上行。在这个点位，多头好像战胜了沉重的空头。5 月 23 日，多头像人间蒸发了一样，价格转身下跌，收盘在交易区间之下，靠近当日低点。拳击手已经被结结实实地打出了比赛区，撞到了第五排坐席上，他不会再回来了。然而，5 月 24 日，股票再次转身向上，以强势的姿态收在交易区间下轨之上，放大的量和强势的收盘说明多头已战胜空头。在 24 日最低的点，股票下跌到 78 美元之下，价格跌幅 7%。反观 4 月 4 日（图 5.1）那张图，大家可能会认为多头战胜了空头，但破位的量级远超正常的水平，这是多头的一场惨烈胜利。

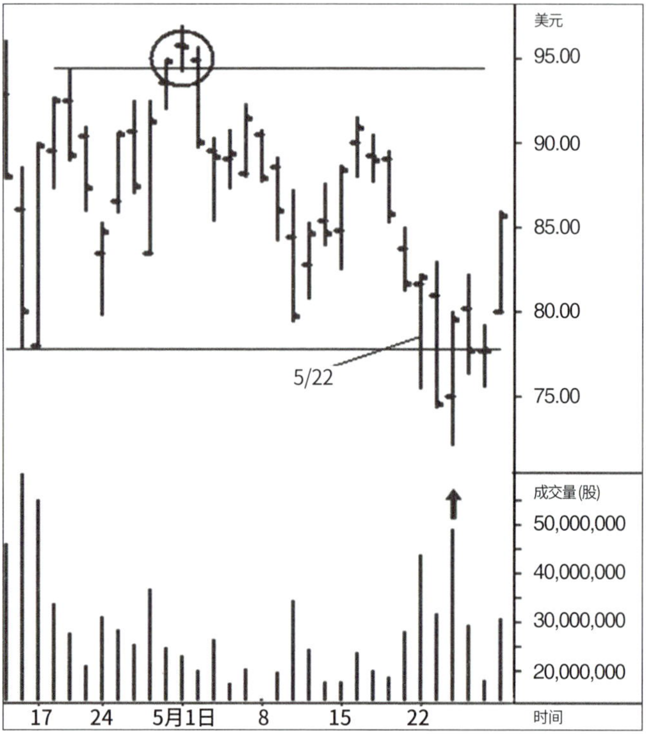

图 5.2　QQQ 日走势图（2）

资料来源：TradeStation。

并不是所有的探底回升都伴随着大规模成交量。有时候，价格会在没有巨量配合时滑落到一个新的低点，并转头向上。可可日连续走势图（图 5.3）显示了 2004 年 4 月到 7 月的交易区间，可以很明显看到几次探底回升成交量的差异。

5 月 18 日，可可跌破 4 月 21 日的低位 2 196 美元，至 2 170 美元，价格当日反转向上，收盘在 2 196 美元上方。跌破支撑线不费吹灰之力，没有吸引新卖盘的涌入，探底回升形成了，这一幕栩栩如生地印在我的脑海里。

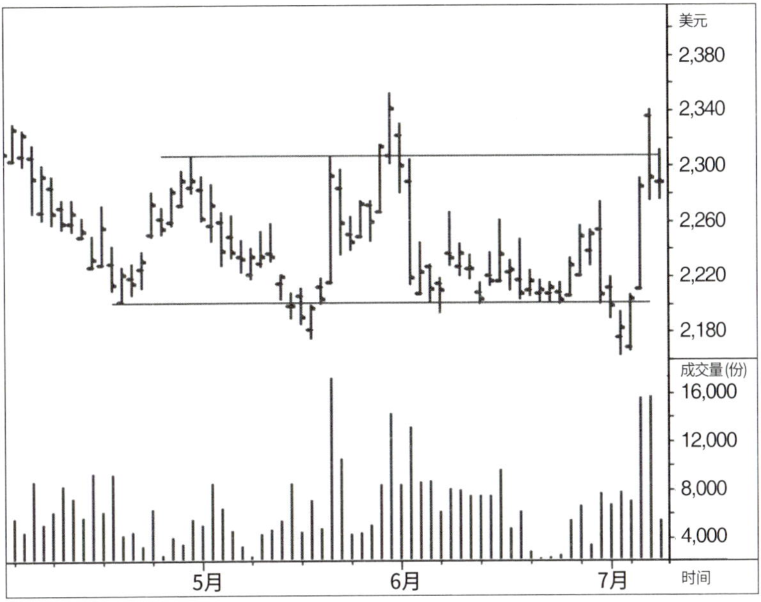

图 5.3　可可日连续走势图

资料来源：TradeStation。

我没有在 5 月 18 日建仓做多，5 月 19 日没有出现加速上涨令我继续持币观望，5 月 20 日，在跳空高开到前一天的高点之上时，我马上做多，并在前一日收盘价位下方做了止损保护，有经验的交易员总是在胜率高的情况下再入场。

这次加速形成了一次 175 点的反弹，但趋势没有持续，到 5 月高点之后，价格渐渐回到了交易区间的底部。鉴于空方反复打压这些反弹，大部分交易日里，价格急促上涨，但收盘价却几近日内底部。市场做了几次抬升的尝试，但其在脱离危险位置上表现出来的无能，陡增了另一波下破的机会。从 7 月低点开始的探底回升，导致了一次 450 点的反弹，但要想做成交易必须眼疾手快。

测试探底回升

很多探底回升促成了快捷、盈利丰厚的交易而又不会激起较大的波动。它们为 1—10 日的波段释放了明确的行动信号。图 5.3 显示了 7 月 2 日的二次探底回升，价格跌到 2 158 美元，成交量有适度增加。这次下跌跌破了 5 月 18 日的低点，在对前期探底回升区域的测试中出现了一个小规模探底回升。这种现象比较常见，有时候在二次探底回升时甚至会出现更大规模的刺穿。时间告诉我们，空头又失去了优势，机会青睐于一波更大规模的上涨，第二次探底回升启动了一次可持续的上涨。

图 5.3 上的两次破位在其交易区间之下下跌了一点点，你或许会认为，低成交量反映出缺乏抛压，尽管这较弱的抛压也为不起眼的深跌做出了贡献。有时，在探底回升之前会出现带有可观成交量的小规模破位。当这种情况发生时，我们就会看到一种反差，巨大的资金付出和几乎可以忽略的回报，它说明有人正接纳所有的供应盘，尤其是当价格远离低点收盘时，而弱势的收盘则会令最终结果存疑。

2004 年 3 月 10 日，卡特彼勒（图 5.4）下跌了 1.38 个点（3.6%），位于 2 月低点之下。在这里，盘面重心轻松下移、弱势收盘以及成交量大规模增加。当日结束时，空头掌握了主动。3 月 11 日，盘面出现了行为转变，日振幅只是 10 日规模的一半，但成交量则大体相当。从收盘来看，股价微跌 0.18 美元。这种出力不讨好的情况，巨大的成交量和轻微的下跌，表明买盘在较低的价位水平出现，预示了一次潜在的探底回升。3 月 12 日，星期五，股票上涨，并收在 3 月 11 日高点之上，使探底回升出现的可能性大增。3 月 15 日窄区间的内包线没有反映出激进的卖盘，它是典型的对探底回升的二次测试。激进的交易员可能会根据这个不起眼的证据在次日开盘建立多头头寸，并在 36.26 美元下方设置止损位。很多探底回升都会被再次测试，特别是下破带有巨大成交量时。对探底回升的测试提供了做多的绝佳机会，它说明了支撑位在抬高。最理想的情况是，日振幅收窄，成交量在探底回升的二次测试中逐步减少。然而，我们也不能寄希望于市场会完全符合理想状况。

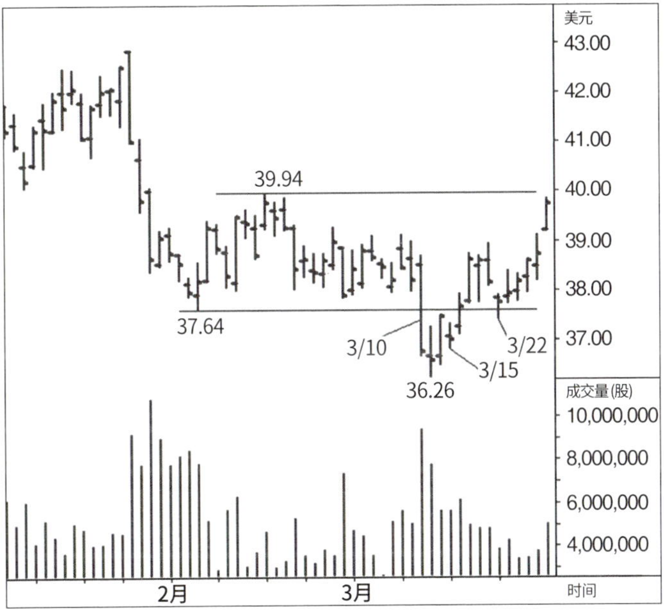

图 5.4　卡特彼勒日走势图

资料来源：TradeStation。

在图 5.4 上，另一个二次测试出现在 3 月 22 日。股票跌破 2 月的支撑线，收盘时恢复到支撑线之上；成交量下降到自 3 月 10 日下破以来的最低值。在图 5.2 上，5 月 26 日的二次测试看起来很典型，收盘在当日中位，略高于前一日收盘，成交量明显下降，可以次日开盘时买入，并在 5 月 26 日的低点之下设立止损点。在图 5.2 和图 5.4 的二次测试之后，价格上涨了 22 美元和 4 美元。

这些探底回升且都没有出现在大规模下跌浪底部。图 5.2 的探底回升出现在较大的顶部范围之内，而图 5.4 则在尚未明确的顶部。我们心里始终要牢记“去哪里找交易”的模型。正如之前所说，很多交易出现在交易区间的边缘周围，它们引发的价格运动有的时长很长，有的则很短暂。

当最初的下破伴随着巨大的成交量时，股价就存在二次测试的可能性。低量下破后的探底回升不那么经常被测试，就像图 5.3 的两次探底回升一样。但探底回升和二次测试面临着大量的模糊情况。在图 5.5 上，2003 年 8 月 6 日，IBM 的股价刺穿了 2 个月交易区间的底部，并反转收盘在当日低点之上，收盘价相当于在该交易区间的底部，下破的尝试失败了。

短暂下破的成交量没有增加。价格跃回到交易区间，随后维持在 11 日和 14 日之间的狭窄范围内。这 4 个交易日的收盘位置明显表露出该股不想下行的意愿，这种行为代表着对探底回升的二次测试，期间的价格维持在一个更高的水平上，而没有回到更靠近实际低点的地方。二次测试中的维持动作围绕在 8 月 11 日的高点附近。一旦该股在这条阻力线上方收盘，价格将在遭遇 85 美元附近的阻力位之前朝着下降趋势线的方向上涨。

8 月 22 日，星期五，急剧上行和弱势收盘表明该股将再次下跌，注意股票是如何在 8 月 11 日高点之上获得支撑的。8 月 26—29 日，

4 个收盘价聚集在一个 50 美分的区间内。除了 8 月 27 日，所有的收盘都靠近每一个交易日的高点，说明在较低的位置有买盘出现。8 月 29 日的窄区间内包线，这表明了完全没有抛压。注意价格波动从 5 月高点稳步收缩，然后从 8 月 22 日高点开始的下跌中出现了最小的价格运动。该股已经蓄势待发，时刻准备上涨。威科夫把这种状况称为跳板，也可以称它为对探底回升的又一次测试。

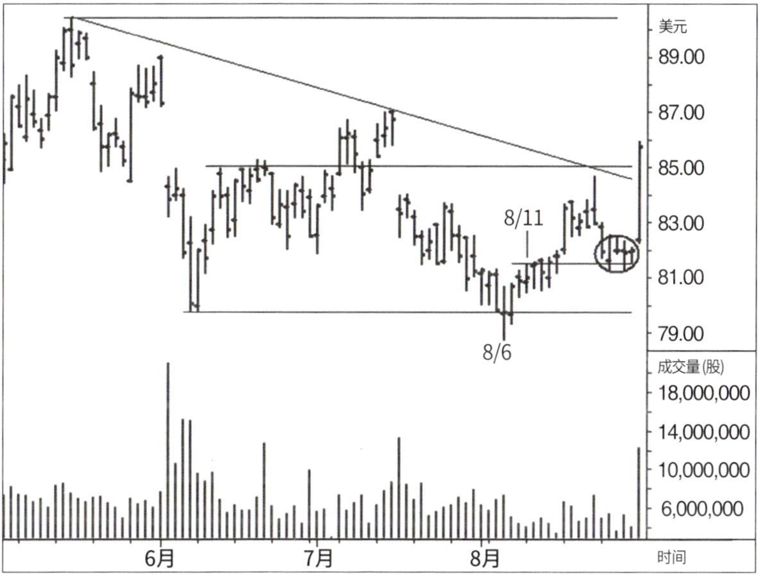

图 5.5 IBM 日走势图

资料来源：TradeStation。

真正的信息来自价 / 量行为，而不是专业术语。你只需要知道如何看 3 个基础元素：价格区间、收盘位置以及成交量，并且能在各种线条组成的背景以及更大的时间框架内看到它们。

变盘信号：冲击减弱

图 5.6，2000 年 3 月，联合太平洋公司的走势图上出现了一次表面上看起来似乎是小型探底回升的情况。图 5.6 显示，这次为期 10 个月的下跌，价格维持在一个明确的下降通道内部，并在通道的需求线周围反复找到支撑，而每一条重要的支撑线在后来的上涨中都成了阻力线。这也是走势图让人着迷的地方，一切看似一样，但都在发生变化，未来充满无限可能，只有适应市场的人才能最终留在市场里面。

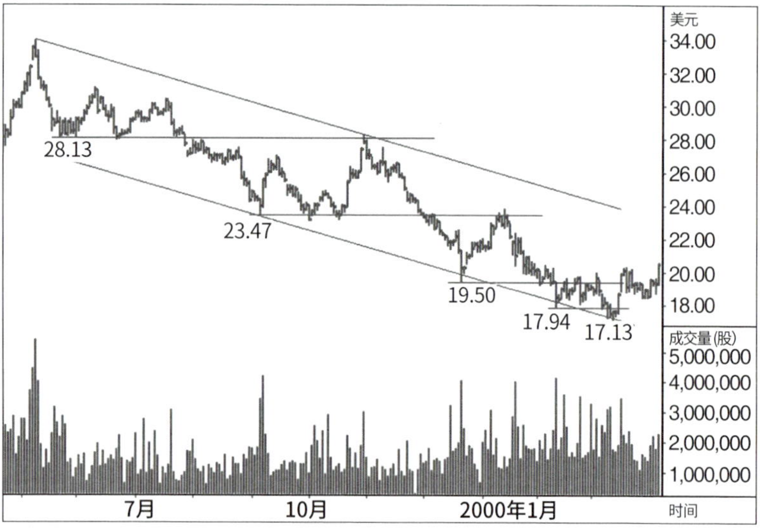

图 5.6 联合太平洋公司日走势图

资料来源：TradeStation。

我也在这些支撑水平的低点划线，因为它们所揭示的行为与探底回升类似。如果测算从 1999 年 5 月至 2000 年 2 月的下跌幅度，就会得到 4.66 点、3.97 点和 1.56 点这样一系列的数字，该股在最后两个低点间下跌了 81 美分。

威科夫把这种情况称为冲击减弱（Shortening of The Thrust，缩写 SOT，在上涨时也会出现）。冲击减弱反映的是势能丧失。冲击减弱发生在供给线 / 需求线附近，则表示当前趋势减弱，即将出现横盘整理或者趋势反转。熊市中的放量滞跌和牛市中的放量滞涨都属于冲击减弱，这是要变盘的信号。

无论何时，当每次下跌的低点位置成交量放大，下跌幅度减少，你都要格外小心。它意味着大投入只得到了小回报，需求正在较低的水平上出现。如果下冲减弱，伴随着成交量减少，空头就已经力竭了，这些情况同样适用于探底回升。巨量刺穿支撑线而下跌有限，说明这次努力收效甚微；低成交量刺穿支撑线而下跌有限，这种情况说明供给力竭。对于图 5.6，2000 年 3 月代表着自 1999 年 5 月低点起的整个大环境下降的下冲减弱。遇到这种情形，聪明的交易员要开始考虑从做空到做多。

对于 2000 年 2 月低点 17.94 美元开始的交易区间来说，跌至 3 月低点的下跌则被看作是一次探底回升。在第 3 章里，在斯伦贝谢公司日走势图（图 3.12）上，我们观察了一个三角形态和一个探底回升。在周走势图（图 3.13）上，至 1998 年 12 月低点的这次下跌形成了下冲减弱。

探底回升、冲高回落以及冲击减弱这些概念背后最主要的思想就是跟风盘的缺乏。

在研究探底回升的细节之前，我们应该关注更大的背景。放大联合太平洋公司从 2 月低点 17.94 美元开始的交易区间（图 5.7）。

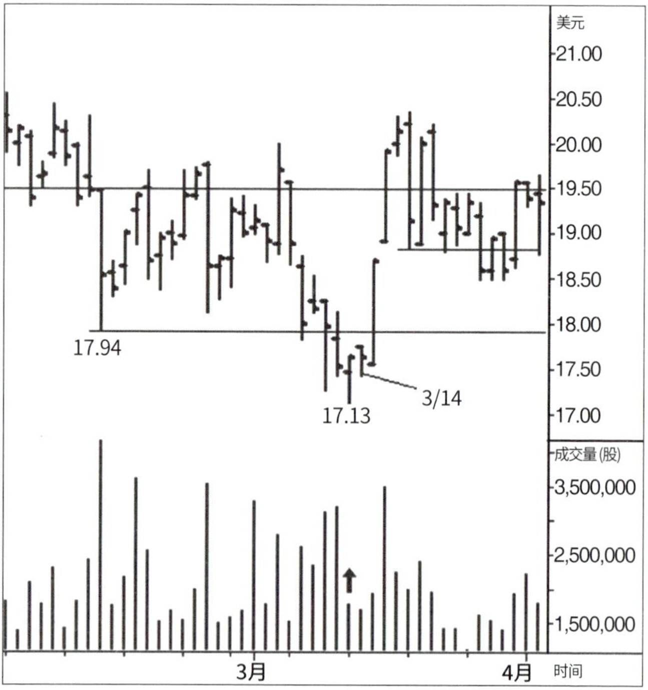

图 5.7　联合太平洋公司日走势图（放大）

资料来源：TradeStation。

3 月 13 日，股价跌至 17.13 美元，使其略低于下降通道的需求线，并形成了轻微的超卖情况。该日价差缩小、成交量缩小以及收盘位置靠近高点，这些现象都表明抛盘压力至少暂时消除了。

3 月 14 日，股价维持在一个较狭窄的范围内，收盘价略微走高，它表达出了缺乏回到前日低点的意愿。在下降通道内的一个超卖位置，下跌冲击减弱，这种情况可能会引发探底回升。

3 月 15—16 日出现了探底回升，宽大的交易区间反映了价格轻松上移，从 3 月高点开始出现的所有卖盘在两天之内蒸发殆尽。低成交量、艰难地回抽至呈垂直状的启动区域中部，标志着对探底回升的二次测试。在二次测试过程中，又出现了一次小规模的探底回升。

图 5.8，在联合太平洋公司的趋势明朗之前，股价在 23 美元和 18.50 美元间“支撑加固”了 5 个月，也揭示了 2000 年 3 月份小规模的探底回升。3 月份的下行，洗清了 1998 年 8 月的底部，形成了更大程度的探底回升。2000 年 4 月到 9 月，这 6 个月的交易区间是更大规模探底回升的二次测试。2000 年 9 月，价格区间收窄，成为 5 年内最小的区间，它说明抛压已经到底了，股价站到了一次更大规模上行的跳板上。我们还需要观察价格的收紧，因为月走势图出现这种情况时极具意义。

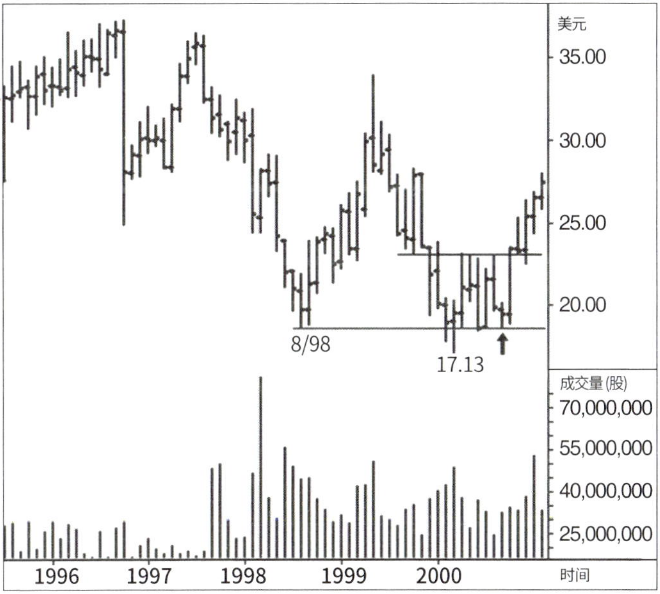

图 5.8 联合太平洋公司月走势图

资料来源：TradeStation。

探底回升释放上涨动能，警惕空头绝地反击

月走势图的解析和日走势图一样，关键在于交易区间、收盘位置以及成交量。对于这一点，日本指数基金（EWJ）月走势图（图 5.9）具有代表性。

图 5.9　日本指数基金（EWJ）月走势图

资料来源：TradeStation。

在下跌两年后，该指数在 2002 年 2 月找到了支撑点 1。最初的上涨在前期的下破点遭遇了阻力，价格随后下跌了 5 个月，至 2002 年 10 月低点 2，支撑线被刺穿，成交量飙升至 4 800 万。空方作出了巨

大努力，但价格还是收盘在 10 月交易区间的中部，且在 2002 年 2 月低点之上。这揭示了一次潜在的探底回升，但价格一直维持了 4 个月，根本没有逃离这个危险点的能力。

2003 年 2 月，点 3 的狭窄交易区间、疲软收盘和低成交量，发出了下破的警示；在 3 月和 4 月（点 4 和点 5），该股在巨大成交量的基础上跌到了新的低点。在这里，没看到轻松下移，作出的努力也鲜见回报。然而，4 月的收盘提供了股价可能上涨的线索。伴随 5 月的反转，探底回升开始启动。7 月（点 6）遭遇了供应盘的打压，但是这些浮筹在 8 月份被消化殆尽，于 2006 年 5 月涨到了 15.55 美元。

通常，时间跨度数年的交易区间包含大量探底回升，这些探底回升引发了带来丰厚利润的中期上涨趋势，却并未产生主要趋势的突破。图 5.10，大豆季度连续走势图是一个经典的例子。

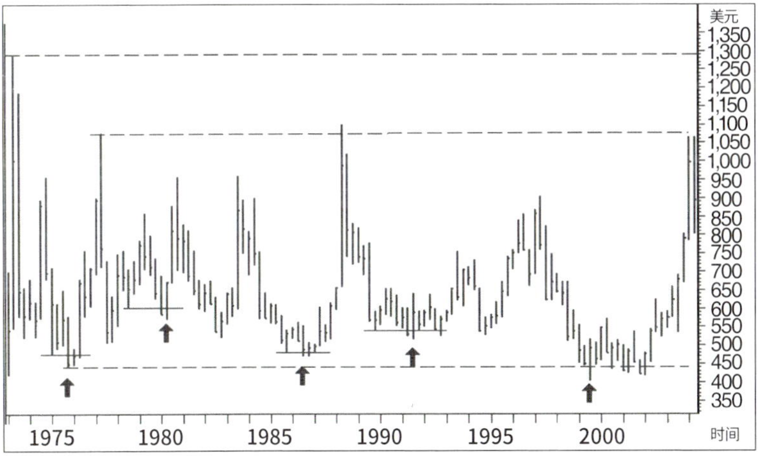

图 5.10 大豆季度连续走势图

资料来源：TradeStation。

不需要对图 5.10 上的众多探底回升作太深入的挖掘，其中的 5 个即可。从左到右，它们分别创造了 6.36 美元（16 个月）、3.87 美元（7 个月）、6.32 美元（21 个月）、2.31 美元（9 个月）以及 6.39 美元（27 个月）的收益。

2006 年，低点开始的一次探底回升在 22 个月里赢得了 11.39 美元，它代表了图中交易区间的主要突破。考虑到大豆价格上的 1 美元变动，相当于每份合约的 5 000 美元，这个成绩还不赖。

由于大豆连续多月探底回升的趋势，大豆市场很值得认真研究。从这些探底回升最终的启动点往前看，其中有几个是由最初未能引发更大规模的向上反转而导致的。

1999 年前，所有探底回升出现在沿 1975 年的低点和 1977 年的高点所划定的边界之内，1973 年的高点在 2008 年上涨至 16.63 美元之前也没有被再次测试过。商品价格趋势在 1980 年见顶，一直到 1999 年之前都没有触底。1999 年，大豆市场破位至 1975 年的低点之下，1999 年的低点后来几次被测试，直到 2002 年 1 月这个过程才结束。1999 年至 2002 年之间的价格是一次终结性震仓（Terminal Shakeout），它在一个漫长的交易区间的末尾处出现，并在一个更长的时间段内形成与发展。这种价格变动通常会结束一个延续数年的交易区间，启动一波更大规模的上升趋势。然而，从 2002 年低点开始的上涨，大部分都在 2004 年丧失，成了一次终结性震仓的二次测试。

在图 3.6 大豆油年度走势图上，我们观察到了对 1975 年低点的终结性震仓，它也发生在 2001 年间，并引发了一个大规模上涨。同样在年度走势图上，从 1950 年代初开始的交易区间被 1968 年一次没那么剧烈的震仓所终结。

图 5.11，道琼斯工业平均指数在 1966 年首次上涨至 1 000 点。从这个高点开始，它在一个交易区间里维持了 16 年，区间里包括了探底回升、冲高回落、终结性震仓和三角形态。1982 年 8 月，探底回升伴随着当时股票交易历史上最大的月成交量。在 1982 年 8 月之前，纽约证券交易所（NYSE）日成交量从来没有达到 1 亿股，而 1982 年 8 月份出现 1 亿股成交量的情况有 5 个交易日。1982 年 8 月的月度交易区间是过去所有上涨月份中第二大的，只有 1976 年 1 月排在前面。因此，1982 年 10 月成为之前所有上涨和下跌月份交易区间中最大的。

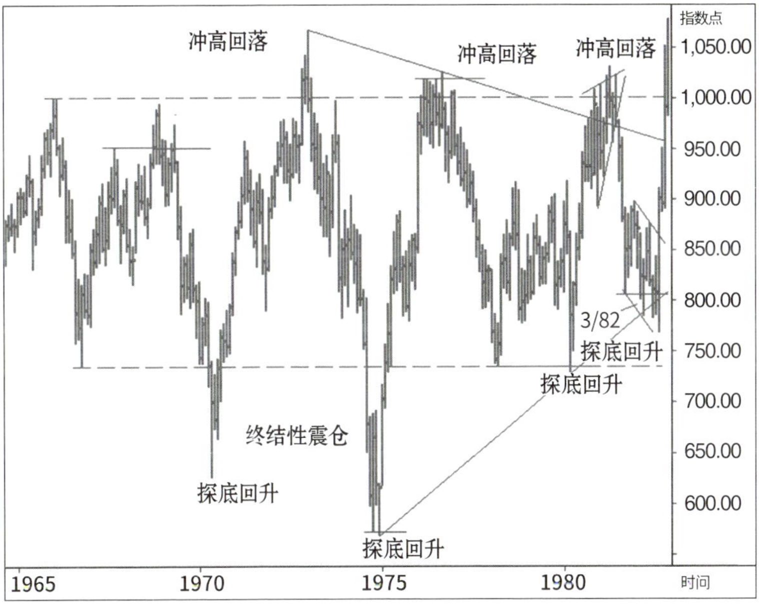

图 5.11 道指月走势图

资料来源：TradeStation。

为认真分析这次探底回升，我们从 1981 年高点的下破开始。9 月份，在 807 点找到了支撑。指数从低点 B 开始尝试恢复，但在 12 月份 900 点之上耗尽了力量。1982 年第一季度表现得更弱，3 月份出现了新低。我们从这个位置看到了 3 个重要的特征：收盘价远离月交易区间的低点，略低于上月收盘价，恢复到 1981 年的低点之上。这三个特征一起发出了潜在探底回升的警示。

1982 年 3 月，NYSE 月成交量达到了历史新高，而空方作出的巨大努力只获得了很小的回报，这更增加了牛市的色彩。一次小规模的探底回升出现了，但在 5 月份的（850 点之上）遭遇了阻力。5 月份高点的回抽，可以被看成对 3 月低点的探底回升的测试。6 月份看起来像是一个对探底回升的成功二次测试，因为道指在低点维持住了，并且在月底远离了低点。然而从 7 月份的收盘位置可以看出，反弹出现了中断和停止，这为探底回升的另一次测试创造了条件。

8 月份，价格创新低，略低于前期低点。当道指在 8 月恢复到 7 月高点之上时，探底回升进入了高速期，把前 11 个月的所有高点抛在后面，宣告了难得一见的牛市的开始。为什么 1982 年 8 月的探底回升会有影响如此深远的后果，其他的探底回升都没有能够产生可持续的牛市变化？其中，与利率有关是一个理由。

长期收益在 1981 年 9 月见顶，而短期收益在 1982 年 8 月急剧下降。从纯技术的角度看，价格收缩至三角形态有助于探底回升释放如此强劲的上涨。另外，一些长期的价格周期也在 1982 年见底。

从 1982 年低点开始的漫长的好转过程，证明了股票市场在延长趋势方面不可思议的能力。在整个 2011 年至 2012 年，同类型的市场表现还很多。

在长期剧烈波动的交易区间内，就像道指和大豆走势图中显示的，探底回升常常提供主要的买入机会。在日级别上升趋势中，探底回升有时会发生在修正的右手边。可以用它们来进行金字塔式建仓，或者在趋势开始之后入场。图 5.6，下跌趋势中失败的探底回升随处可见，称为“抄底者的噩梦”，它们反复一次次地引诱交易者追逐向上反转的行情。这些机会都稍纵即逝，如果正确地解读，交易者可以凭此建立空头头寸。图 5.12，迪尔公司（Deere & Co.）日走势图在 2003 年 3 月至 10 月开始两波上涨。

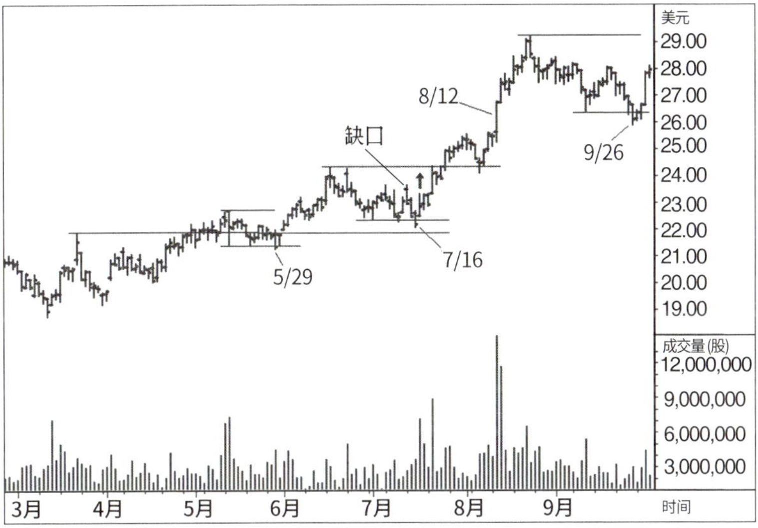

图 5.12　迪尔公司日走势图

资料来源：TradeStation。

2003 年 3 月，股价迎来一个重要的低点，由此形成了一波为期一年、有序的上升趋势。在标普和其他指数 / 平均数的日线走势图上，3 月低点的反转行为都十分明显，迪尔公司也不例外。但拉升之前，市场没有给出任何的暗示，上行启动的价 / 量分析不奏效。换句话说，在 2002 年 12 月高点开始的下降通道内，没有高潮成交量（climactic volume），没有向下冲击减弱，没有反转行为，也没有超卖的情况。

在周走势图上，2002 年 12 月至 2003 年 3 月的下跌，也没有测试 2002 年 7 月的低点。第一波上涨中，迪尔公司顺应整个市场的节奏，轻松脱离低点，上涨至 3 月 21 日的高点。在接下来的修正中，股价又回吐了大部分的成果。

从这个低点开始，股价逐步抬升至 22 日的水平线，5 月 12—13 日的巨大成交量表明供应出现，形成的交易区间维持了数周，直到 5 月 29 日出现小型的下破，当日成交量达到近 11 天来的最高水平，收盘接近当日低点。下个交易日跟风盘的缺乏将股票放在了一个潜在的探底回升位置，也增加了正在 3 月高点附近进行浮筹消化的可能性。可以在 5 月 30 日或者 6 月 2 日做多，并在 5 月 29 日低点之下设立止损。尽管下破时成交量增大，但市场没有出现二次测试。在上升趋势中对小型探底回升押小注，会有更大的成功机会。7 月 16 日，该股跌到了交易区间之下，并以弱势收盘，成交量仍然保持着低水平。第二个探底回升结束了 6 月高点和 7 月低点之间的交易区间。

7 月 17 日，股价跳空高开，几乎摸到了前 3 个交易日的高点，成交量飙升。在下跌趋势中，这种类型的探底回升动作几乎没有任何效果。然而，在上升趋势中，那些犹豫不决的买家愿意高价买入，这增强了牛市的表现。

在这次探底回升中，我们看到了一次低成交量的突破，随后是高量的上涨日和下一日的二次测试。随后，该股快速上涨至 6 月高点之上；在 8 月初回抽，对需求战胜供给的突破区域进行了测试；在 8 月中旬加速上涨，最终陷入了另一个交易区间。

9月26日，股价在成交量没有任何增加的情况下跌到了交易区间的下部边界之下，对8月12日至13日的直线上升的高成交量区域进行了测试。

9月27日，由于缺乏成交量和后续跟进，探底回升的可能性大大增加。

9月29日的窄幅内包线维持在区间低点下方，要求价格立即反弹，否则就在下方观望，在下降趋势中，会对其结果产生一些疑虑。而这里，主要趋势则扫清了这些疑虑，股票反弹远离了危险点。

9月的探底回升测试了8月12—13日的垂直高量区域，使得该探底回升的低量更具意义，它反映出之前需求战胜供应的区域中已经缺乏供应了，显而易见，9月26日的下破没有诱使到套牢的空头进行增仓。2004年4月，股价达到了37.47美元。

图5.13是2004年12月份欧元兑美元合约日走势图。在2003年11月至2004年3月包含了数量众多的探底回升和对高量突破区域的测试。图5.13提供了对“线条故事”的精彩研究。下面提供点背景材料：合约2003年6月以98.39见顶，并下跌至2003年8月的低点96.87。在盘整一个月后，价格在9月4—5日急剧上扬，上涨至10月高点，形成了一波牛市。

从10月高点开始的修正，回踩了9月初价格直线上涨的区域，标注为交易区间AB。从10月低点开始，图形形成了一个较小的交易区间BC。10月3日，交易区间内高点轻松下移，股价加速走低，成交量放大。11月7日，巨量下跌破位至AB和BC区间之下。但是，由于收盘的位置和与付出不成比例的回报，探底回升可能会出现。

接下来的 2 日内，当合约再次上行时，你可以做多，并在临近的低点之下止损。

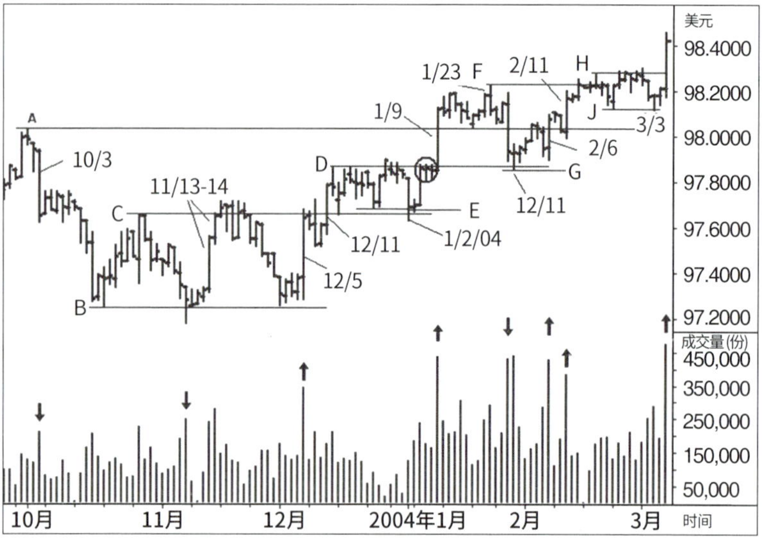

图 5.13 2004 年欧元兑美元走势图（1）

资料来源：TradeStation。

这个探底回升在 11 月 13—14 日加速上行，于 17 日（星期一）结束。11 月 18 日，价格区间收窄，表明探底回升正在失去动能，价格再次来到 10 月 3 日的下破区域，也产生了对交易区间 BC 的潜在冲高回落。主动交易员或许会获利了结，或者持有等待二次测试作更大一搏。11 月 21 日，冲高回落完成，并导致了一次对探底回升的测试。12 月 5 日，合约对低点再次测试之后，伴随着巨大成交量的急剧上涨，挽回了之前的大部分下跌。轻松上移、强劲的收盘以及高成交量，为价格进一步上行提供了依据。

由于买家要消化 12 月 11 日突破之前的剩余供应，因此股价第一次经历了一个波折的维持动作。12 月 6 日，该合约遭遇阻力，这次突破很短命。接下来，新的交易区间 DE 基本上是在 BC 之上形成的，而且大部分是在 12 月 11—12 日突破的价格范围内。在图 1.1“寻找交易区间”图示的背景下，交易区间 DE 更应该是一次测试突破，它随着 1 月 2 日的探底回升结束。1 月 2 日，星期五，该合约轻松突破支撑线，成交量未能足够配合，说明这是一次多头弱势导致的失败，而不是供给战胜需求。1 月 5 日，低成交量和狭窄的空间强调了供给的缺乏，提供了做多的绝佳位置，甚至对于使用日终数据的交易者来说，在第二天开盘时也可以做多。在随后的 3 个交易日（参见圈出的区域），市场维持在紧贴阻力线的位置，多头正在消化浮筹。

对于交易员来说，1 月 6—8 日的收盘价聚集，又都位于当日低点之上，提供了绝佳的在浮筹的消化区域建立多头头寸的位置。1 月 9 日，需求战胜了供给，价格很轻松地强势上行。1 月 10 日，价格很快止步，并在阻力线 A 的顶部整固，然后向上推进至 1 月 23 日的高点。推力如何在 1 月 10 日之上的上涨中消减，使价格下跌到更低的地方？我们面对着一种可能性，即突破产生了一个对交易区间 AB 的冲高回落，波段交易员获利了结，主动交易员押注在空方，止损点设在 1 月 23 日之上。1 月 28 日，伴随着高成交量和开口很大的突破，潜在的冲高回落就变得更加确定无疑了。

尽管这次下跌测试了突破区，并稳在了阻力线 D 的顶部，但是弱势的收盘和巨大的成交量有利于进一步的弱势。1 月 29 日，日交易区间收窄，收盘价在交易区间中部，成交量随着市场回到前期浮筹消化区间而飙升至图 5.13 的最高位置，这些行动降低了看跌的预期。

某些大型的利益集团在面对沉重抛压时逆势买入，该合约下跌有限。波浪交易员或许会重新建立多头头寸，止损点略低于 97.80（浮筹消化区域）。决定维持空头的人，至少应该将止损点调整到持平的位置。一个新的交易区间 FG，与 AB 和 DE 的顶部相交，其中支撑线 G 几乎是阻力线 D 的延长线。在随后的上涨中，日交易区间在 98.00 之上收窄，表明需求已经势微，这导致 2 月 6 日的回抽，并测试了 1 月 28 日低点。但该合约以极大的强势反转向上，把那些等待探底回升的人关在了门外。

第 5 章的第一句话就是一个人如何通过探底回升和冲高回落做交易为生。统计数据表明，探底回升和冲高回落并不像双头和双底那样盛行。翻完一本走势图，你会找到大量在 6 个月或者 1 年内没有任何探底回升的上升趋势。然而，处理这些状况的交易策略是可以做出来的。一种策略是在低点高量反弹后的回调中做多。很多时候都会有浅幅的修正进入到高量日的区间，比如本次研究中的 12 月 5 日、1 月 2 日和 2 月 6 日后，都可以用于买入。当然，其他的交易可以在浮筹消化区域或者测试突破时建立。

2 月 6 日之后，合约在 2 月 11 日经历了另一次急剧的上攻，成交量维持在很高的水平，并提供了突破区间 FG 的足够力量。正如在 12 月 11 日和 1 月 9 日上涨之后所出现的，交易区间随着上升动能的力竭而收窄。2 月 18 日，合约反转，在当日低点附近收盘，提高了交易区间 FG 遭遇冲高回落的可能性。按 D、F 和 H 线的高点衡量，上升进程在减弱。随后的修正，标记为 HJ 的交易区间幅度很浅，它测试并维持在 2 月 11 日的垂直区间内，并在 3 月 3 日以一个几乎难以察觉的探底回升结束。此次探底回升包含了一个狭窄的交易区间，价格稳稳地收在交易区间底部之上。3 月 5 日，巨量的需求在价格创出新高时再次出现。回过头来看，交易区间 HJ 就代表了对交易区间 FG 和 AB 顶部周围的浮筹消化。

探底回升失败凸显空头实力的增长

这里所显示的上升趋势是对一次又一次的探底回升所作的回应，上移相当轻松，成交量一次比一次大。由于成交量巨大，每次探底回升都很快过去，进入另一个交易区间。多头掌控的情况更显牛市，但这并不是由多头完全控制、步步为营的上升趋势。贯穿于整个上升趋势的高成交量反映出卖盘一直都存在，而这些卖盘必须消化掉，趋势才能持续。

3 月 5 日，在高成交量突破之后，图 5.14，一个小型的交易区间 KL 形成。3 月 16 日，股价以一个微小的探底回升结束。把这个探底回升的反弹特征与图 5.12 的反转作个比较。

忽然之间，日交易区间收窄，成交量消失，这表明缺乏需求。考虑到 2004 年 3 月的上涨只越过了 2003 年 6 月 98.39 高点，其顶部的需求枯竭就显得更加令人心惊肉跳，顶部形成的动作很值得讨论。

3 月 24 日，见顶日弱势收盘，2 日之后探底回升被抹掉了大半。3 月 31 日，在多头不允许进一步走弱，价格以强势收盘之后，合约仍有一次恢复上涨的机会，市场处于与 12 月 4 日、1 月 5 日和 3 月 4 日类似的状况。但是，4 月 1 日，没有买盘跟进，价格反转，在前 3 个交易日的低点收盘。空头在 3 月 16 日低点附近消灭了买盘，并占得了先手，大家可以在 4 月 1 日的收盘价或者 4 月 2 日的开盘价附近建立空头头寸，止损保护位置在3月31日高点之上。惊人的下跌出现在4月2日，这是对就业数据不佳的报告所作出的反应。由于价格远离低点收盘，可以期待出现膝跳式的反弹。

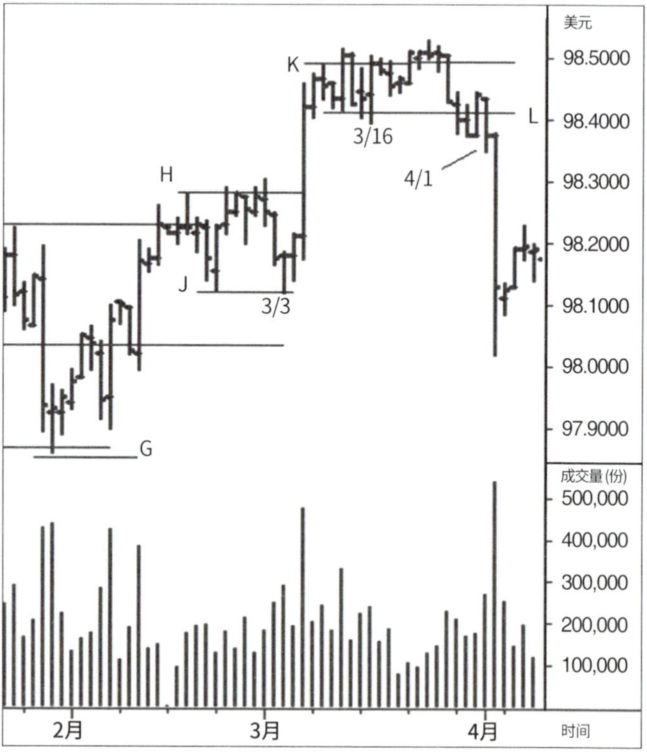

图5.14 2004年欧元兑美元走势图（2）

资料来源：TradeStation。

正如你看到的，在随之而来的上涨中，日交易区间收窄，在后面的3个月内又下跌了100点。显而易见的是，熊市基础为此提供了充足的理由：3月31日至4月1日，失败的探底回升为更低的价格创建了直接的技术性入场条件。3 月份上升推力的消减和 2003 年 6 月高点的冲高回落，共同描绘了一幅更大规模的熊市图景。

2001 年 10 月至 2003 年 10 月，棉花的市场价格翻了一番。2003 年 11 月，棉花合约快速下跌至 62.50 美分。2004 年 12 月，新棉花合约在 71 美分处见顶。2004 年 1 月，合约反弹至 69.96 美分。图 5.15，棉花日走势图显示了 2004 年 1 月至 4 月形成的顶部结构。图 5.15 出现了很多失败的探底回升，这凸显了空头实力的不断增长。

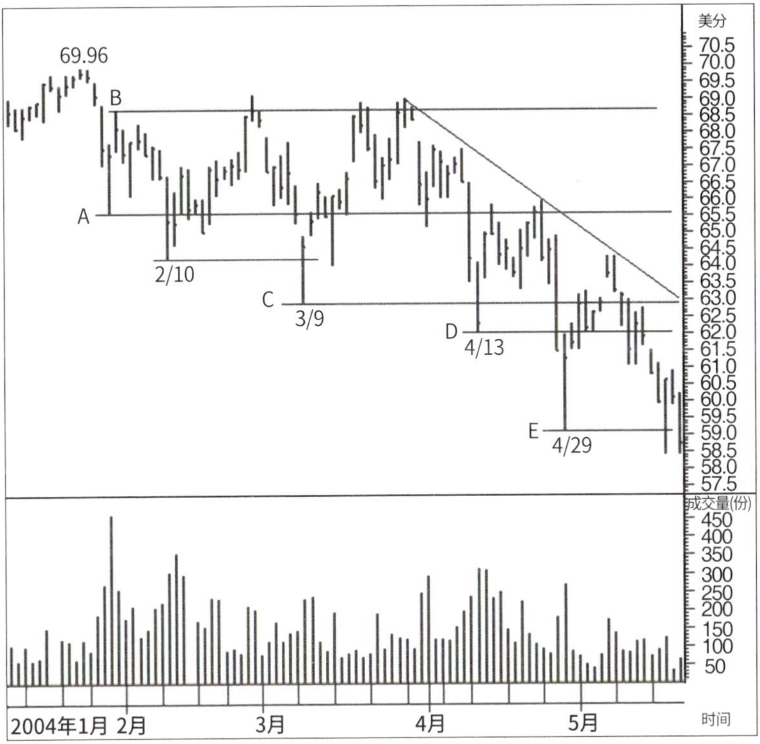

图 5.15　2004 年 1—5 月棉花日走势图

资料来源：TradeStation。

2 月 10 日和 3 月 9 日的探底回升，将价格打回到交易区间 AB 的顶部。4 月 13 日低点开始的那次探底回升，只是测试了交易区间的更低一线。从最后的高点出发，下跌趋势在 4 月 28—29 日加速。4 月 29 日，收盘价为反弹保留了机会，但它无法刺穿下降趋势线，更大的弱势随之而来。图 5.15 展示了一系列围绕轴线 A 和 C 衍生出来逐步走低的低点和高点。图表右侧边缘的维持动作是卖家吸收所有买盘和价格继续走低的区域的一部分。

我知道的所有交易策略中，探底回升是最好的，既可用于短期的当日交易，也用于长期的趋势判断。对于风险管理来说，探底回升提供了一种在危险点进入交易的途径，结果能够很快确定，而风险极微。当价格移动到支撑线之下，很多交易员因担心更大的弱势而退缩，但专业的交易员有更好的理解，他观察犹豫不决或缺乏跟进的情况，并迅速利用它们。对探底回升的理解能让任何人都像专家一样进行交易，这样的做法能够赚到不错的年化收益。

第6章

冲高回落：价格突破阻力线却反转向下

TRADES ABOUT TO HAPPEN

冲高回落的交易操作起来比探底回升更困难，可能公众更愿意追新高，而在新低时做空却不那么着急。冲高回落提供了在风险最小的危险点做交易的机会，而10%~15%新高似乎是冲高回落的一个合理界定。

2007年，标普期货指数从高点下跌中倾泻而出大量抛盘，形成了期货交易史上最大的成交量。到2009年3月，58%的跌幅会让多头彻底失去信心吗？

2011年4月，费利浦·麦克莫兰铜金公司最大的成交量多次出现在开盘第1个小时，一次突破尝试出现，但收盘时所得尽失。出现多次冲高回落，这是进入下行挡位了吗？

当股票、指数或者商品突破了先前的阻力位，而又没有站稳时，你就得考虑反转下行的可能性。这样一种无功而返的上涨，称为冲高回落。就像探底回升一样，它也可能以多种方式出现，而且可能在之后的某个时间点被再次测试。同探底回升一样，冲高回落提供了在风险最小的危险点做交易的机会。

类似地，在一个趋势中间或者大顶出现时，它提供转瞬即逝的交易机会。冲高回落的交易操作起来比探底回升更困难，可能公众更愿意追新高，而在新低时做空却不那么着急。因此，探底回升通常能更清楚地看出专业买盘，冲高回落顶部的专业卖盘会在大众买盘的掩盖之下变得很难辨别，这是那些想结清多头头寸并建立空头头寸的专业交易员最喜欢看到的局面。

由于存在冲高回落的潜在可能，我不会急于在突破时跟进购买。杰西·利弗莫尔（Jesse Livermore）在他的《股票大作手操盘术》（*How to Trade in Stocks*）一书里表达了截然相反的观点：

> 很多人可能会惊讶地发现，在我的交易方法中，当我通过记录看到一个上升的趋势正在进行时，只要一只股票有了一个正常的回落，并随后创出新高，我就会买入。

追新高是《投资者商业日报》（*Investor's Business Daily*）交易准则的柱石之一，这在牛市里的表现绝佳。威廉·欧奈尔在他的杰作《笑傲股市》里写道：“股市里最难以接受的悖论就是，对于大多数人来说，价格似乎很高、很危险的股票，通常总走得更高，而价格似乎很低、很便宜的股票，通常总走得更低。”

经过了很长时间，人们才相信了这个明智的建议。顺着同样的思路，我或许会补充，面对已确立的（涨或跌）趋势时，如果你采取司空见惯的逆市交易策略，其后果可能是灾难性的。怎样才能知道，阻力位之上的突破是否会失败？趋势是最重要的考虑因素。正如本章所展示的那样，上升趋势中的冲高回落假设很少会被证实。然而，在下降趋势中，对先前的修正高点之上的冲高回落有更大的可能性发挥作用。它们的确非常盛行。

识别冲高回落的先决条件

冲高回落可能出现的方式几乎无穷无尽。第一个先决条件是在先前的高点画出一条阻力线，那么阻力线之上的移动就成了潜在的冲高回落。在前期高点之上的上涨可能不是最重要的价格行为，起决定作用的通常是先前价格棒的累积行为，尤其说明问题的则是后续的价格棒。冲高回落可能出现在任何图形上，与时间段无关。当市场交易达到了历史高点，其波动性要比大部分的月份更大。在这样一种环境下，小时走势图上的冲高回落就能引发一段比过去一年价格区间还要大的下跌运动。我想到了 2011 年的白银价格。

总的说来，周走势图上的冲高回落最显而易见。图 6.1 白银威盾（Silver Wheaton）周走势图显示了 2011 年 3—4 月的顶部。看跌的行为转变出现在上涨趋势结束于 3 月 11 日的那一周，价格从高点跌到低点，下跌 7.74 点，这是该股历史上下跌最多的一周。

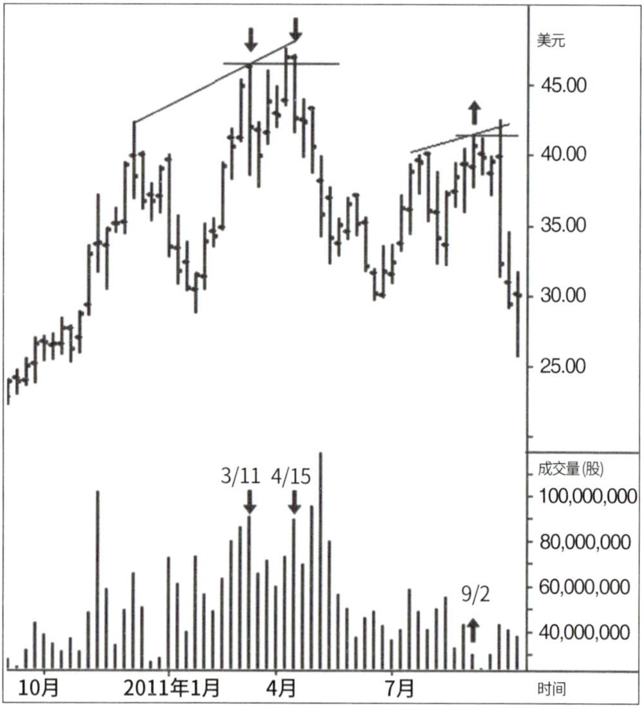

图 6.1　白银威盾周走势图

资料来源：TradeStation。

4 月 8 日，股价恢复到 3 月 11 日的高点之上收盘，多头似乎重获先手。4 月 15 日，该股反转下跌。在这个时点，累积行为说明，冲高回落出现了。

图 6.2 显示了白银威盾的日走势图。在这里，3 月 11 日那一周大量的抛盘并不明显。在 4 月 8 日这个突破日，交易区间的收窄和收盘的位置，肯定会引起人们对潜在上冲回落的怀疑。一次窄幅突破，并不能说明有能够恢复上升趋势的强势需求存在。

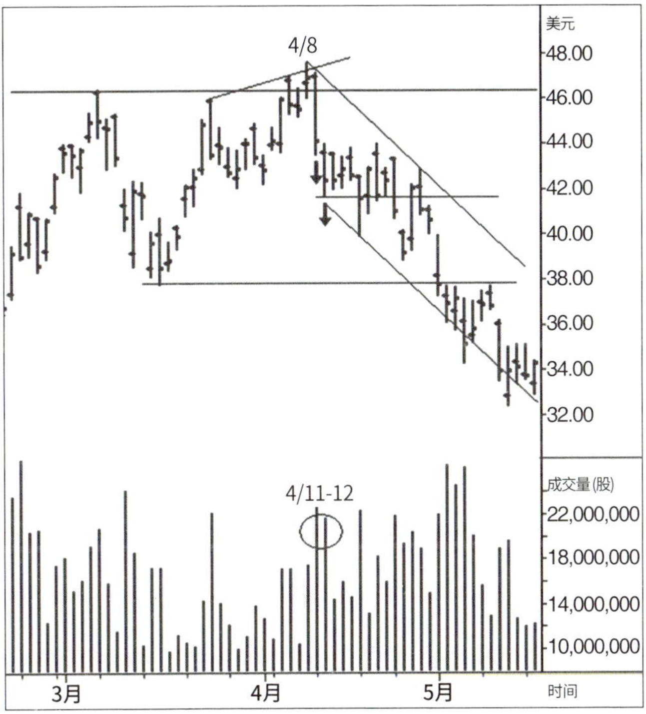

图 6.2 白银威盾日走势图

资料来源：TradeStation。

接下来4月11日和12日两个交易日的高成交量下跌，证明空方已经掌握了主动。图6.2体现了冲高回落的几个特点。首先，4月11日的收盘在4月8日和4月7日的低点之下，它彻底否定了“突破”的说法。其次，这是条非同寻常的大下行棒——4月11日的真实波幅是自2010年11月10日所有下行棒中最大的，间隔将近6个月。4月12日的暂时低点之后，请留意价格接下来如何上蹿下跳，多次在靠近价格棒尾部低位的地方收盘。

图6.3描述了美国钢铁2011年1月3日到达了5个月的高点61.18美元。在一次剧烈的修正之后，股价开始了另一波上升浪。

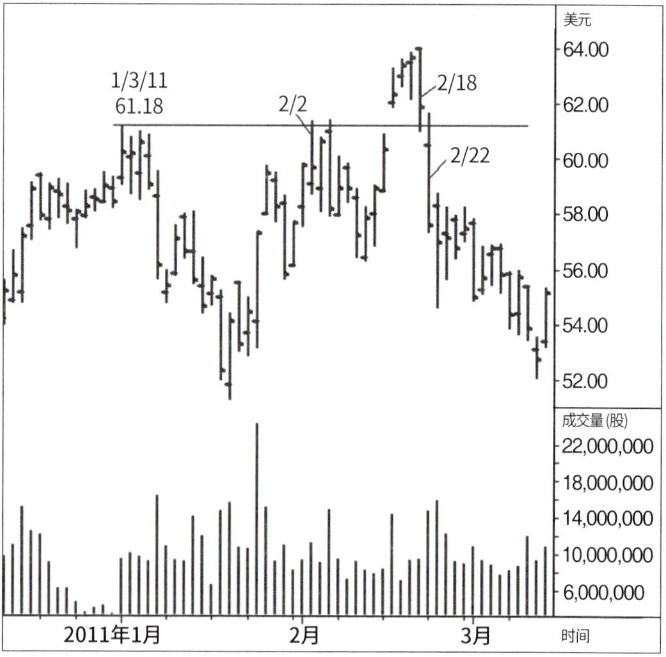

图 6.3　美国钢铁日走势图

资料来源：TradeStation。

2 月 15 日，高开，超过了 1 月高点。尽管收盘价靠近交易区间的底部低点，真实波幅给了收盘一个更难堪的脸色。成交量相应地增加，多头似乎已经战胜了空头。

16 日，交易区间收窄，股票涨幅较小，但稳稳的收盘价让人仍抱有价格有更大上涨空间的幻想。17 日，交易区间继续趋窄了，但稳定的收盘价和外包向上反转得以让看涨的故事继续。我们能够为弱势的反弹找到无数的借口，但它需要取得更大的进展。相反，18 日的外包向下反转却是一次看跌的行为转变。这提供了一个优秀的做空机会，止损位放在 17 日高点附近的位置。

尽管成交量没有急剧扩大，但收盘价在前 4 个交易日的低点之下，足以说明冲高回落已经出现。22 日，星期二，狂风暴雨般的下跌，又大大增加了价格走低的概率。

再涨过这一日的高点之上，会是多年之后的事情了。注意 2 月 2 日的价格行为：股票只是刺穿了 1 月的高点，并反转走低。两天之后，同样的看跌价格行为出现了。

在处理标价在 60 美元以上的股票时，我很少把一个 18 美分的新高看成是一次冲高回落，它只是一次二次测试，或许是一个双顶。而对于 2 美元股票，一个略微的新高可能就是冲高回落。我们要学会用灵活的心态来界定冲高回落。

总的说来，没有一个精确的规模来衡量冲高回落需要满足的条件，10% ~ 15% 的新高似乎是冲高回落的一个合理界定。2008 年 3 月，黄金期货达到顶峰 1 040 美元。2009 年 12 月，黄金期货从 1 240 美元反转下跌。这次下跌不是 2008 年高点的一次冲高回落，而是上升趋势内一次反弹的顶部反转。

冲高回落不一定形成永久性高点

标普指数因其探底回升和冲高回落而恶名昭彰，它的很多极端情况都是以这两种行为结束的。从 2002 年的低位开始，在长达 60 个月的上涨过程中，冲高回落随处可见。它们要么产生短暂的下跌，要么产生横向运动，但就是没有产生严重的向下反转。图 6.4 是标普现货月走势图，我们可以识别 8 个“潜在的”冲高回落。

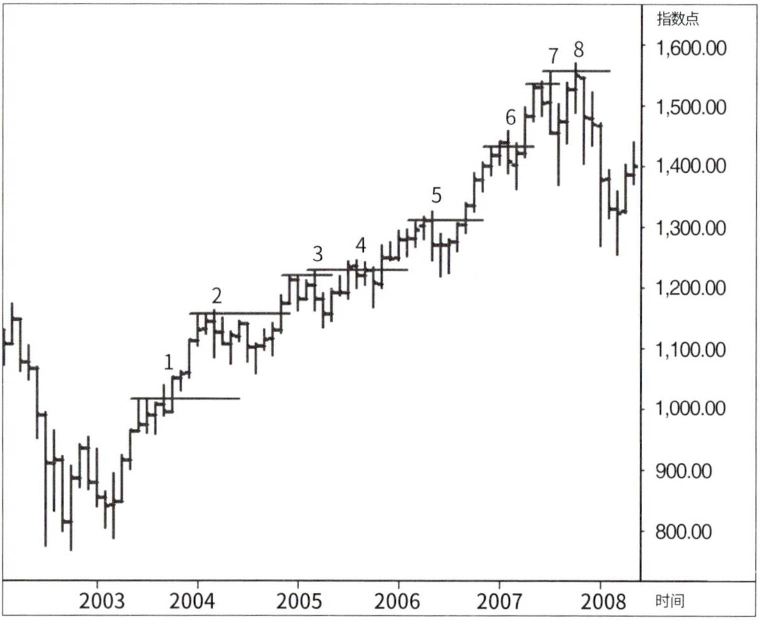

图 6.4 标普 500 现货指数月走势图

资料来源：TradeStation。

其中，5 个是外包下跌反转线，第 1、4 和 8 日例外；前 6 个冲高回落平均下跌 88 点；除了第 2 个高点的修正之外，下行从来没有持续超过3天。在上升浪期间，我一直在写晚间的标普报告，而且我确信我提到了这每一个反转的看跌意味。

尽管它们让我收获了不错的利润，但它们较长期的意义并不存在。2007年7月，第7次冲高回落看起来就像大魔法师，它促成了一次155点的下跌，引起了大量的抛盘。

2007年10月，标普竟然创出了最后一个新高，但只超过前期高点21点。10月11日见顶并产生了外包下跌反转，这个高点也是对2000年高点的一个24点的冲高回落，这使得它的意义更为重大，它引发了剧烈的下行，直至2009年的低点。这次反转导致了剧烈的下行，一直到了2009年的低点。

图6.5描述了标普期货连续周走势图上的2007年的两次冲高回落的更多细节。第7个冲高回落出现在2007年7月20日的那一周。这里，6月的高点表现得也很清楚。图6.5中占主导地位的是从7月高点的下跌中倾泻而出的大量抛盘，这是期货交易史上最大的成交量。记住图6.1白银威盾上的巨量，其2011年3月初冲高回落之前发出了类似的下跌警示，只是量级比标普要小很多。

2007年7月高点开始的4周，累计下跌了192个点。在第8个冲高回落上，区间收窄，收盘价在中间的位置。对于窄幅的突破，时刻要睁大警惕的眼睛。在1 500线附近，上涨的努力被一次次地阻击，空头占尽了优势。

从2007年10月冲高回落的高点，到2009年3月低点，标普期货指数下跌了921点。58%的跌幅似乎足以埋葬这个市场，但是截止到2012年我写这本书的时，指数已经回到2007年高点120点左右。

从之后的复苏和很多其他情况看，冲高回落并不一定意味着已经达到了一个永久性的高点。“永久”跟“绝对”一样，在涉及市场问题时，我们应该回避。一次冲高回落代表着结束动作，但不一定是终结动作。

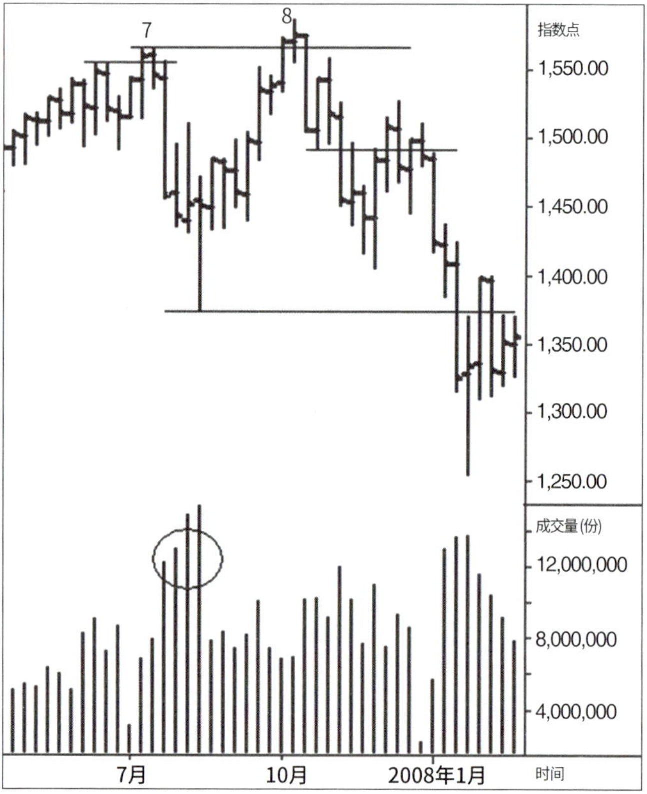

图 6.5　标普期货连续周走势图

资料来源：TradeStation。

图 6.6 是纽约铜连续月走势图。2008 年的冲高回落在 2006 年高点之上，看起来是一次长期上涨趋势的结束。

铜价在 7 个月内下跌了 66%。2011 年 2 月，铜恢复到上升通道的顶部，并超越了 2008 年的高点。注意 2010 年 12 月至 2011 年 2 月的收盘密集区。从纯进展的角度看，收盘密集区表明市场没有能力走得更高了。

图 6.6　纽约铜连续月走势图

资料来源：TradeStation。

冲高回落在 2011 年 7 月再次测试，创纪录的抛盘在 8—9 月的下行中现身。很多商品市场都有过这种冲高回落之后的宽幅振荡。以棉花为例，1980 年到顶，1995 年对 1980 年的高点冲高回落，但 2011 年的价格是 1995 年高点的两倍。一切皆有可能。图 3.6 大豆油年走势图显示，1974 年和 1984 年在 1947 年高点之上的两次向上突破均失败。2008 年，价格在这些高点之上爆发。2011 年和 2012 年，走势更加扣人心弦。

借助冲高回落赚取“午餐钱”

冲高回落的短暂特性在日内图表中表现得更加频繁。在这样的环境下，冲高回落与探底回升一样，给了交易员一个极大的、低风险的优势。第 3 章解释了以支撑线和阻力线框出交易区间的重要性。冲高回落和探底回升正是围绕着交易区间出现的，它们并不总是依赖巨幅波动。很多时候，冲高回落包括了上穿阻力线并反转向下的 5 分钟单个棒形图。没有什么比这更简单了，图 6.7 就是这种交易的例证。

图 6.7　2011 年 9 月标普指数 5 分钟图（1）

资料来源：TradeStation。

8 月 5 日，2011 年 9 月标普指数合约从 8 : 40 的高点跌落。最初的低点是 1 202.75，后来该价格划的支撑线成了轴线。在 13 : 00 之前，市场快速反弹到 1 210.25 点，随后在轴线的两边形成了交易区间。13 : 55，市场创出了不大的新高 1 212.50 点，市场未能够持续跟进。在这个案例中，没有出现象征着卖家占据上风的巨大成交量爆发。相反，价格只是在开始时有一个小的回落。14 : 40，出现了一个二次测试，低成交量说明需求已经耗尽。建立在从 13 : 55 高点反转或者二次测试（1 205.75 点）上的空头头寸回报颇丰。

这种小规模的冲高回落每天都在出现，反转成功的可能性很高，因为它测试了图上价格曾经出现下破的点位。此外，冲高回落时的低成交量，并没有反映进攻性买盘的行为。这看起来更像是一次猎杀止损，而不是一次可持续上行的开始。

图 6.8 是标普指数 5 分钟走势图的另一种情况。突破的棒形图上增大的成交量看上去很积极，但交易区间的收窄和收盘价在较低位置压倒了看涨的意见。

在这个背景下，增加的成交量反映出巨大的努力只取得了很小的回报。随后外包下跌反转的 10 分钟增强了看跌的画面。但是价格在再次测试支撑线时收窄，并且显示出抛压不大。11 : 25，最后的下跌棒维持在了低点之上，没有引来大量抛盘，并在区间中部收盘。总的说来，这不是看跌的表现。谨慎考虑，我们应结清所有空头头寸。

由于市场当日的波动巨大，我们可以在这个最终被证明是假冲高回落上赚点快钱。基本的上涨趋势非常强烈，不会允许较大规模的下跌。只要风险是合理的，灵活的交易员还是可以通过探测这种潜在的冲高回落来谋生。

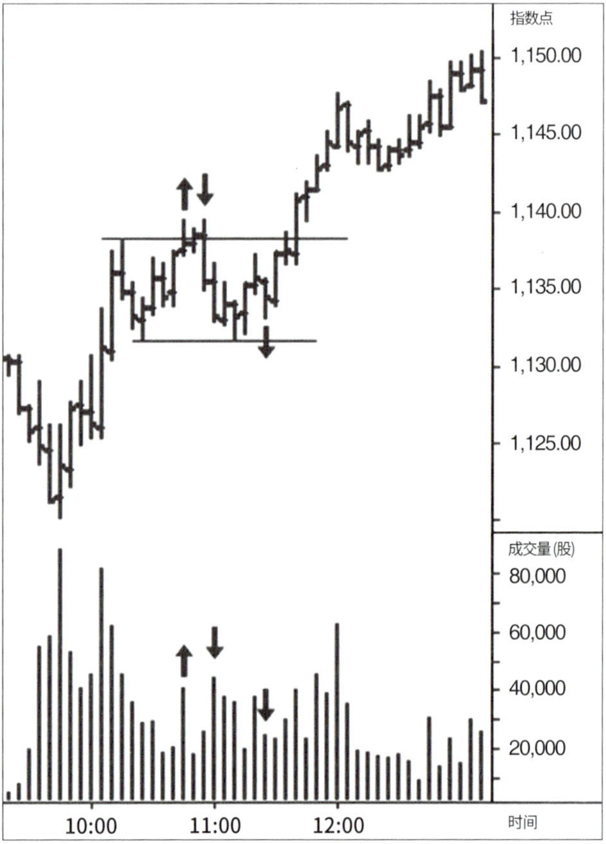

图 6.8　2011 年 9 月标普指数 5 分钟图（2）

资料来源：TradeStation。

顶部多次冲高回落，最需要留意趋势

在顶部结构里，下跌开始之前可能会出现几次冲高回落。图 6.9 显示了 2011 年 4 月费利浦·麦克莫兰铜金公司的一个中期顶。4 月 25 日，第一小时的高点和第二小时的低点之间形成了一个交易区间。

这个狭窄的区间涵盖了后面 5 个交易日里的大部分价格表现。与大多数股票一样，最大的成交量基本出现在第一个小时。当最大的小时成交量出现在后面时段的时候，你就必须得留意了。

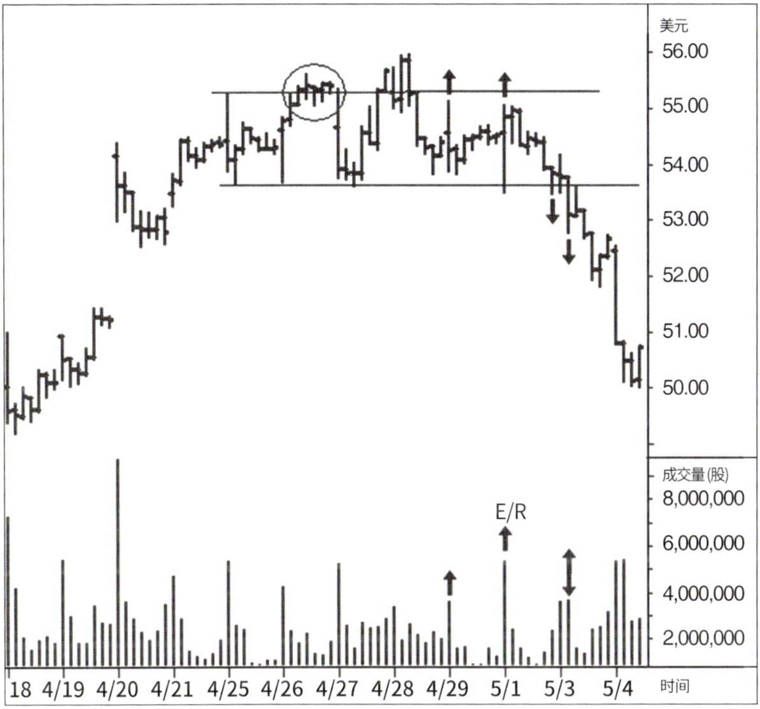

图 6.9　费利浦·麦克莫兰铜金公司小时走势图

资料来源：TradeStation。

我习惯以双箭头的方式在小时成交量的图形上标注这种异常现象。4 月 26 日，股票创出略微的新高，但小时交易区间的收窄以及相对较低的成交量警示了不要太过于看涨。4 月 28 日，一次更好的突破尝试出现了，股票收在最高的价格位置，看起来还有望更进一步，但当日结束时，所得尽失。4 月 29 日，上行的努力未能吸引跟进的买盘。5 月 2 日，交易区间内最大的买入成交量出现了，促成了一次失败的探底回升。这是一个付出巨大努力却没有回报（E/R）的例子。综合起来看，这两波升浪可以被看成是 4 月 28 日冲高回落的二次测试。请注意，股票在 5 月 2 日最后一个小时走弱，令人胆战心惊地在交易区间的低点收盘；5 月 3 日第二小时的成交量超过了第一小时的成交量，挂入了下行的挡位。5 月 17 日，股价在 46.06 美元触底。

总之，在对冲高回落进行评估的时候，最需要留意趋势。常常透露出潜在的冲高回落能否真正出现的，是前后棒形图的价 / 量行为。

第一，周走势图和月走势图上的冲高回落，通常会比日走势图更能导致大规模的下跌趋势出现。

第二，在日走势图上，上涨中顶部的冲高回落，可能只是市场的修正。

最后，在下跌真正到来之前，顶型结构上的冲高回落可能会不止一次地出现。

当市场在遭遇几次威胁性的价格行为之后，仍持续维持在某个阻力位置不愿转跌时，你就得考虑是不是浮筹消化的情况正在出现。这是第 7 章要讲的内容。

第7章
浮筹消化：落袋为安还是忍受波动?

TRADES ABOUT TO HAPPEN

浮筹消化是一个克服多头清仓、获利了结以及新的空头卖盘的过程，当市场在遭遇几次威胁性的价格行为之后，仍持续维持在某个阻力位置不愿转跌时，你就得考虑是不是浮筹消化的情况。

1931年1月，《纽约时报》50平均指数两根威胁性的价格棒没有引来跟风的抛盘，收盘价都集中在一个狭窄的范围内。对阻力线的持续挤压，在价格棒中间收盘，最终引起怎样的突破?

标普指数在2009年9月的高点之上移动并止步，随后在此横盘。外包下跌反转，市场没有向下跟进，反而向上反转，如何区分冲高回落和浮筹消化的差异?

我们怎么知道对高点的测试或者刺穿将导致一次突破，还是下行反转？这就使我们经常面对两难处境：是落袋为安，还是继续持有并回吐利润。这个问题的答案部分取决于个人的交易风格。

短线交易员急于获取利润，不会让自己置身于任何更深的未知中。遵循较长期展望的交易员，他们可能会选择忍受修正。几周前甚至几个月前以当前价格做多的交易员通常会选择清仓，他们已经受够了。在低位买入的多头获利平仓，空头嗅到了可能的顶部，给市场增加了卖压。浮筹消化是一个克服多头清仓、获利了结以及新的空头卖盘的过程。它可以出现在任何时间框架的图表当中。

下面这些线索指向了一个成功的浮筹消化过程：

◎ 支撑位不断抬高。

◎ 浮筹消化区域顶部附近的成交量增加。

◎ 在威胁性的下跌价格棒出现后，下跌缺乏跟进。

◎ 在浮筹消化区域右边，价格倾向于挤压阻力线，不让步。

◎ 在一些情况下，浮筹消化阶段由一次探底回升来终结。

◎ 浮筹消化期间的小规模冲高回落未能引发下破。

诱空：低点的持续抛盘没有让市场走弱

当浮筹消化区域被看成是一次修正时，它们一般都很狭窄，通常在价格刚加速攀升或者成交量急剧加大的区域内形成。

在图 1.1 中，浮筹消化出现在交易区间的顶部。顶部是图形中最常出现浮筹消化的位置。但浮筹消化也会在空头战胜了多头的时候，出现在交易区间的底部位置。

在低位，买盘源自空头回补、空头清仓以及新进多头的抄底行为。空头战胜了多头的主要特征就是反复出现价格无法从危险位置上行脱身的情况。对低点的依依不舍通常会导致下破。巨量成交持续不断地敲打低点，则表明下破即将到来。而当低点的持续抛盘没有能让市场进一步走弱时，威科夫称之为“兜底”。

在这种情况下，市场主力正在诱空。空头的浮筹消化解读起来更为困难，因为一些反弹的尝试看起来很像潜在的探底回升，但它们要么失败了，要么很短命。浮筹消化并不总是以横盘整理的形式出现，也有价格轻轻松松飘得很高的时候。

当价格翻越了著名的“忧虑之墙”时，把等待一次修正出现、自以为是的多头锁在外面，并大快朵颐胆敢做空者。我想到了大步穿越特洛伊平原的希腊大军方阵。在高成交量的宽幅价格棒暂时止住了前进的步伐之前，波动率通常维持在低水平。我们将像这样审视各种不同的浮筹消化的例子，再加上一些无效的例子。

总的来说，大部分浮筹消化区域只持续数日或者数周。在月走势图上，浮筹消化持续的时间要长得多。当我们用支撑线和阻力线勾勒出交易区间后，相对紧凑的浮筹消化区域就呈现出来了。那些包含在几条价格棒内的图形，让我想到一只拳头。图 7.1 描述了铱莫逊公司（Immersion Corporation，简称 IMMR）于 2007 年 6 月在一个狭窄的区间内折腾了 4 个交易日，随后继续走高。在接下来的 11 个交易日里，IMMR 上涨了 50%。

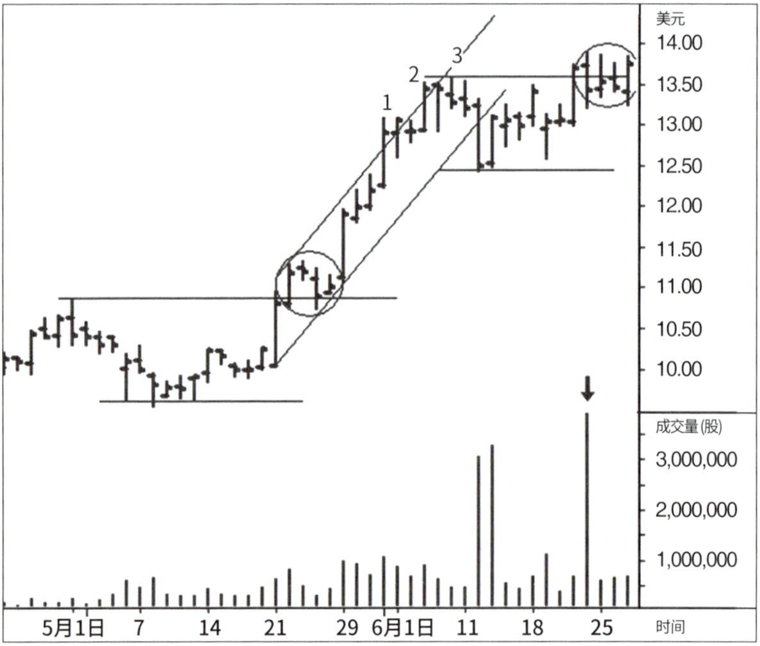

图 7.1　铱莫逊公司日走势图

资料来源：TradeStation。

在浮筹消化的首日（看箭头），股票掉头以弱势收盘，成交量飙升。

这一切让当日看起来最具威胁，这引发了对冲高回落的担忧。在接下来的两个交易日，价格试图上涨，但只能被迫在其低点附近收盘。可怜的收盘价和很低的成交量，都无法令市场振作。反转日后，没有砸盘跟进，说明空头目前还没有利用已有优势的打算。大家不得不思忖，在面对如此“轻而易举”的做空机会时，市场为什么能控制得这样好。最后一日，股票刺穿了前两条棒形图的低位，并反转收盘在当日的高点。这个外包上涨反转日就是交易员入场做多的时候，将止损保护放在其低点之下。

我情不自禁地想指出图 7.1 上的其他行为。左下部的交易区间有一个不错的探底回升，3 个低成交量的内包日紧随其后。你能看出本交易区间顶部圈出的行为吗？它可以被看成是浮筹消化，也可以是测试突破的回抽，而我倾向于后者。正常的上升通道本身会作此类解释，其供给线两次成了阻力。点 1、2 和 3 的高点渐渐回归上升通道内部，说明上行推力在消减。

两个截然不同的走势图透露浮筹消化区域

在初始的“威科夫教程”（1931 年）中，浮筹消化的概念是威科夫于 1930—1931 年在探讨《纽约时报》50 平均指数时提出的。在图 7.2 中，他把 1931 年 1 月的 13 个交易日形成的区间看作浮筹消化。在这种情况下，股票的异动包括了抬高的支撑，但价格在 2 月突破之前，从来没有越过 1 月的高点。除了抬高支撑，我们还看到 1 月 28 日和 1 月 31 日两根威胁性的价格棒，不过他们没有能够引来跟风的抛盘。在突破阻力线的前 4 日，收盘价都集中在一个狭窄的范围内，并在价格棒中间收盘。他们对阻力线的挤压，最终引起了突破。很多威科夫教程的学员都把图 7.2 的分析看作其杰作之一，我也从这个研究中获益良多。

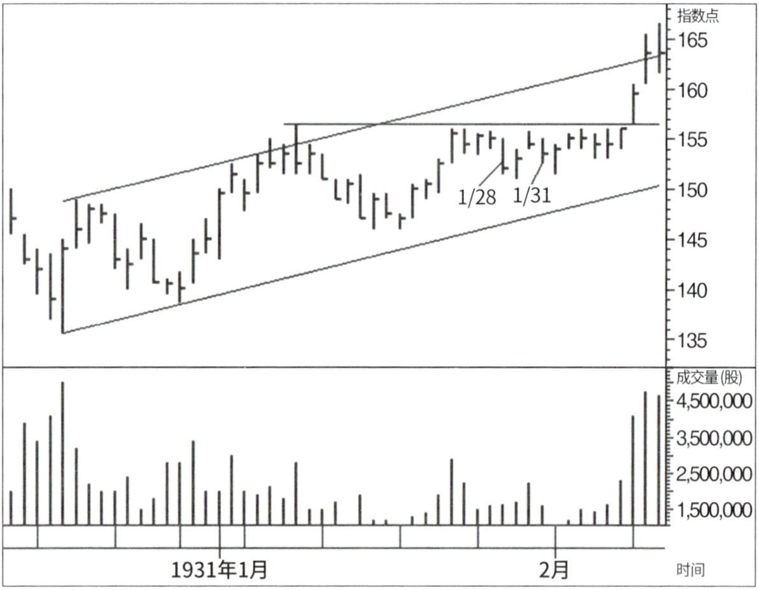

图 7.2 《纽约时报》50 平均指数日走势图

资料来源：MetaStock。

图 7.3 描述了梅切尔集团（Mechel OAO）日走势图在 2009 年 4 月也呈现出了一个不那么具有戏剧性但同样精彩的浮筹消化区域。没有窄幅的横向波动，区间里的摆幅相对较宽，穿越了阻力线 A 的两边。这可以看成是浮筹消化：交易区间在 3 月高点来来回回的运动。从 4 月初低点开始的回升越过了 2 月的高点，达到了一个小型上升通道的顶部，且推力也在这个位置减弱。请留意来自高点的修正如何测

试了价格加速上涨的那个垂直区域。D 线形成支撑线，略高于阻力线 B。在此期间，除 4 月 30 日的下跌反转之外，成交量基本保持一致。4 月 30 日的下跌成交量提高到自 2 月高点以来的较高水平，股票收盘在一个脆弱的位置，但 4 月 30 日缺乏跟风盘，这里我们有了一个“兜底”的例子，它同时引发了一个值得买进的潜在探底回升，止损保护放在 4 月 29 日的低点之下。6 月 1 日，股价上涨到 12.69 美元。

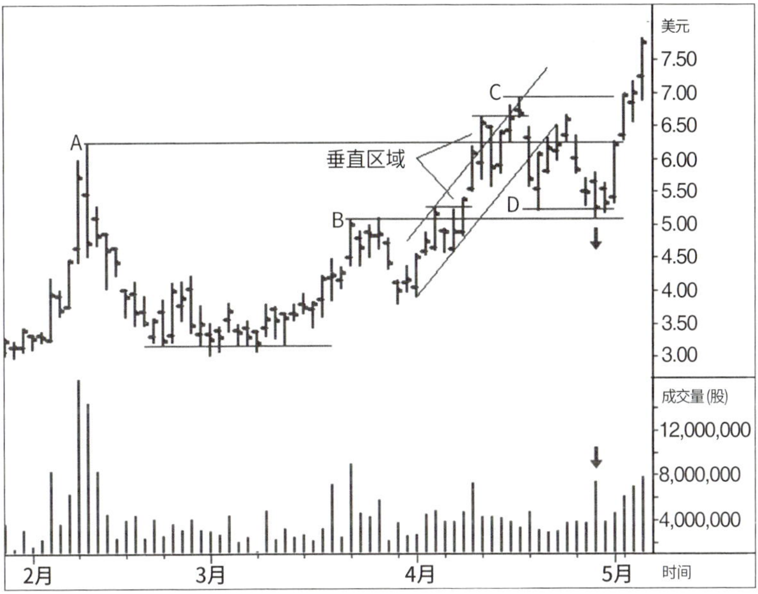

图 7.3　梅切尔集团日走势图

资料来源：TradeStation。

冲高回落和浮筹消化之间的差异

正如上面提到的，看起来像冲高回落的地方，也可能是浮筹消化区域的一部分。图 7.4，标普 2012 年 6 月合约显示了对 2012 年 4 月 25 日上午高点的反复攻击。我把这种情况与持续不断地撞击城堡大门相提并论。虽然这些上推几乎没有向上的跟进，但随着买方稳步突破上方的供应，每次回调都能保持在更高的水平。每次上推之后的回调幅度变得越来越小，给了我们最好的依据，价格即将走得更高。图 7.4 说明了为什么当价格在突破后未能立即跟进时，人们不能自动考虑做空。它强调看盘是门艺术，而不是建立在非黑即白信号上的科学。

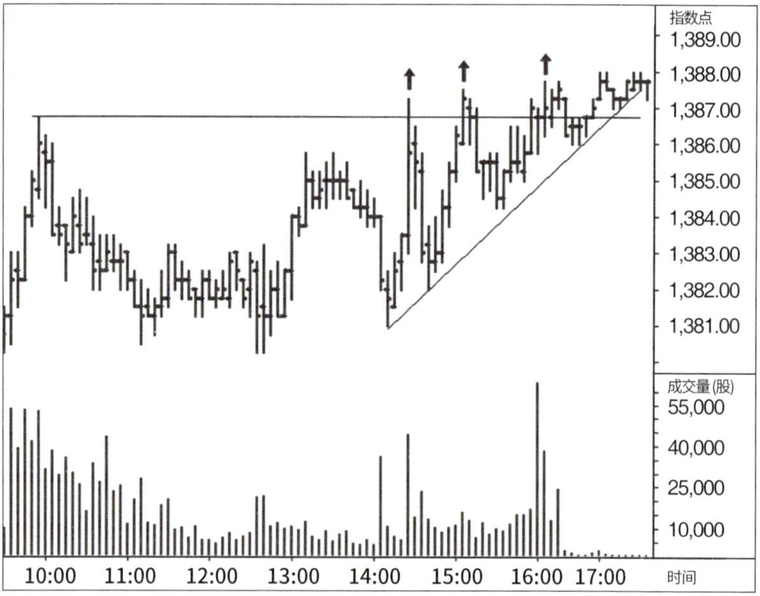

图 7.4　2012 年 6 月标普指数 5 分钟走势图

资料来源：TradeStation。

要区分冲高回落和浮筹消化之间的差异，有时需要关注微妙的线索。图 7.5 描述了标普连续日走势图，价格在 2009 年 9 月的高点之上移动并止步。随后，7 个交易日横盘，股价维持在 9 月高点的顶部。这是一个很棘手的问题，我在第 4 章里描述了包含无数威胁性价格棒的上升趋势是怎样未能产生更大弱势的。

图 7.5　标普指数连续日走势图

资料来源：TradeStation。

这里，我们也看到了同样的状况。从左往右看，第 1 个箭头之前有一个外包下跌反转。市场没有向下跟进，反而以强劲的收盘向上反转。第 2 个箭头处，市场又一次反转，并在靠近当日的低位收盘。第 3 个箭头指出了买盘的再次复苏，市场也拥有了一次千载难逢的走高机会。第 4 个箭头处，前一交易日的所有成果都烟消云散。第 2 和第

4 个箭头处的成交量在区间内是最大的，更增加了“冲高回落”的可能。市场没有能力利用好两次复苏的机会，导致了一次 60 点的下挫。

多次探底回升失败，空头正在消化多头筹码

大型区间下轨附近的小型交易区域，通常都有很多探底回升企图存在。当探底回升一次又一次地无功而返时，基本上就可以说空头正在消化多头。空头无一例外地在诱捕那些在出现上行反转尝试时不由自主地做多的交易员。图 7.6 显示，从 2008 年 6 月高点开始，美国钢铁在大约 20 天里下跌了 60 多美元。在 7 月低点（支撑线 B）的一次快速探底回升后，下行推力在股价下跌至 8 月低点（支撑线 C）的过程中消减。

这表明，下跌的动能正在消退。一个较小的交易区间在这个低点附近形成，它包括了 3 次探底回升尝试。第 3 次探底回升在稍稍破位 8 月初低点后开始，该低位没有强劲的需求爆发，价格以很小的成交量和狭窄的幅度简单上浮。一旦在次日开盘时价格跳空低开，做空就有了保证。从这个点位算起，股票在随后的数月内下跌 90 美元。

当价格无法从交易区间下轨脱离上行时，我们也可以观察到空方的浮筹消化情况。价格贴近低点，所有抬升的企图都被阻挠。有时候，这种类型的价格行为持续几周之久，也常常出现在日内的走势图上。想象一种与我们在图 7.2 中看到的完全相反的情况：当支撑最终崩溃，剧烈的下跌就会来临。随后，测试下破的反弹，通常会提供绝佳的做空机会。在第 1 章寻找交易的最佳位置中，就包括测试下破。

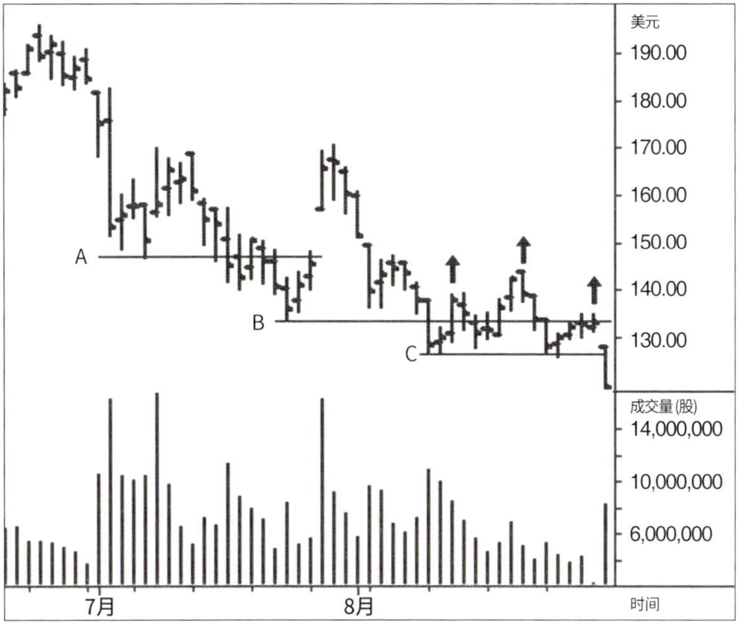

图 7.6 美国钢铁日走势图

资料来源：TradeStation。

图 7.7 显示了 2012 年 7 月的白银走势，价格维持在一条经过 2012 年 3 月低点的支撑线上方。

4 月 4 日，白银收盘价下跌了 2.22 美元，成交量也相应增加。巨大的成交量加上宽大的区间，几乎可以保证 3 月的低点将被击碎。接下来 11 个交易日里，价格维持在 4 月 4 日的交易区间内，没有更进一步的下跌。4 月 12 日，这个范围内最长的价格棒出现了，它看起来正在生成探底回升。4 月 13 日，价格侵蚀了前日的全部成果。当多头消化空头的时候，可能出现冲高回落，但没能引发价格下跌。当空头消化多头的时候，探底回升可能出现，却没能引发价格上涨。

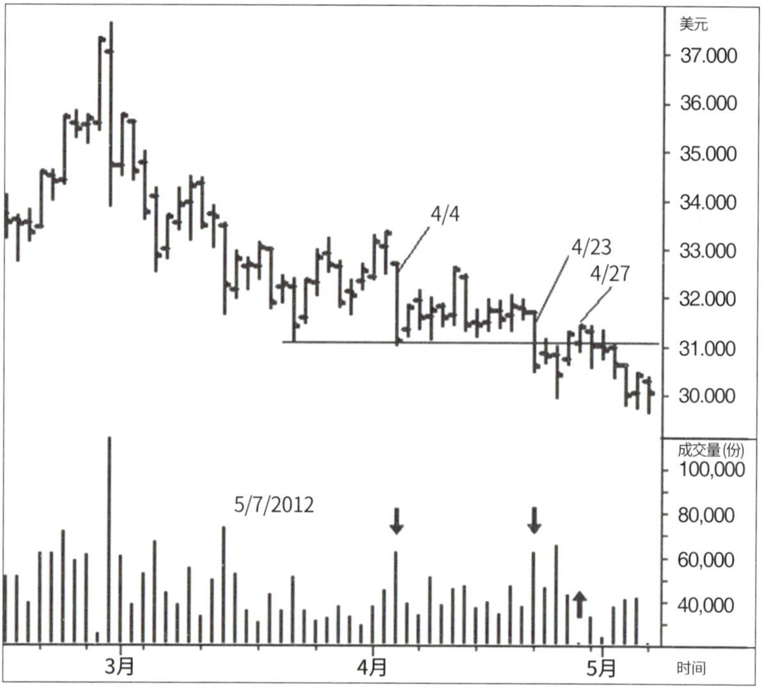

图 7.7　白银日走势图

资料来源：TradeStation。

4 月 4 日到 4 月 23 日中间的交易中，并不是所有 11 条棒形图都是窄幅的，但最后 5 日符合描述的情况。4 月 23 日，从这些价格棒开始的下破导致了随后几个交易日 1.88 美元的下跌。在上涨到 4 月 27 日的高点后，股价测试了前期的下破区域，区间收窄，成交量急剧下跌。图 7.7 显示的最后一个交易日，价格跌到了 30 美元之下。在 7 月份合同到期之前，股价达到 26.07 美元的低点。

很多威科夫的学生发现，浮筹消化是最难以识别的行为。浮筹消化与顶部或底部形态之间的相似性，是造成疑惑的主要原因。在《解盘研究》一书里，威科夫写到，浮筹消化和派发代表了一种“在市场上永远存在的敌对势力”。我找不出威科夫对这个问题所作的详细描述，他曾在解释图 7.2 中显示的价格行为时提及这个问题。当然，他肯定知道支撑抬升的倾向以及上涨波动中成交量的扩大，也知道在空头消化多头筹码时，市场倾向于紧贴低点。

我在本章中讨论的其他启示是我自己的观察心得。其中，在高点时未能对威胁性的价格行为作出反应，在低点时失败的探底回升是浮筹消化的最好指示。

第8章
做多还是做空？实战解盘

TRADES ABOUT TO HAPPEN

为了诚实地反映交易，有一些图表并不在行情启动点上，这样的方式是最好的，因为我们从确定性中学不到任何东西。

2010年，路易斯安那太平洋公司股票重要的支撑线和阻力线给出了观察多头和空头之间博弈的框架。三天集中的收盘价强调了该股的活力，这是做多的完美位置吗？

外汇交易员看不到实际的成交量数据，他们可以从当日图形上得到跳动量，它真正地反映了交易的活跃度。如何从跳动量上寻找低风险买入机会？

这些图表研究涵盖了我们已经讨论过的大部分技术行为，还包括一些新的素材。我们现在把它们综合在一起来看，而不再关注浮筹消化或者探底回升的单个表现。这是我给交易员授课时的特有方式。图形摆出来，问题也提出来了：“你是做多还是做空？”在讲课的时候，我不得不展示那些确实将要发生一些什么的状况，但是为了诚实地反映交易，有一些图表并不在行情启动点上，这样的方式是最好的，因为我们从确定性中学不到任何东西。14 世纪，一位日本的僧侣吉田（Kenko），《徒然草》（*Essays in Idleness*）一书的作者，切中了问题的要害，“一生中最珍贵的东西莫过于无常”。仔细思量这句话的含义，也想想哪里有确定性遍布的地方。

常见的支撑线和阻力线

图 8.1 显示了路易斯安那太平洋公司（Louisiana Pacific）重要的支撑线和阻力线给出了观察多头和空头之间博弈的框架。在 2009 年

10 月 30 日，它创出了 4.79 美元的低点，11 月 11 日回升到 6.75 美元。一次短暂的回抽之后，价格在我们开始研究的首日（图 8.1 上的点 1）再次测试 6.75 美元。12 月中旬的小规模下跌把价格很好地维持在 10 月低点之上。第 12 日，图 8.1 讲述了牛市的故事，外包上涨反转，价格收在靠近 12 日顶部的位置，是 8 个交易日中最强势的收盘；成交量急剧放大。第 12—15 日的整个上涨阶段显现出了轻松上移和势不可当的买盘，表明需求已经击败了供给，多头掌控了局面。在向第 18 日高点上攻的过程中，成交量和日交易区间收窄，表明需求已经疲软，该股已经准备进行一次修正。

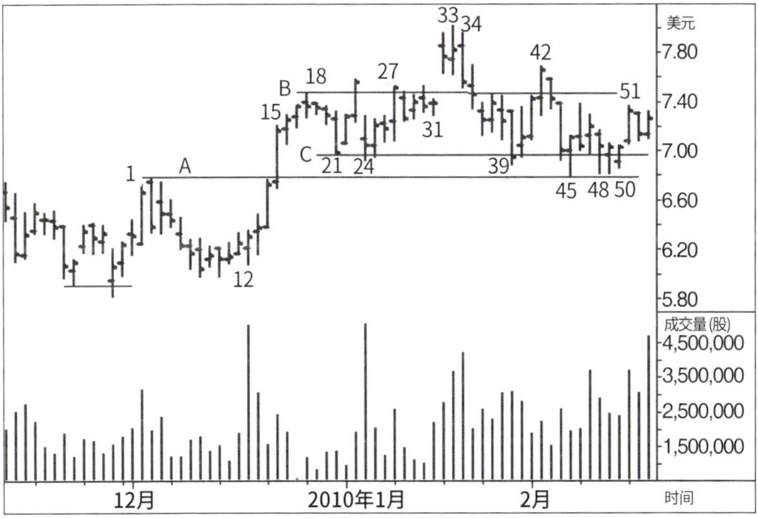

图 8.1　路易斯安那太平洋公司日走势图

资料来源：TradeStation。

我们从第 18 日的高点划出一条阻力线 B，从第 21 日的低点划出支撑线 C。第 18—21 日的下跌是对高量突破的测试，其他测试出现在第 24 日、39 日和 45 日。探底回升出现在 24 日和 39 日的反转之后，但其成果很短暂。第 27—31 日，浮筹消化出现，价格倾向于挤压阻力线 B，直到第 32 日跳空高开，但上行只是昙花一现。第 33 日，巨量成交和外包的价格区间警示着一次高潮行为。第 34 日，积极的卖盘冲击了该股，随后股价回到了 1 日高点和 21 日低点的区域，注意这两条线都处在 15 日的垂直价格区间内。从第 39 日低点开始，价格反弹了 3 个交易日，并在没有任何预示的情况下突然间掉头向下。

在这些价格波动中，很多可以进行短线操作，最显而易见的交易机会出现在第 45 日的低点之后。第 45 日，价格首次大幅击穿到支撑线 C 之下，并反转收盘在支撑线 C 之上，高于第 44 日收盘价；成交量也远低于第 24 日和第 39 日的刺穿，抛盘的压力正在消退。第 46 日糟糕的表现之后，价格有可能继续回调。第 47 日，股价挺住了。如果该图形研究在第 47 日结束，我们可能会注意到下行跟风盘的不足，并认为探底回升已经被测试过了。有理由建立多头头寸，并将止损保护放在略低于 6.75 美元的位置。

实际上，交易的形成花了比想象中要长的时间。第 48—50 日的每一个交易日里，股价运动到了支撑线 C 之下，测试第 45 日的低点，随后以坚定的收盘进行修复。三天集中的收盘价强调了该股的活力，揭示出了潜在需求的存在。这是做多的完美位置。第 51 日，股价跳空高开，随后是两个内包日。第 53 日，成交量猛增，多头加足了马力。

选择图 8.1 进行分析，是因为它包含我最喜欢的一种情况：在回抽测试突破时产生的一个探底回升。第 12—15 日，伴随着高成交量，股价加速突破阻力线 A。第 18 日，价格到了最初的高点，然后修正至需求战胜供给的垂直突破区。第 21 日，一条新的支撑线 C 形成。

第 45 日，支撑线 C 上出现了一次探底回升。如果价格已经收紧，就像第 45—50 日那样，牛市反转的机会更大。

图 8.2 是阿齐煤炭公司（Arch Coal）的日走势图。我们似乎看见了另一个测试高量垂直区（第 1 日）的回抽（第 15 日）。最终，股价确实在第 15 日的下方出现了最后的探底回升，催生了一波更大规模的上涨。

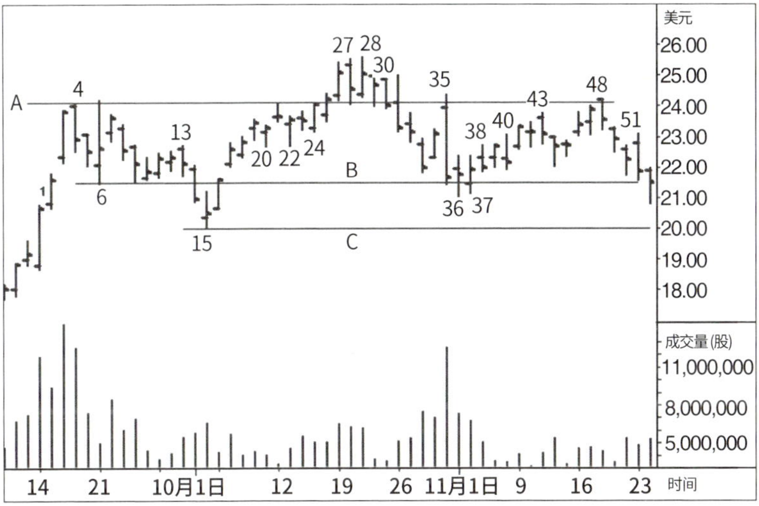

图 8.2 阿齐煤炭公司日走势图

资料来源：TradeStation。

本研究解决的是如何理解价格棒形图的问题，你应该特别关注从开盘价、高点、低点和收盘价中得出的推断。股价强势上涨时，第 1—3 日的低点和开盘非常接近。第 4 日，开盘在第 3 日收盘价之上，但反转收盘在日交易区间低点：这是第一次看跌的行为转变。第 6 日，市场波动增大，股价在第 5 日的低点之下开盘，反弹至第 4 日的高点之上，收盘在当日交易区间的中点之下，仅有 12 美分的涨幅。在第 7 日一次例行公事的反弹之后，价格在第 9 日跌落到了暂时性的低点。接下来的 4 个交易日，交易活动减弱，维持在第 9 日的区间内。第 13 日，开盘在前 3 个交易日的高点之上，在第 12 日低点之下破位，而且收盘价更低。这个外包日说明可以预期进一步的走弱。

第 15 日收盘时，我们从价格运动中看不出丝毫的牛市痕迹：股价低开，反弹到原价格之上，收盘又被打回。第 16 日，价格稍稍跳空高开，并稳步上行，以强势收盘。第 17 日，产生了其中最强劲的一个探底回升，在价格下破受挫之后出现了一次向上跳空。第 20—25 日，在上行过程中，股价多次低开，但收盘时修复至当日的高点附近。这种持续不断的上浮告诉我们，需求仍然保持强势。

第 27 日，趋势发生了改变，股价以更高的价格开盘，破了第 26 日低点，并在日交易区间下方收盘。这是第 13 日以来的首个外包下跌反转日。第 28 日之后，熊市的景象变得更为清晰，我们看见了像第 6 日一样剧烈的价格波动。第 30 日发生了类似的行为，但更糟糕的是，股价收盘在第 29 日的低点之下。第 31 日，市场遭遇了最大的下跌，价格跳水至从 4 日高点处经过的轴线 A 之下。这次下破困住了所有在轴线之上买进的多头。当股价后来恢复性上涨，测试轴线 A 的时候（第 35 日、第 43 日和第 48 日），开盘时很强，但是收盘时很弱。

第 35 日，股票巨大的交易区间和成交量引人瞩目。它可能是一次弱势信号，也可能是一个高潮行为，结果是，几乎没有人跟进，价格止跌企稳。果然，第 36 天的高开导致了略微更多的弱势，但这次在收盘时收复失地。不像第 30 日、第 31 日、第 32 日、第 33 日和第 35 日。在第 36—48 日的上行中，第 38 日、第 40 日和第 43 日的上涨均未能持续。有人可能会由此推断，主力正在利用强势来出货。第 48 日，我们也可以用同样的说法，但此处的破坏性更为严重，上涨未能顺着轴线发展。如果要用这张图表来进行点数图预测的话，我会从第 48 日的高点向下预测目标。第 51 日，反转行为给熊市的故事画上了句号。

净上涨量和净下跌量透露交易信号

威科夫教程中有很多内容都与美国钢铁有关。他会把图 8.3 看成是市场行为的杰作。

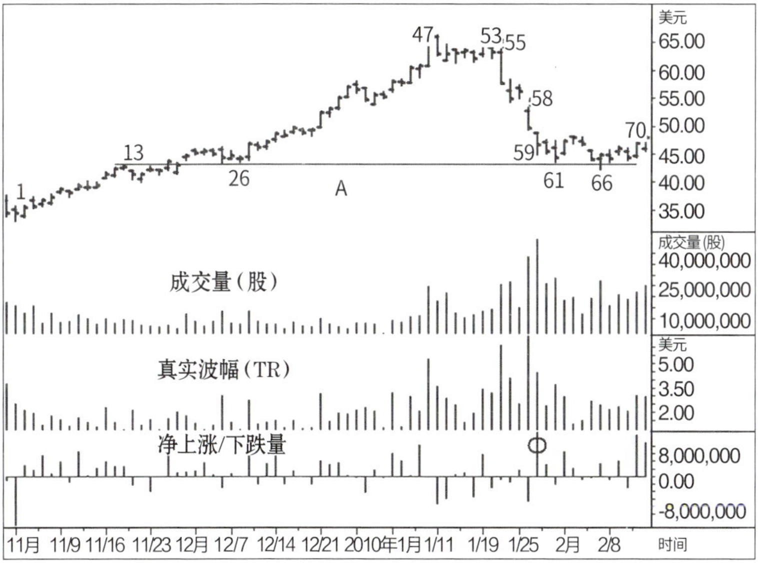

图 8.3　美国钢铁日走势图

资料来源：TradeStation。

第 47 日，股票出现了买入狂潮，成交量居 6 个月之最，交易区间也拉伸至 2008 年 12 月以来的最大范围。第 48—49 日，高成交量证明了供给的存在。第 53 日,出现了一次低量的二次测试。第 54 日，价格跌落到第 53 日低点之下,说明多头撤掉了他们的出价。第 55 日，威科夫把这一交易日的表现看成是“上涨脊梁的决定性断裂”。稳定的供给盘在第 56 日、第 58 日、第 59 日、第 60 日和第 61 日，把价格打压到更低位置。

综合起来看，第 59—61 日的卖盘狂潮以推力消减结束。股价从高点处开始的下行，已经回到了该股在 12 月初形成的更陡峭趋势的位置。第 66 日，空头跌到支撑线 A 之下，后来无法再维持低价。增大的成交量告诉我们，需求已经露头。第 67—69 日，股价在 3 个点的交易区间内波动，且不断抬高的支撑线指向了牛市。第 70 日，牛市来了，股价上涨至前 5 个交易日的高点之上。

威科夫主要的交易工具为行情报价纸带（他利用它画出波形图）、点数图以及他在晚年推出的带成交量的棒形图。他用于描述股票市场活跃度的指标是基于行情报价纸带每小时移动的英寸数。这是一个绝妙的想法，但是在今天并不适用，现在一个小时的行情纸带可能会超过一个橄榄球场的长度。我相信威科夫会看出图 8.3 中以直方图绘制出的跳动差（Tick Difference）指标的价值，它采用的是实际成交量而不是跳动量。它显示了每一个时间段内上涨量和下跌量之间的差异。不是所有的读数都有意义，所以，我更加看重较大的读数。

从第 1—47 日，净买入主导着行情。第 46 日，窄幅吸引到的成交量有限，但净上涨量（Net Up Volume）创新高。这次大规模的买入潮可以看成是空头回补以及弱势多头看涨。第 48—49 日，大幅增加的净下跌量（Net Down Volume）表明股票遇到了供给，它进一步强化了巨大的总成交量所传递出的看跌信息。第 53 日，更高的收盘价和暴涨的净上涨量说明，股票已经做好了走得更高的准备。第 54 日，跟进不足让股票陷入岌岌可危的境地。第 55 日，木已成舟：盘重心轻松下移和巨额的成交量。第 58 日，多头跑路，巨量成交、轻松下移以及净下跌量大幅增加。第 59 日，抛盘达到了峰值，成交量超过了 4 500 万股，净上涨量高达 1 200 万股。这说明了空头在回补，新的买盘超出了多头头寸的平仓量。

横穿走势图的只有一条水平线（过 13 日的高点），位于十字交叉区域内。第 24—26 日，股价测试了这条线。随后，这条线构成了第 61—66 日的支撑线。第 66 日，价格刺穿了第 61 日的低点，反转上行。第 67—69 日，横盘整理。第 70 日，股票在巨额净上涨量的基础上收盘在近期的高点之上。第 71 日，同样巨大的净上涨量把价格推向更高的位置。接下来，美国钢铁随之重返 2010 年 1 月的高点。

不看成交量，根据真实波幅判断行情

在前面的内容里，我们提到过真实波幅（True Range）这个概念，但没作太多解释。在上涨趋势里，它覆盖了从前日收盘到当日高点之间的距离，包括了跳空缺口。在下降趋势中，它的跨度是自前日收盘至当日低点之间的距离。我观察到了一个巨大的真实波幅通常与巨额成交量保持一致。我之前已经展示了真实区间如何作为成交量的替代，特别是对于没有成交量数据的市场或收益率指数。

图 8.4 是英镑兑日元交叉汇率日走势图，很好地说明了这个问题。

一条细线沿着 300 点大小的水平位置穿过真实波幅棒形图。大于或等于这样规模的区间被用来界定轻松移动。13 个交易日的运行具备了 300 点或者更大的区间。这些日子里，只有 7 日、11 日和 70 日收涨。第 25 日和第 58 日的交易区间虽然不大，但在解盘时起重要的作用。

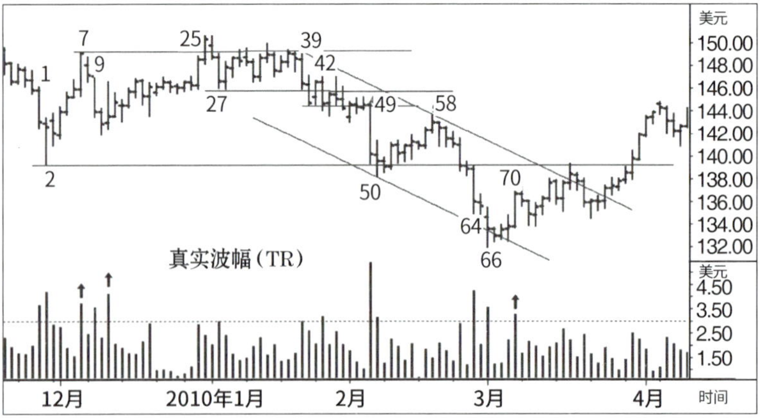

图 8.4　英镑兑日元日走势图

资料来源：TradeStation。

从第 1 日开始，我们看到了轻松下移，随后是第 2 日的停止动作，第 2 日的收盘位置指示出买盘出现。第 7 日，交易区间的不断拉长意味着高潮的到来，而沉重的抛盘让第 9 日的利率走得更低。第 10 日，抛盘的压力结束。第 25 日，交叉汇率略微创出新高。第 26 日的弱势和跟风盘的缺乏，发出了冲高回落和新的供应将冲击第 27 日的警示。在接下来的 12 个交易日里，多头试图消化浮筹，但未能得手。随后，第 39 日和第 42 日出现了急剧的下跌。

第 46 日的探底回升尝试在随后两个交易日的疲软之下终止。第

47—48 日，两个窄幅的区间伴随着糟糕的收盘提供了理想的做空机会。第 49 日，大幅下跌一定伴随着巨大的成交量。第 49—50 日，价格在沿 2 日低点划出的直线上找到了支撑，暂时止住了跌势，但预示着更大弱势的到来。在持续到第 58 日的反弹中，日交易区间（或者说成交量）始终停留在 250 点之下。现在，上涨已经测试了下破点，没有表现出继续走高的意愿。

第 62 日，轻松下移开始，并在第 64 日和第 66 日加速，成交量在下跌的低点处达到高潮。货币也在其下跌趋势内到达了超卖的位置。第 70 日，趋势反转，出现了自第 7 日以来最长的阳线。两个买入点分别是第 66 日的卖盘高潮以及第 72—73 日的回抽位置。

测算跳动量进行外汇交易

我早前提到过外汇交易员看不到实际的成交量数据。但是，他们可以从当日图形上得到跳动量（Tick Volume）。跳动量测算的是在一个时间段内价格变动次数，它没有披露每一笔交易中所交易的合约数，因此，它真正地反映了交易的活跃度。

图 8.5 是在英镑兑日元交叉汇率的 5 分钟图上，我把跳动量划成了一条位于真实波动区间直方图上的线条。你已经可以很好地从中看到真实波动区间的波峰和波谷完美地与跳动量契合。在真实波动区间之下，我加入了净涨跌跳动量差。这些差值的累积值，用线条划在了棒形图之上，它显示了净跳动量的趋势。累积线和能量潮不一样，能量潮是建立在收盘价的上涨或者下跌基础上的。

图 8.5 显示了 2010 年 3 月 8 日英镑兑日元的交叉汇率。棒形 1

之前的一次冲高回落终结了上午的交易区间。棒形 2 是一个看跌的行为转变，交易区间扩大到 30 个点，净下跌跳动量扩大至 - 99 跳，总的跳动量达到 441。这 3 组数字都是迄今为止的新高。在棒形 3 和棒形 6 之间，市场的上涨动力不足，净下跌跳动量在两个小的阴线上仍然显得很大。在棒形 8 和棒形 9 上，底部被打开，宽幅区间和巨大的跳动量说明，供给已经战胜了需求。

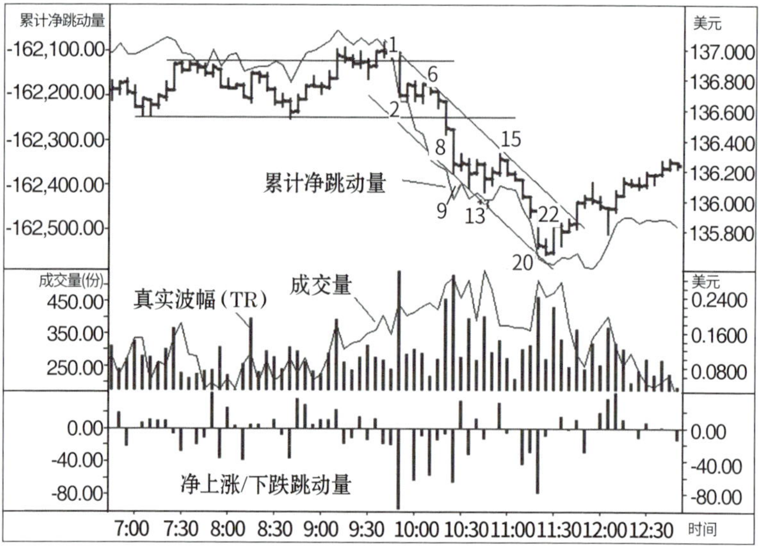

图 8.5 英镑兑日元五分钟走势图

资料来源：TradeStation。

棒形 11 形成了暂时性的支撑。在棒形 13 处，价格刺穿了棒形 11 的低点，出现了最大的当日跳动量（546），棒形 13 中压低市场的巨大的努力和中位的收盘，表明探底回升可能出现。在棒形 15 处，探底回升在碰到下跌通道的供给线时失败，接下来 6 个交易日的交叉汇率的收盘位置一次比一次低。棒形 20，巨大的区间和净下跌跳动量表明，在下行通道底部附近出现了高潮行为。

需求在棒形 22 出现，并形成了自下跌开始以来阳线上最大的真实波幅，这种变化提供了一个低风险买入的良机。从棒形 1~22 的下跌过程中，只有 7 条阳线。与净下跌跳动量相比，这 7 条阳线的净上涨跳动量根本不值一提，累积净跳动量的趋势和价格是同步的。作为一个兴趣点，2010 年 3 月 8 日，对应于图 8.4 中的第 71 根棒形。

第9章 包含成交量的特殊点数图

TRADES ABOUT TO HAPPEN

为了便于盘面研究，威科夫设计了波形图和包含成交量的特殊点数图，提出要“按波浪的方式来思考”交易。多头和空头永远在争夺控制权，卖出浪紧跟买入浪一直到某一方占了上风为止。

正常组成点数图的x和o不见了，取而代之的是每波动八分之一个点上所交易的股票手数。在美国电报电话公司的解盘图中，1/8 × 1/8、1/8 × 1/4、1/32 × 1/32和1/32 × 3/32点数图有什么区别？1分钟1分钟地解读价格运动，可以快速提高解盘技巧吗？

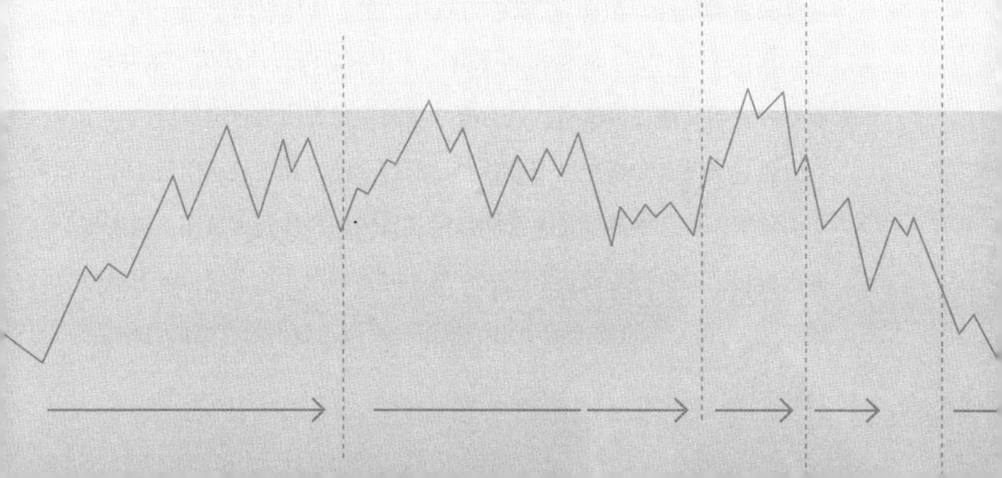

威科夫在他的自传里讲述了如何分析盘口的故事。他发现，当时的一些大交易员独自坐在办公室里静静地研读行情。他意识到，想要打开通向成功的秘密之门，就要学会这门技术。他以这样的一句话结束这个论证："我敢对那些认为盘面分析过时的人断言，这门知识是华尔街交易员能够掌握的最有价值的武器。"他补充道，"要是我现在重新开始我的华尔街生涯，并且已经掌握了在 40 年学到的这一切的话，我会毫不犹豫地全身心投入利用股票市场自身的行为判断、预测股票市场的事业中。"为了便于盘面研究，威科夫设计了波形图和包含成交量的特殊点数图。"威科夫教程"第 1 章讨论图形——买入浪与卖出浪（Buying and Selling Waves）并不是巧合。从第 1 章开始，他就开宗明义地告诉学员，以后要"按波浪的方式来思考"。

我从来没有在纸带机上看过交易的订单流。在我从事期货工作的头两年里，所有图形都是手绘的。绘制日内图表涉及点数图，或者根据报价板上的价格变动情况形成一份小时走势图。这个报价板有一面墙那么大，由很多可移动的小报价板组合而成。我们给交易所打电话，有人会把黑板上的小时成交量报给我们，上面公布了所有价格数据。我的工作性质让我 42 年来一直站在市场的最前端。

多头和空头永远在争夺控制权。在你来我往的争斗中，卖出浪紧跟买入浪一直到某一方占了上风为止。就像一场摔跤比赛一样，一方试图克服另一方的“牵引力”。要是能够在摔跤者的胳膊上装上电极，观察血压、钠含量、胆固醇等类似的生理指标，我们就可以在某一方快要赢得上风时，找到传递出来的力量信号。这与看盘时的情况是一样的。我们对付出的努力（成交量）、为此付出得到的回报、轻松移动等作出判断，以决定趋势中短期和中期变化出现的时间。日走势图最适于用来寻找近期趋势反转情况，关键在于，使用具有最精确价/量行为的日走势图。

在早期的华尔街上，所有的当日信息都在报文纸带上传送，点数图当时在技术派的交易员间很流行。如果有人能绘制出一只股票每八分之一个点的波动，整日的价格变动就都能够再现出来。仅凭一份点数图，就有人能够找出支撑位和阻力位，划出趋势线和通道，并作出价格预测。虽然点数图是有用的信息，但能够讲出市场逻辑并且提醒市场转折点的是成交量。汉弗莱·尼尔在 1931 年恰如其分地写道：“盘面的解读取决于对成交量形为的考虑。成交量的形态会告诉我们占优势的是空方还是多方，而价格仅仅是成交量数值的符号。”

为了更精准地描绘某一只股票的当日价格形态，威科夫设计了量数图（Volume Figure Chart）。量数图的草图最初出现在《解盘研究》中。数年之后，威科夫写了一本有关看盘的教材，把量数图改名为看盘图，并对看盘图进行了详细讨论。我自己那份被称为魏斯浪的波形图是威科夫看盘图的延伸，这也就给了我一个很好的切入点。

点数图不难，关键是箱形大小和反转单位

图 9.1 是威科夫量数图的重制，上面显示了 1932 年 6 月 2 日美国电报电话公司（AT&T）股票的盘面形态。图 9.1 被纳入最初的看盘教材里，而这门课程现在仍在亚利桑那州凤凰城的股票研究所开设，只是作了修改。正常组成点数图的 x 和 o 不见了，取代它们的是代表每波动八分之一个点上所交易的股票手数（每手 100 股）。

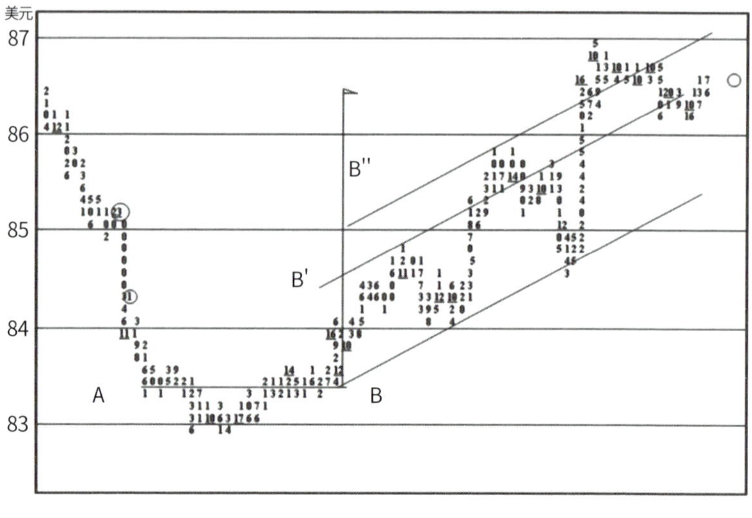

图 9.1　美国电报电话公司解盘图（1932 年 6 月 2 日）

资料来源：翻拍自理查德 · D. 威科夫的《看盘与主动交易教程》，1932 年。

一旦在同样的价格上出现连续的交易，威科夫就将成交量汇总。6 月 1 日，公司收盘在 85$\frac{1}{8}$，成交量合计 2 300 股，收盘价和 6 月 2 日的开盘价一样，圈起来备查。6 月 2 日，股票以 3 100 股的量跳空至 84$\frac{1}{4}$。85 与 84$\frac{3}{8}$之间的一串数字零表示没有交易发生。

后面的交易交易过程按以下方式展开：400@84$\frac{1}{8}$……600@84……1 100@83$\frac{7}{8}$。首个报升价格是 84 成交 300 股，紧接着报跌 83$\frac{7}{8}$成交 100 股。注意，后一个交易没有被单独陈列，而是被放到了上个交易之下，因而在同一列里同时出现了一个报升和一个报跌。这是威科夫的创新之一。在反转单位和箱形大小一样大（比值 1 ∶ 1）的图表中，没有任何一列可以只包含一个标记，不论是“x”或“o”都不行，这是点数图的独有特性。1 × 1、1 × 3、1 × 6、2 × 8、2 × 6、5 × 15、100 × 300 以及任何反转大于箱形的组合，都将在每一列里拥有 1 个以上的标记。

由于空头在 83$\frac{3}{4}$ 位置抛出 900 股，在 83$\frac{5}{8}$ 的位置抛出 800 股，卖出浪呈现出滔滔不绝之势。83$\frac{3}{4}$位置只被买下了区区 200 股，而在下跌到 83$\frac{1}{4}$位置时，总共有 1 400 股的成交量。在这个位置，交易收窄至$\frac{1}{4}$的范围内。从最后一次在 83$\frac{3}{8}$位置处有 100 股报升买入位置算起，该股下跌$\frac{1}{2}$个点至 82$\frac{7}{8}$，合计成交量 1 400 股。在 6 月 1 日下午 2 ∶ 30 开始的下跌中，股价出现两处小规模的横盘整理区域。

第一处在 85 水平周围，当价格在 6 月 2 日开盘击破低点的时候，下降的趋势加速。沿着 83$\frac{1}{4}$ 的价格之上形成第二个交易区间。我们不可能无视迄今为止该股只在 83$\frac{1}{4}$ 破位的基础上略微下跌。接下来的升浪为 100@83…… 100@83$\frac{1}{8}$ …… 700@83$\frac{1}{4}$，标志着一个交易日首次出现的$\frac{3}{8}$ 点上涨。空头并没有退缩，后面的两次报跌中，共抛出了 1 100 股。继 300@83$\frac{1}{8}$之后，对当日低点的测试又成交了 700 股（连续成交 300 和 400 股）。对低点最后的测试中，只有 400 股的成交量。据此推断，抛压已是强弩之末。盘中转牛的迹象在下一次的报升中出现，83 的位置出现了 1 700 股的买盘（图中最大的上涨成交量）。

紧随而来的上涨在 $83\frac{1}{4}$ 处遭遇阻力，这是前一次从 $82\frac{7}{8}$ 开始的那一波上涨的高点。在接下来的下行中，AT&T 下跌了 1/4 点，总成交量为 1 300 股。在这个位置，我们看见空头力竭。市场似乎开始止跌，价格涨至 $83\frac{3}{8}$，一共成交量 400 股，将之前的下跌全部抹平了。

趋势反转的证据不断增加：第二个密集区下面的微弱进展表明，下行的势能正在减弱；对低点最后回踩时较低的成交量表明，抛压已竭；在报升时出现的成交量大增 (1 700 股)，揭示了需求的存在；最后突破至 83 的过程中，未能吸引到新的抛盘，股价从低位拉起时毫不费力，表明空头已经力竭。对 $82\frac{7}{8}$ 最后的测试和随后上涨至 $83\frac{1}{4}$ 后，威科夫在他对这个图形的解析中提出，把所有空头头寸的止损位下调到 $83\frac{3}{4}$，并在同一个价格上设定买入止损位置，以便做多。他的保护性卖出止损设在 $82\frac{5}{8}$，比当日低点低了 1/4 点。他注意到了沿 83 和 $82\frac{7}{8}$ 线交易的 6 300 股的复合成交量，以及在遭遇到对低点的两次回踩后该股表现得毫不退让。一旦该股上涨至 $83\frac{1}{4}$，6 300 股大量的成交就可以看作是一天的交易环境下的一个潜在吸筹。

在股票上涨到 $83\frac{3}{8}$ 之后，后面的 18 次价格变动都被限制在一个狭窄的区间内。该股不愿意走低表明，它正处于一波较大规模升浪的跳板上。股价从 1 200@$83\frac{1}{2}$ 开始，一路直逼 84。这次突破总共成交了 4 500 股。带着不断增大的成交量的轻松上移是从底部区域开启上涨阶段的强势信号。因为威科夫的解盘图构造得像点数图，所以可以用来作价格预测。就跟所有的点数图一样，先顺着密集线数一数箱体或者交易数量，乘以反转单位的总数。美国电报电话公司走势图是 1/8 × 1/8，因而，箱体的数量就乘以 1/8。(1 × 3 的点数图，密集区的长度乘以 3。) 沿着 $83\frac{3}{8}$ 线从右向左数，从最后一次报跌（400 股）算，有 24 个箱体：24 × 1/8=3；3+83$\frac{3}{8}$=86$\frac{3}{8}$。

点数图计数只是纯机械式的，没有魔力，有时候会很准，有时候则风马牛不相及，不可以仅凭点数图的计算进行交易，它们仅代表一种可能。点数图的密集区理论解释了为潜在运动所建立的原因或准备的规模大小。当点数图计数的目标被实现后，日间交易员或者波段交易员会考虑调整止损位置，收获部分利润，或者仅仅对结束动作的信号更加警觉。

股价在突破 84 之后出现了积极的拉抬动作（Pumping Action），在下跌至 83$\frac{3}{4}$ 的过程中交易了 1 200 股，反弹至 84 的过程中交易了 700 股，下跌至 83$\frac{7}{8}$ 过程中是 800 股，因为有些多头获利了结、开盘时买入并聊以弥补早期亏损的买家清算以及预期另一波下跌而在开盘时的高点设置新空单，共同形成卖出浪。面对这波卖出，价格也没做太大让步的情况说明，多头在 84 水平附近吸筹。下一波上涨把股价抬升至 84$\frac{3}{8}$，复合成交量为 1 600 股。

另一次小修正在它以 84$\frac{1}{8}$位置交易 100 股收场之前出现了，自股票脱离 83$\frac{3}{8}$ 密集线以来首次以 100 股的规模报跌，它表明空方压力缺乏。空头将报价从 84$\frac{1}{8}$ 提高到 84$\frac{1}{2}$，并在这个价格卖出了 600 股。在以 84$\frac{1}{2}$报出 1 100 股之前，84$\frac{5}{8}$位置卖出了 100 股。后一个交易吸引了解盘者的注意，它开盘后不久就诱出了大部分卖盘。这警示我们，市场正在遭遇抛盘，可能是多头的获利了结盘，确切的情况没有人能知道。区区的 300 股就让股价下到了 84$\frac{3}{4}$，上升势头减弱以及上部成交量止步不前，说明买盘已经力竭——解盘者把止损提高到 83$\frac{3}{8}$。没有抛盘，股价快速向上突破至 84$\frac{1}{2}$，但接下来的上涨买盘仍然不足 100 股 @84$\frac{5}{8}$。

之后，新的供给出现了，股价跌到 $84\frac{1}{8}$，复合成交量 2 000 股。紧跟在一次 1/8 点报升之后的是在下跌至 84 时的另一笔 1 700 股，但这次努力的收获很小。据此推断，买盘出现了。下一波以 1 900 股的成交量从 84 到 $84\frac{1}{2}$ 的上涨说明，需求正在增加。在随后出现的下跌至 84 的过程中，复合成交量为 2 200 股。跟风杀跌盘的缺乏再一次证明买盘的存在。在之前的图形研究中，我们已经看到价格常常回抽以回踩前期的高成交量区域，要么需求战胜供给，要么多头消化过多卖盘。从 84 至 $84\frac{3}{8}$ 一路高歌猛进的上涨之后，下跌至 $84\frac{1}{4}$ 时只成交了 100 股，空方的力量已经耗尽，股价再一次上涨。能看到这些点位的人想不赚钱都难。在报升至 $84\frac{3}{8}$ 的时候，你可以增持并将止损点都上移至 $83\frac{3}{4}$。其实威科夫没有提到增持的问题，也没有讨论过点数的计算。

股价直线上升至 $85\frac{1}{4}$，复合成交量 3 300 股，多头已经把空头彻底打蒙了。现在，可以从上一个低点 $83\frac{3}{8}$ 向最近的低点 84 划出一条上升趋势线，穿过阻力高点 $84\frac{3}{4}$ 划一条平行线 BB'。陡峭的上升角度把价格推高至上升通道的趋势线之外，造成了超买的情况，但股价无视通道 88'，在微跌至 85 之后继续爬升。这次上涨摸到 $85\frac{1}{2}$，复合成交量 1 600 股，需求略微放缓，但没有看到供给出现的迹象。报跌至 $85\frac{3}{8}$ 时，没有压力。但在接下来上涨的时候，需求明显乏力：从 100@$85\frac{5}{8}$ 到 100@$85\frac{3}{4}$。股价下跌 1/4 点，复合成交量 800 股，空头亮出了肌肉。新出现的 1 500 股买盘形成了对高点的再次测试，但无功而返。$85\frac{3}{8}$ 线附近的小型支撑很快便被击溃，股票狂泻至 $85\frac{1}{8}$，成交 1 000 股。

多头尝试消化这些抛盘，针锋相对的争斗出现了。结果以多头在

$85\frac{5}{8}$ 买入 300 股的奋力一搏收场，随后股价大跌 $1\frac{1}{8}$ 点至 $84\frac{1}{2}$。关于这次下跌，威科夫写下了这样一句话："下跌的压力无所谓轻重，这是正常的反应。"他认为下跌"正常"，是因为没有回调至自 $82\frac{7}{8}$算起上涨的 50% 或者更多位置，但也很接近了。沿着 $85\frac{7}{8}$线穿过 7 个箱体，对下跌至 $84\frac{3}{4}$的过程做点数图计算：结果略有超出。下跌在上升通道的需求线 B 止步。另外，$84\frac{3}{4}$和 $84\frac{5}{8}$之间的前期阻力区域形成了支撑，而且处于价格直线上涨之内。威科夫说解盘图"在揭示不同水平位置上的股票数量方面尤其有价值"，这不由得会让人联想到剖像分析图。在 $85\frac{3}{8}$ 位置之上成交的股票总数为 8 300 股。如果在 83 至 $82\frac{7}{8}$ 之间成交的 6 300 股能被看成小规模吸筹的话，8 300 股以上的巨大成交量就可以被看成是派发。考虑到这个停止行为叠加上升通道的超买位置，第二次在 $84\frac{3}{8}$买进的头寸应该在最后反弹至 $85\frac{5}{8}$ 获利了结。

从 $84\frac{1}{2}$的低点开始，几乎没有给人任何反应的时间。$84\frac{7}{8}$ 处的反弹以及 $84\frac{3}{4}$ 的报跌，导致了 $86\frac{1}{2}$的直线上升。只要这次拉升开始加速，应该将最初买入头寸的止损点抬高至 $84\frac{3}{4}$ 处，并通过划一条穿过 $85\frac{3}{4}$高点的平行线来扩展上涨通道。然而，在 $86\frac{1}{2}$，超买的情况已经存在。上涨的陡峭角度，这个直线上涨中 5 200 股的复合成交量，以及超买的事实，意味着高潮的出现。注意 5 200 股成交量中的 2 300 股出现在 86 之上，表明股价已经开始遭遇到空方的阻击。如果多头头寸不马上了结，止损点就应该提高到 $85\frac{5}{8}$，正好处于前期高点 $85\frac{3}{4}$之下。接着，在抛出 600 股、700 股和 200 股时，股价跌至 86。

仔细看看涨至 $86\frac{7}{8}$ 时的最后一搏表现出来的特征：4 400 股的复合成交量只推进了区区 3/8 点。当上涨冲击减弱而成交量增加时，股价遭遇了抛售。除非你的交易超出了本图形所能显示的范围，那么在

$83\frac{3}{8}$处建立的头寸就应该清仓。威科夫在其评论中提到，在回调至$86\frac{1}{8}$之前，在$86\frac{1}{2}$处成交了10 000股。收盘时，交易者们甚至仍然在做多，因此成交量增加，但下跌非常有限。回调时的浅尝辄止证明，多头消化了新出现的供给。6月3日，股价上涨至$89\frac{1}{2}$。

1932 年量价数据绘制点数图仍适用当下市场

威科夫的量数图被用于解读流入一只个股的日内订单流。为追踪更广泛的市场规律，威科夫绘出了5个代表不同行业的龙头股的当日波形图。根据这些股票在交易日内的起伏情况，他计算出它们的汇总价（Aggregate Price），由此得到的波形图把每一天都分解成单独的买入浪和卖出浪。威科夫通过对比这些波浪的幅度、持续时间、成交量和活跃度，来明确主导的趋势，并定位到那些指向趋势变化的早期线索。在量数图中的那些行为，一样可以在波形图上找到：上冲或下跌的减少、轻松移动、停止成交量、趋势线和支撑 / 阻力线的交汇等。

尽管威科夫的市场龙头波形图（如今被称为威科夫波浪）目前仍然由股市研究所推出，但是历经多年，已经有了很多变化。随着股指期货的出现，人们对市场龙头波形图的需求似乎不再那么急迫了。但在研究具体某只股票或者期货合约时，波形图还是很有用处。威科夫在解盘课上一直建议保留具体股票的波形图，即使我无法在公开出版的任何著作中找到例证。正如我们所看到的，单一股票或者期货合约的波形图可以从价格的每一次变化着手构建。在我尝试量数图时，逐渐演化出一种将信息转化为波形的方式。

只要价格刻度等于市场的最小波幅，波形图和量数图就没有差别。

在我首次尝试绘制波形图的时候，曾将威科夫的美国电报电话公司量数图转化为一条持续的线。这样的做法，消除了同一列中同时存在报升和报跌所造成的歧义。更为重要的是，它让我能汇总大于 1/8 点的波动的成交量，并因而更好地展示股票遇到需求或供应的位置。一个不足是，这种修改增大了图形尺寸。

对于当下的市场来说，一日之内的价格变化成千上万，要做这样的一份图形不是很现实。我最终的诠释呈现在图 9.2 上，栩栩如生地表现了高成交量的区域。

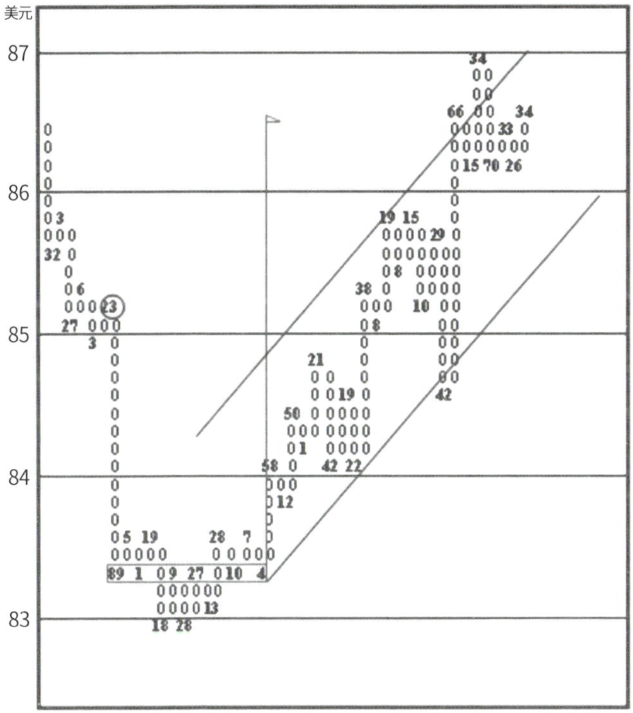

图 9.2 美国电报电话公司修改后的解盘图
（1932 年 6 月 2 日）

我随即决定过滤掉某些数据，最简单的办法就是增大最小波浪的刻度，我把量数图改成了一张 1/8 刻度和 1/4 波浪（或反转）的波动图。这样就过滤了一个波浪内所有 1/8 点的反应，清除同一列内有报涨和报跌的情况，并缩小了图形尺寸。其功能就像 1/8 × 1/4 点数图，其间的箱体尺寸为 1/8，而反转为 1/4，这让信息更加清晰明了。

在这份图形的帮助下，整个局势就跃然纸上了。该日低点遭遇了 2 800 股的回踩，但巨大的努力并没有下跌跟随。接下来，2 700 和 2 800 股上面的两次上涨，说明有强势买盘存在。突破至 84 的 5 800 股启动了上涨阶段。后来，在 4 200 股的卖出使得价格跌至 84 之后，再次测试的卖压只剩下一半，2 200 股。在下一波至 $85\frac{3}{4}$ 的上升浪上，上行成交量 1 900 股跌到了自上涨开始以来的最低水平，这发出了下跌已是千钧一发的警示。

3 个波浪之后，在上涨至 $85\frac{3}{8}$ 时，更大的 2 900 股的成交量说明买方付出的巨大努力没有得到回报，这表明下跌已经迫在眉睫。尽管该图形是用 1932 年的价 / 量数据绘制，但其行为并没有随着 90 多年的流逝而改变。同样的行为在这些图形上不断地上演，这真的令人着迷。我曾经因为这样的说法而倍受奚落，但我还是认为这种重复行为的美妙可以比肩日出日落。尽管威科夫 1/8 × 1/8 量数图上的某些比较敏感的信息在这里找不到，但擅长于解读价 / 量行为的人可以毫不费力地理解图 9.2 并进行交易。

每周花费 27 小时盯盘养成解盘的直觉判断

威科夫的量数图是依据每一次交易的情况建立的。20 世纪 90 年代开始，债券期货交易中一单一单的成交量数据是找不到的。结果，只能采用跳动量，数字就非常小。为了能给每笔交易分配成交量，我决定把一天中每笔“交易”当作是每分钟的收盘。这就限定了构建图形（只限于白天的交易日）所收集的数据，但重要的是，它为每一次价格的变化提供了成交量数据。随后，我就做出了每个交易日内分列出 400 分钟数据的列表。只要连续出现相同的价格，我就汇总成交量。如果按照每分钟收盘价构建量数图，而且没有连续出现相同的收盘价，那么在一个交易日内就会出现 400 个数据点。从统计理论上看，有这种可能，却从来没有出现过。

图 9.3 是一个按照 1 分钟收盘价构建的 1/32 × 1/32 解盘图的例子。

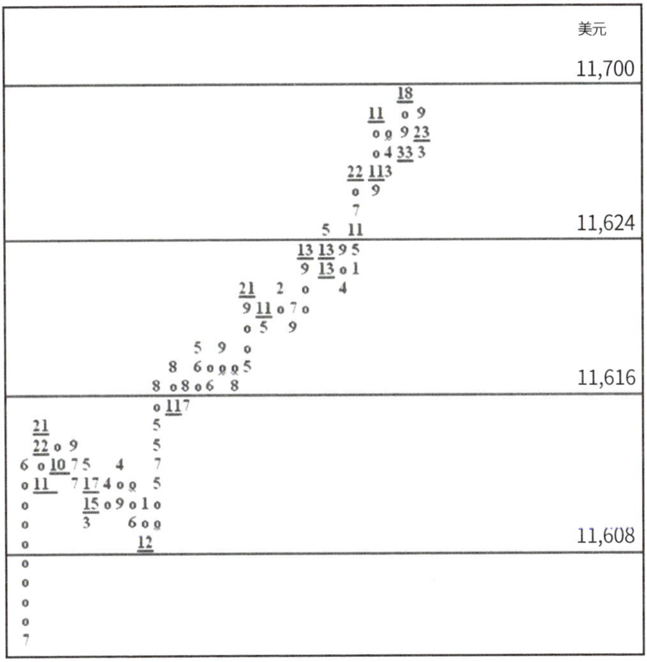

图 9.3　1993 年 12 月债券 1 跳动解盘图

由于在刻度和反转之间的比例为 1 ∶ 1，像在图 9.1 一样，同一栏会出现报涨和报跌。图 9.3 中列出了 1993 年 12 月债券合约在 1993 年 11 月 29 日中部标准时间上午 7 : 20 ~ 8 : 48 的价格变化。该合约前一日的收盘价为 11 603。

7 : 20 11 612-6 : 该合约价格从 11 603 跳空至 11 612 高开。由于开盘价持续了上一日的上行走势，我们就在同一栏标注 o，以真实反映这个缺口。

7 : 21 11 611-11 : 在下一栏标注这个报跌。

7 : 22 11 613-10

7 : 23 11 613-12 : 只在价格变化出现后做标注，可能存在连续出现多个 1 分钟收盘在同一价格上。出现这种情况时，只要标注总成交量。在前一个 11 611 标注的上方写上成交量（22）。记住，一栏内至少有两组数字。由于这一栏只有一个 11 611 的报跌价，便在其上方添加 11 613 的报涨价。

7 : 24 11 614-11

7 : 25 11 614-10

7 : 26 11 612-10 : 这个价格变动后，我们在 11 613 的 22 成交量的上方写上了 11 614 的 21 成交量。所有熟悉日内债券成交量的人都会把过去 4 分钟成交量的急剧上升视作开盘的上涨在不断反复的证据。大量买盘的努力只收获了比开盘价高 1/32 点的结果。

7 : 27 11 613-9

7 : 28 11 612-7

7 : 29 11 611-7

7 : 30 11 612-5 : 从 11 614 的高点算起，两次报涨的成交量（参见划了下划线的时间）相应减少到 9 和 5。解盘者会注意到这些报涨价格上的需求较弱，这说明下跌还没有结束。

7：31 11 611-11

7：32 11 611-6（合计 17）

7：33 11 610-9

7：34 11 610-6（合计 15）

7：35 11 609-3：疯狂的抛盘，复合下跌成交量 35。

7：36 11 611-4：在 11 610 位置标注了 o。

7：37 11 610-3

7：38 11 610-4

7：39 11 610-2（合计 9）：下跌至 11 609 后，活跃程度下降了。

7：40 11 612-4

7：41 11 609-6

7：42 11 610-1：11 609 线已经被两次测试。在实时图里，我们会沿着 11 609 的水平方向划一条支撑线。成交量依然不大，因而说明抛压已经萎缩。一条次级下降趋势线从 11 614 起，顺着上一次 11 612 的报升线顶部划出来，形成了一个夹角。价格区间收窄成这样的形状警示我们：僵局很快就将被打破。

7：43 11 608-6

7：44 11 608-6（合计 12）：12 月份债券刺穿了 11 609 的支撑线，暂时性地把优势拱手交到空头一边。从 11 614 高点向 11 608 的下跌花了 24 分钟。请留意随后 5 分钟的表现。

7：45 11 611-5；7：46 11 612-7；7：47 11 613-5；7：48 11 614-5；7：49 11 616-8：价格没有下跌的跟随，然后大踏步上行直

至新高。轻松上移的运动指示出行为转为看涨的信号，解盘者买入债券，因此把防御性的止损位放在 11 607。

继上涨至 11 616 之后，债券维持在前期高点 11 614 之上，不给任何人以廉价买入的机会。上涨以一步一个台阶的方式持续。放量（21 成交量）暂时将涨势止在了 11 621。向 11 624 上方推进的首次努力受挫，因为多头在 1/4 增长点附近做了典型的获利了结。获利盘一被消化，价格就从 11 621 上涨至 11 630（8：21—8：31），整个过程只有一个报跌。市场靠近 11 700 吸引了更多获利盘。价格几乎涨到从上一次修正的低点划出的上升通道的顶部。另外，根据 11 527 线做出的点数图预测大部分已经实现。然而，我们看不出供应战胜需求的证据。现在，我们从 8：31 的高点 11 630 开始解盘。

8：32 11 628-4

8：33 11 627-3：这次低量修正反映出没有强势买盘存在。

8：34 11 628-7

8：35 11 628-8

8：36 11 628-4

8：37 11 628-8

8：38 11 628-6：市场交易了 5 分钟，尽管形成了当日最大的成交量（33），但只取得了 1/32 的进展。在 11 628 处聚集的这些 1 分钟收盘价说明市场在上行过程中正面临困境。

8：39 11 629-9

8：40 11 631-8

8：41 11 631-10（合计 18）：债券从 11 627 低位上涨至 11 631，比 8：31 高点高了 1 个跳动，复合成交量 60，如此大的努力只得到很小的回报。这次上行浪跨度为 4/32，但只比前期高点高出 1/32。成交量高于从 11 608 至 11 616 的上涨，也高于从 11 621 至 11 627 的升浪。作出了如此巨大努力而上行乏力的事实告诉我们，债券市场的供给充足。我们要么把多头头寸的卖出止损点提高到 11 628，要么马上清盘退场。现在，空头正在击败多头的首个证据出现了。

8：42 11 630-9

8：43 11 629-3

8：44 11 629-4

8：45 11 629-8

8：46 11 629-4

8：47 11 629-4（合计 23）

8：48 11 628-3：11 629 的总成交量是自 11 月 28 日以来单次报跌中最大的。伴随着自 11 608 低点算起最大的成交量，从 11 631 下跌至 11 628。

做一份债券 1/32 量数图需要一份 1 分钟收盘和成交量的数据单，再加上有足够大的可以填写成交量数据方格的绘图纸。任何人只要有耐心做这样一份图形，并认真地研究日内的价格运动，都会学到很多有关市场如何运行的信息。尽管有了很大的修改，但是这份图背后的概念还是源自威科夫的解盘教程。其解读基本上靠的是通过研究和观察得来的简单逻辑。从逻辑解盘之中，你会得到接下来会发生什么的一种潜意识、一种感觉。

在图 9.3 中，注意从最后的低点 11 612 开始的上涨，这个位置的成交量等于 4 个跳动量。从这个低点，债券仅凭 1 个报跌就取得了 9/32 的结果。在最后的上行浪上，上冲幅度缩短，却花费了 60 的跳动量，是当日最大的数字。下一波跌浪的 35 跳动成交量是自低位反弹以来最大的。不需要火箭科学家来理解这句话的含义。在《解盘研究》一书中，威科夫写道：

> 解盘是一种灵光一现的感觉……解盘者的目的是从每个相继出现的交易中，也就是市场万花筒的每一次变化中，进行推导；把握新的局势，迫使它像闪电一样穿过大脑的权衡机器，形成一个决策，并冷静而精确地执行这个决策。

再次引述威科夫的自传《华尔街投机与冒险》一书中的说法：

> 自学和坚持使用《解盘研究》一书中所建议的方法的目的，是养成一种直觉判断，这种直觉判断会是在数月或者数年间每周花费 27 小时在盯盘上所得到的自然结果。

他所指的“方法”就是如何以符合逻辑的方式解析盘面，而我绝不是想贬低他传递出来的信息。威科夫清楚，解盘不可能归纳出一套具体的指令。就像跳舞一样，你可以学会基本的舞步，但是，要跳好，你还必须有乐感。威科夫的解盘教程解释了解盘图的构建，演示了如何把它与市场龙头的波形图结合在一起。在威科夫开始研究市场的时候，还没有每日公布的道琼斯指数。

每个交易日结束时的一个简单的收盘价数字是对当日表现唯一的估量。正如我们已经注意到的，威科夫绘制了由 5 只或 6 只龙头股形成的波形图。他在买入和卖出波浪上标注成交量，因而使它在判断整体市场的状况方面非常有用。饶有兴味的一点是，威科夫选择以波形图而不是 5 分钟或者 60 分钟的棒形图来呈现这些数据。解盘者应该知道，价格运动是以波浪而不是均衡时间段的方式展开的。

按分钟解读价格运动让解盘技巧提高 10 倍

一份完整的 1/32 债券量数图很难表现出价格历史的完整性。如果把反转单位改成 3/32，我们就可以减少每天波浪转向的数量。比如，1993 年 11 月 29 日完整的 1/32 图，将日内最多 400 浪降到了 258 浪。在图 9.4 中，修改后的反转规模将反转（姑且把它们称为波浪）的数量减少至 32。

这个与图 9.3 同样以 1 分钟收盘价所创建的 3/32 波形图给我们讲述了一个精彩的故事。我们看到上升推力的减弱，在 11 631 处的缩量（60），在下跌波至 11 627 处（62）和 11 626 处（119）时供应的出现，在最终的高点 11 700 处需求不振的冲高回落（48），在下跌至 11 621 处供应战胜需求时的放量（290），以及两次对 11 628 的上升浪低成交量的佯攻测试（48）/（7）。

从这个角度看，空方的主力稳稳地控制了多方，因为在整个交易日内，债券都是走低的趋势。在图形的一个格子里写 3 位数的成交量是不现实的。下一次的调整不费吹灰之力：把成交量作为直方图标示在相应的价格运动下面。

既然我们了解了制作波形图的基本元素，那就让我们练习一下决定波浪及其成交量，并将它们标示在图形上的这些机理。对于 3/32 波形图，我们从一份被称为“1 分钟盘面”的工作表入手。这就是一份简单地列出了每一分钟收盘价及其对应成交量的表格。与之前一样，在某一时间段内没有交易出现的时候，划一条横线。

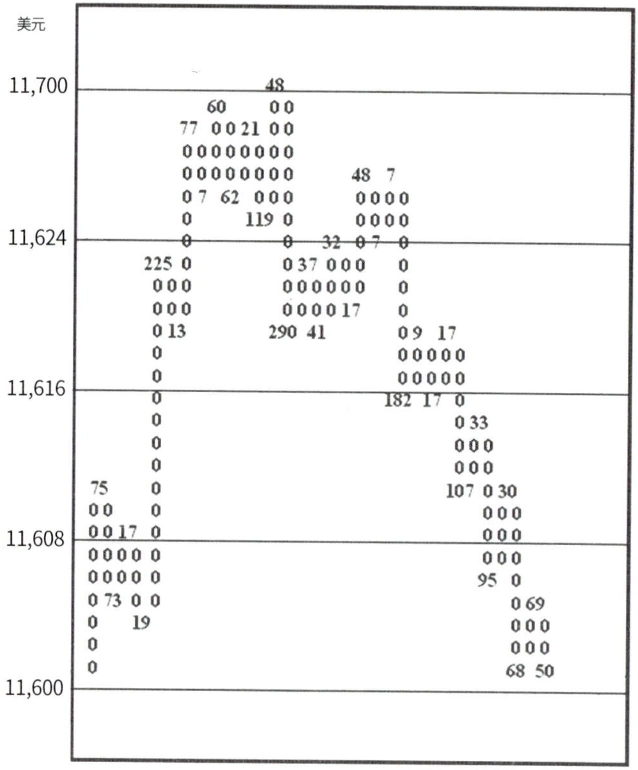

图 9.4　1993 年 12 月债券 3 跳动解盘图

我们要检视 2001 年 12 月债券价格在 2001 年 6 月 15 日的变动情况。前一交易日，一波上升浪在刚过美国东部时间下午 2 点时到达了 10 123 的顶峰，价格随后下跌，在 10 118 收盘。下跌至 10 118 过程中的合计成交量为 160。如果在 6 月 15 日低开，从 10 123 开始的下跌浪还将持续，一直到有 3/32 或者更大的反转出现为止。6 月 15 日头 11 分钟的“盘面”解析如下：

8：20 10 112-10 170

8：21 12-8 178

8：22 13-11

8：23 11-12 201

8：24 12-3

8：25 12-4

8：26 13-3

8：27 13-3

8：28 13-3

8：29 10-11 228

8：30 18-77（图 9.5 说明了到这个位置的价格变化。）

第一分钟结束时，债券在 10 112 处下跌了 6/32。这个价格位于 6 月 14 日的收盘价之下，所以，我们继续累加成交量。头 1 分钟的 10 成交量被加进了之前 160 的合计数里，出现了一个新的 170 的合计数。第二分钟结束时的 10 112 这个价格被看成是当前下跌波浪的一部分，其成交量也被累加进之前的成交量，形成新的 178 的合计数。在第三时段至 10 113 的报涨还不足以令跌浪反转。该波浪的新低点出现在第四时段。第三和第四时段的成交量现在也加入之前的合计数里，形成新的合计数 201。在接下来的 5 个时段里，债券运行在一个狭窄的范围内，复合成交量 16。如果债券在第 10 个时段里收在 10 114 甚至更高，那没有被记入的 16 成交量将成为新上涨成交量的一部分。

与此相反，第 10 个时段下跌至 10 110，合计成交量增加到 228。债券交易中 8：30 的这个时段通常都是波动加大的时点，因为很多政

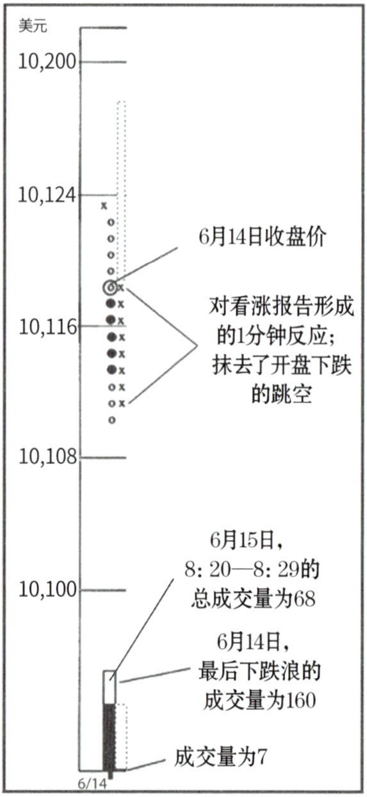

图 9.5　2001 年 9 月债券 3 跳动波形（1）

府公报都在这个时刻颁布。由于债券跳高了 8/32 至 10 118，显然是公布了某种利多的消息。这马上成为方向改变的标志，新的上行成交量为 7。随后在 8 :29 这个点划一条线，因为那是前一波浪结束的地方。由于我们正在记录数据，因而有必要做个总计数。请注意，价格没有持续走低或者在已有的波浪低位成交的那些时间段没有发生累加。

尽管这些信息没有太大的意义，但它对于没盯盘而又想对该交易日内各个转折点上的多空双方争夺的激烈程度有所了解的人来说，还是很有用的。市场以跳空低开的弱势开盘，但随后并没有出现价格争相下跌的情况。在实时的盘面上，这种类型的信号成为完整解读市场盘面的一部分。表 9.1 是来自随后的 1 分钟盘面解读的 51 组数据，图 9.6 绘制到了 9：21。

表 9.1　1 分钟盘面解读的 51 组数据

8：31　18-8 15	8：48　23-2	9：05　25-6
8：32　19-9 24	8：49　24-5	9：06　25-6
8：33　19-8 32	8：50　24-4	9：07　25-2
8：34　19-10 42	8：51　24-5	9：08　25-2
8：35　19-1 43	8：52　24-2	9：09　26-2
8：36　18-5	8：53　24-4	9：10　27-3 23
8：37　19-3 51	8：54　26-2 135	9：11　27-4 27
8：38　19-2 53	8：55　28-4 139	9：12　26-9
8：39　21-6 59	8：56　28-9 148	9：13　27-3 39
8：40　22-5 64	8：57　29-7 155	9：14　27-2 41
8：41　22-4 68	8：58　—	9：15　30-10 51
8：42　24-7 75	8：59　28-10	9：16　31-11 62
8：43　24-7 82	9：00　27-3	9：17　10 200-10 72
8：44　24-10 92	9：01　26-7 20	9：18　30-8
8：45　23-5	9：02　25-11 31	9：19　30-4
8：46　25-8 105	9：03　24-5 36	9：20　29-7 19
8：47　23-6	9：04　25-3	9：21　27-12 31

这波开始于 8：30 的上升浪区间跨越了 28 分钟。成交量合计 155，赢得 19/32 的市场空间。请留意上行的步伐：在 28 分钟里，价格走高或者维持在高位的有 19 分钟。这是一波强劲的上升浪。在 9：01 债券价格下跌 3/32 至 10 126 之前，我们都看不出这波升浪的

结束。在这个点位，就应该马上更新图形。从 10 129 开始的下跌只持续了 6 分钟。9：01，债券成交价为 10 127。接下来的 4 分钟里，在 10 127 这个位置出现了更多的成交。从 10 124 的低点开始的 11 分钟里，市场以 41 的成交量取得了 3/32 的进展，这算不上太令人印象深刻的上涨。

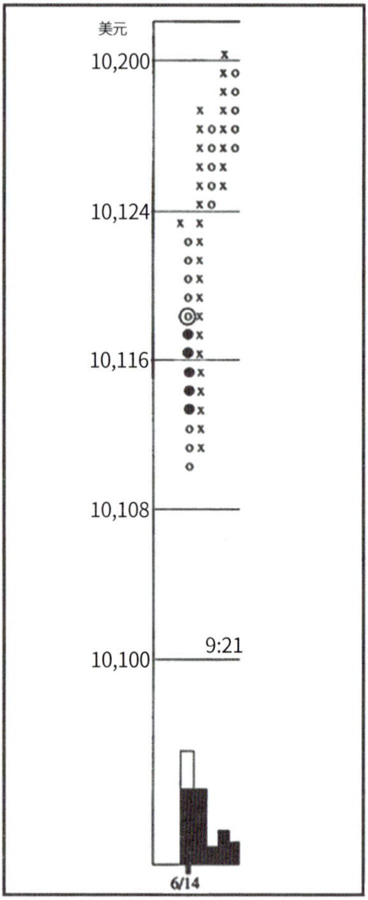

图 9.6　2001 年 9 月债券 3 跳动波形（2）

忽然之间，买入潮出现了：10@30……11@31……10@00。3 分钟出现了 31 成交量（当日内至该点成交量最大的 3 分钟），足与之前 11 分钟的 41 成交量媲美。在讨论到转折点的行为时，汉弗莱·尼尔写道："吸引公众注意的是价格变化，而不是成交量。也就是说，公众并不会分析成交量的行为。" 3 分钟之后，价格下跌了 3/32。

现在图 9.6 上有了 2 个上升浪。第一个持续了 28 分钟，以 159 的成交量赢得了 19/32；第二个持续了 14 分钟，以 72 的成交量赢得了 8/32，投入和产出下降到了 50%。第二波上升浪超越前一波的顶部仅 3/32。

在上升趋势中，当买入浪的持续时间、持续幅度以及成交量开始减少，就应该小心变盘的可能性。当卖出浪的持续时间、持续幅度以及成交量开始增加，也可能发生同样的情况。这在图 9.4 的顶部表现得尤为清楚。令人遗憾的是，就跟绝大部分的其他解盘观察结果一样，这也不是铁定的规则。对其最好的定位就是一条指南。存在这样的情况，涨势中的上升浪会以由于缺乏卖盘而下降的成交量缓步上行。

这样的情况将会持续到有供应盘出现为止。那种让我们生活的方方面面变得既明亮又黑暗的同样的二元性，在解读市场的过程中也同样存在。该日第二波买入浪在 10 200 结束，并开始了一波卖出浪。尽管第二波买入浪成交量萎缩，而且上攻推力式微，让我们不禁担心起可能存在的变盘来，但没有任何明显看跌的情况出现。我们继续看其他盘面情况。

开始于 10 200 的卖出浪不大，仅持续了 5 分钟。这样的表现没有任何熊态可言。但请观察当日后面的买入浪。它只持续了 5 分钟，而之前的上涨分别为 28 分钟和 14 分钟。这次上行只收获了 3/32 的幅度，并且以减少的成交量形成了一个次高点。多方力量已经耗尽。后一波卖出浪的盘面出现了转熊的迹象。此处的持续时间和成交量是本交易日出现的下跌浪中最大的。10 124 的低点出现 2 分钟后，出现了 3/32 的反转。看看从 10 124 向 10 129 进发的步伐。在这个 15 分钟的购买浪中，价格上行，或者维持高位的情况，只出现在 3 个时段里。这样的表现反映出需求疲软，投资人对债券没太大兴趣。现在，市场随时可能遭遇较大的下跌。表 9.2 是来自随后的 1 分钟盘面解读的 54 组数据，图 9.7 绘制到了 10：15。

表 9.2　1 分钟盘面解读的 54 组数据（图 9.7 绘制至该时点）

9：22　10 127-12 43	9：40　25-2 48	9：58　25-1
9：23　28-7	9：41　25-4 52	9：59　26-1
9：24　29-7	9：42　25-2 54	10：00　29-7 56
9：25　29-2	9：43　26-2	10：01　29-10 66
9：26　30-3 19	9：44　25-3 59	10：02　28-3
9：27　30-2 21	9：45　26-7	10：03　28-4
9：28　29-3	9：46　24-4 70	10：04　26-4 11
9：29　29-6	9：47　25-9	10：05　27-7
9：30　26-9 18	9：48　27-2 11	10：06　27-2
9：31　28-6	9：49　25-4	10：07　24-7 27
9：32　28-2	9：50　26-8	10：08　23-7 34
9：33　28-3	9：51　26-2	10：09　23-4 38
9：34　28-3	9：52　25-9	10：10　22-5 43
9：35　28-7	9：53　25-4	10：11　23-5
9：36　27-1	9：54　26-1	10：12　23-6
9：37　26-1 41	9：55　——	10：13　23-3
9：38　27-3	9：56　25-3	10：14　22-3 60
9：39　25-2 46	9：57　26-5	10：15　21-7 67

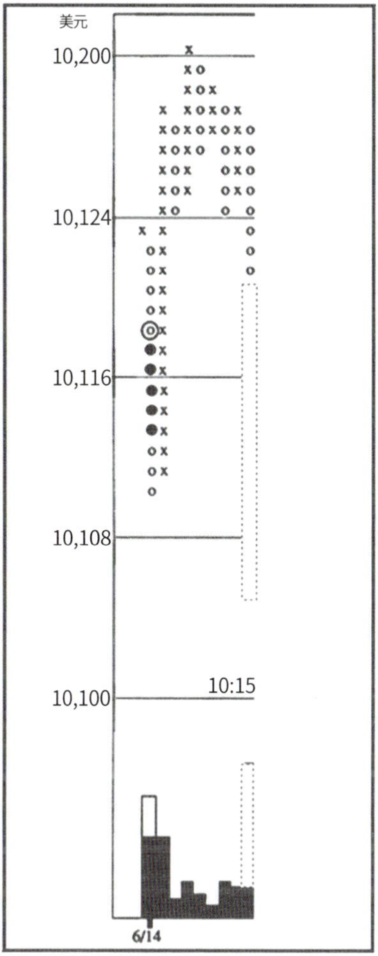

图 9.7 2001 年 9 月债券 3 跳动波形（3）

反转出现在 10：04 报跌至 10 126 的时候。解盘人会做空，并在 10 200 之上进行止损。债券持续下滑，我们看到 10：15 的盘面出现了 10 121。市场现在已经跌破 10 124 的支撑线，而这个位置之前已经止住了 3 波卖出浪中的两波。更多的盘面情况分列于后。

10：16 10 122-5

10：17 23-5

10：18 23-6

10：19 21-6 89（没有取得多少跌幅，但成交量持续形成。现在的成交量已经比以前的卖出浪大。）

10：20 20-7 96

10：21 18-9 105

10：22 19-3

10：23 18-9 117

10：24 19-11

10：25 17-10 138（由于市场在本交易日进入负值区，交易员将止损点放到上一日 10 118 收盘价之下，这个位置在某些系统里被称为“枢轴点”。）

10：26 18-4

10：27 18-6

10：28 16-8 156

10：29 16-9 165

10：30 15-7 172（汉弗莱·尼尔认为，“市场中遍布着买入指令和卖出指令”。整数位和半数位是深受交易员欢迎的位置，他们会把买入或者卖出指令放在那里。因而，在 10 116 周围，可以毫不奇怪地看到由获利了结的空头盘和新的多头买盘所造成的某些踌躇。）

10：31 16-3

10：32 15-7 182

10：33 15-6 188

10：34 16-5

10：35 15-3 196

10：36 15-7 203

10：37 15-2 205

10：38 15-2 207

10：39 14-10 217

10：40 13-7 224

10：41 14-5

10：42 15-1

10：43 15-6

在 10 116-10 115 之间坚持了 11 分钟之后，下滑至 10 113 的这个情况似乎像是走向更弱的开始。由于市场重新站上 10 115，有人或许会认为下跌已接近尾声。如果持有空头头寸，你会回补头寸吗？通常情况下，尤其是当我们思虑太多时，我们就无法辨别市场的噪声和有意义的走势。如果心存疑虑，不要离场，而是通过调整你的止损位来降低风险或提高心理舒适度。

10：44 15-1

10：45 13-6 243

10：46 09-10 253（本时段内 4/32 下跌由债券合约下跌至 10 110 的早晨低点的止损抛盘造成。）

10：47 08-9 262

10：48 10-3

10：49 08-8 273

10：50 07-9 282

10：51 07-8 290

10：52 05-10 300

在最后的 7 分钟，跌势更猛，成交量急剧放大。这种情况要么是一次更大规模跳水的开始，要么是来自某个未知角度的停止下跌的点，该角度只有在更大的历史图表中才能观察到。从我们观察到的有限的价格运动中，无法认定这是一波更大下跌趋势的组成部分，上升趋势中简单的洗盘行为，还是一个更大范围的交易区间的一部分。如果债券日均幅度大约是 29/32，短线交易员或许会想要落袋为安，等待另一波行情的展开。

10：53 06-7

10：54 06-8

10：55 08-2 17

到这个时点，我们知道一次买盘波浪结束于 10 105：规模 =24/32，成交量 =300，持续时间 =51 分钟。凭经验看，300 的成交量产生 3/32 的波动是很不寻常的，而 300 的跳动量产生 8/32 或者 16/32 的波动则不会显得突出。然而，在这幅图表上，它反映出供应盘倾巢而出，是一个大型的弱势信号。

10：56 10-4 21

10：57 08-10

10：58 10-6 37

10：59 11-5 42

11：00 11-2 44

11：01 10-5

11：02 09-3

11：03 09-5

11：04 09-2

11：05 08-5 20（10 111 点的买入浪看不出任何实质性的内容，非常像是某种空头获利了结的情况。）

11：06 09-4

11：07 09-7

11：08 10-9

11：09 10-2

11：10 11-1 23（10 108 卖出浪中没有供应出现。）

11：11 12-3 26

11：12 11-5

11：13 11-2

11：14 11-2

11：15 11-2

11：16 11-2

11：17 10-5

11：18 10-6

11：19 10-2

11：20 09-5 31（在这里，我们知道这波买入浪在 10 112 结束。尽管毫不起眼，但它终究稍稍超出了前期 10 111 的买入浪高点。）

11：21 09-8 39

11：22 08-5 44

11：23 08-6 50

11：24 08-2 52（图 9.8 画到这个位置。）

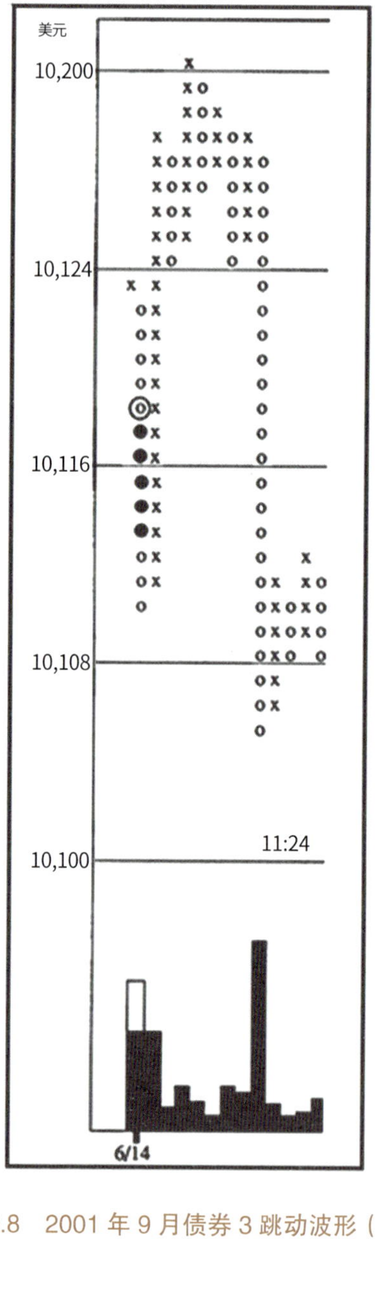

图 9.8　2001 年 9 月债券 3 跳动波形（4）

11：25 09-3

11：26 09-2

11：27 ——

11：28 09-2

11：29 10-1

11：30 10-2

11：31 09-1

11：32 10-3

11：33 09-3

11：34 11-6 23（最后的卖出浪再次测试前期 10 108 的低点，这个位置的支撑正在形成。）

11：35 10-1

11：36 10-2

11：37 12-2 28

至此，市场已经涨至前两波买入浪的高点之上。某种程度的调整正在酝酿。如果还持有空头头寸，你必须决定是获利了结，还是调低止损点。你预期市场会在什么水平上遭遇阻力？假定威科夫在 10 121 卖空，他可能会在卖盘高潮的低点，或者在之后显示出有产生更高高点的倾向时获利了结。如果要选择更大的潜在交易可能，他会在刚过回抽 50% 的位置设止损。从 1 分钟过滤后的数据可以看出，经历了一波从 10 200 至 10 105 的下跌，50% 的位置大约在 10 118。

这波下跌实际的高点和低点为 10 201 和 10 105，使 10 119 精准地成了 50% 修正点的位置。但下跌中可以找到能摆放止损点的支点吗？图 9.8 上一个也没有找出来，不过，盘面记录显示出 10 116 与

10 115（10：28 至 10：40）之间有横向前后移动的情况。它可以对任何修复性上涨造成阻碍。凭借我们对盘面情况的深度了解，心里自然知道阻力会出现在什么位置。

11：38 13-3 31

11：39 14-3 35（市场现在已经超越了上升浪的前高。）

11：40 13-1

11：41 13-4

11：42 13-2

11：43 13-2

11：44 14-1 44

11：45 14-2 46

11：46 13-1

11：47 13-2

11：48 ——

11：49 ——

11：50 14-1 50

11：51 15-3 53（现在，市场上涨到 10 115 和 10 116 之间的密集区。我们来看看它取得了什么样的进展。）

11：52 15-4 57

11：53 14-1

11：54 13-1

11：55 14-5

11：56 ——

11：57 15-3

11：58——

11：59 15-2 69

12：00 15-2 71

12：01 14-1

12：02——

12：03 13-1

12：04 13-4

12：05 12-3 9

一波新的卖出浪与这次反转一起开始。最后的买入浪以 71 跳动量在 36 分钟上涨 7/32。它未能回抽至从 10 200 大规模下跌至 10 105 的 50% 的位置，也没有超过 10 116 至 10 115 之间的阻力位。迄今为止，这波上升浪看起来很像下降趋势中的一次典型的低量修正。

12：06——

12：07 11-1 10

12：08 12-1

12：09 11-1 12

12：10——

12：11 12-1

12：12 13-1

12：13 14-13（从 10 115 至 10 112 短暂的卖出浪上的 12 跳动量反映出供应不足。市场应该会再次尝试，穿过 10 115 至 10 116 一线的阻力位。）

12：14——

12：15 15-1 4（就是这里！）

12：16 13-2

12：17 ——

12：18 ——

12：19 ——

12：20 12-1 3

随着成交量萎缩至 6 分钟内只有 4，市场在 10 115 处偃旗息鼓。在从 10 105 开始的上涨中，最后的买入浪标志着创新高过程中的首次失利。由于最后的下跌浪没有能吸引到抛盘，市场便处于走向更高的位置上。但不遂人愿的是，多头不见了。盘面在一天中的这个时刻变得平静，并不是什么奇怪的事情，因为处于东部时区的交易员去吃中饭了。“在沉闷的市场里不要出手”你觉得这句老话有道理吗？图 9.9 结束于 12：15。

12：21 12-2 5

12：22 ——

12：23 13-1

12：24 13-2

12：25 ——

12：26 12-1 9

12：27 11-1 10

12：28 12-1

12：29 ——

12：30 ——

12：31 12-2

12：32 12-2

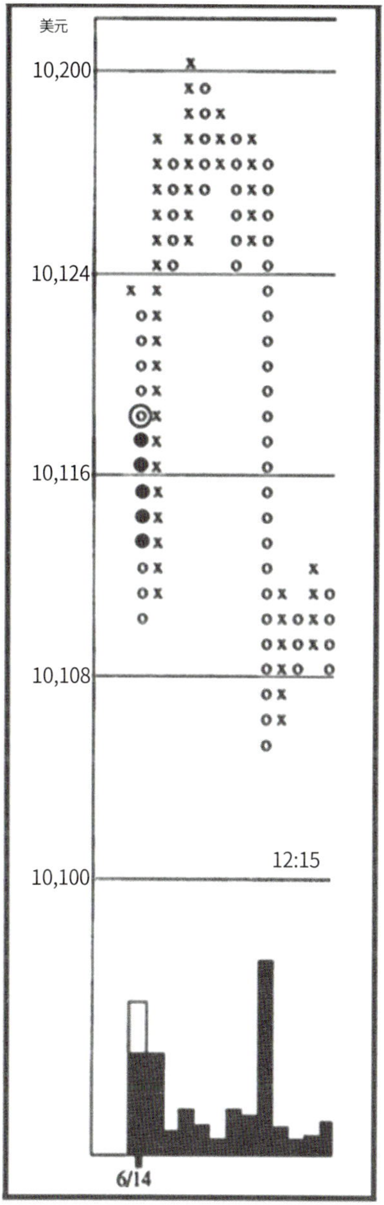

图 9.9　2001 年 9 月债券 3 跳动波形（5）

12：33 12-2

12：34 ——

12：35 ——

12：36 13-1

12：37 12-1

12：38 11-1 20

这波卖出浪的 23 分钟比 10 105 低点之前的所有卖出浪都要长，比之前买入浪的持续时间也长了不少。迄今为止，下跌的缓慢步伐说明市场只是在随波逐流。

12：39 ——

12：40 11-4 24

12：41 12-3

12：42 11-1 28

12：43 ——

12：44 12-1

12：45 ——

12：46 ——

12：47 13-1

12：48 ——

12：49 13-2

12：50 13-2

12：51 ——

12：52 12-1

12：53 11-1 36

12：54 11-2 38

12：55 10-3 41

从 10 105 的低点开始，所有的回落低点都不断地抬高，这是第一个产生了更低的低点的卖出浪，它持续了 40 分钟。我们可以将这波下跌中仅仅失去的 3/32 与 51 分钟内从 10 129 下跌至 10 105 的下跌浪失去的 24/32 作比较，并因而认为抛压正在消散吗？或者更应该将这波下跌仅仅看作是从 10 105 开始的反弹环境当中的一部分？答案显而易见：这两波下跌浪之间没有关联。第一波下跌是图表中的主要特征，第二波下跌只是指示出在 10 105 的贫弱反弹之后，空头再次占据上风。

12：56 11-3（我们仍然不知道最近的卖出浪是否已经结束。）

12：57 ——

12：58 11-2

12：59 ——

13：00 11-1

13：01 12-3

13：02 12-2

13：03 13-1 12（现在可以确定是一波结束于 10 110 的卖出浪。下一波上升浪的特征将会非常重要。）

13：04 ——

13：05 13-2 14

13：06 13-4 18

13：07 ——

13：08 ——

13：09 ——

13：10 ——

13：11 ——（注意交易活动放缓时没有成交的那些分钟段。）

13：12 12-1

13：13 ——

13：14 12-2

13：15 ——

13：16 ——

13：17 ——

13：18 ——

13：19 ——

13：20 ——

13：21 14-4 25

13：22 14-2 27

13：23 14-4 31

13：24 14-4 35

13：25 14-2 37

13：26 13-1

13：27 14-3 41

市场以上一波卖出浪同等的成交数量上涨至 4/32 花了 32 分钟。直到现在，市场还是未能摸到前期 10 115 的高点。正如图 9.10 上所显示的，这波买入浪现在已经到头。

你可以看到从 10：52 时 10 105 的低点开始生成的 9 波完整的波浪。我要补充说明，所有没发生交易的 1 分钟时段都被略去。常规的

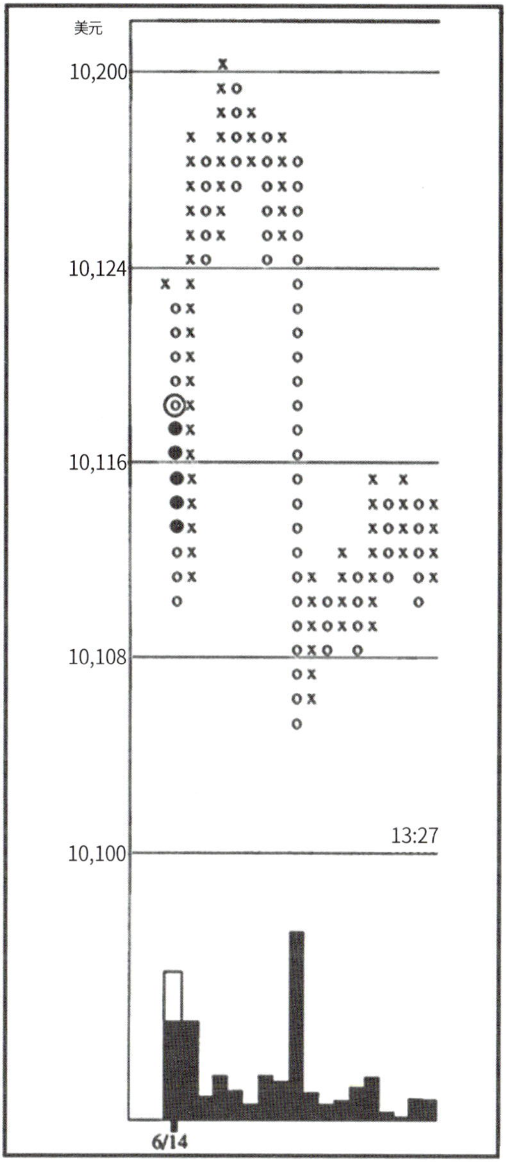

图 9.10　2001 年 9 月债券 3 跳动波形（6）

1 分钟棒形图会让这些时段留白。只有收盘价的 1 分钟图会从这个最后的价格引出一条线，穿过这些时段，从而留下一条条贯穿整幅图形的水平长线。最后两个波浪跨度分别为 40 分钟和 32 分钟。我们早前提到在 10 :28 和 10 :44 之间出现在 10 115 之上的小规模交易密集区。经过这个短暂的横向整理之后，下跌的趋势恶化，成交量增加，价格下跌了 10/32 至 10 105。正如我们在棒形图上所看到的，修正并不经常测试那些以巨量使得趋势加速的区域。因而，从 10 105 开始的上涨已经回到了空头击败多头的水平线上。

13 : 28 13-3

13 : 29 ——

13 : 30 13-3

13 : 31 13-1

13 : 32 13-4

13 : 33 13-4

13 : 34 12-3

13 : 35 11-3 21

13 : 36 10-3 24

13 : 37 09-5 29（上一波卖出浪在 10 110 点结束。在弱势上涨至 10 114，债券走出另一个更低的低点。没有理由相信最近 10 105 的低点不被回踩，或者被抛在身后。详细情况出现在图 9.11 上。）

13 : 38 08-5 34

13 : 39 09-1

13 : 40 08-1 36

13 : 41 08-1 37

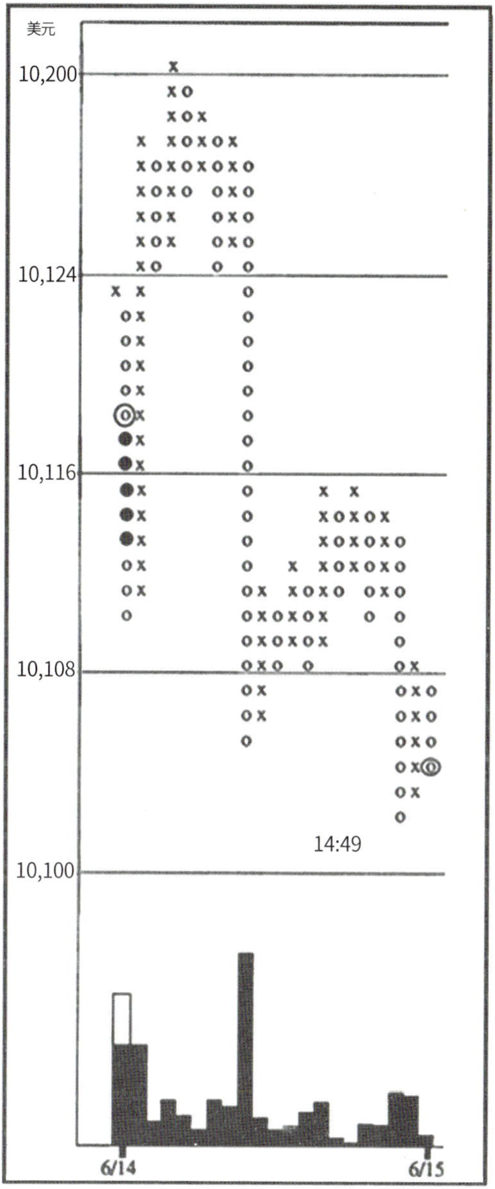

图 9.11　2001 年 9 月债券 3 跳动波形（7）

13：42 09-3

13：43 08-1 41

13：44 08-2 43

13：45 09-5

13：46 ——

13：47 ——

13：48 ——

13：49 ——

13：50 ——

13：51 08-1 49

13：52 07-1 50

13：53 04-5 55（盘面上看，市场已经创出新低。现在我们仔细观察一下有多少新的卖盘出现。）

13：54 05-3

13：55 05-2

13：56 02-5 65

13：57 02-4 69

13：58 04-4

13：59 02-1 74

14：00 02-2 76

14：01 02-2 78

14：02 02-6 84

14：03 03-1

14：04 02-1 86（现在，我们看到了自下跌至 10 105 以来最大的一波下跌浪，还伴随着巨大的成交量。尽管下了更大的力气，市场还是只下跌到 10 105 下方的 3/32 处。）

14：05 03-1

14：06 04-1

14：07 03-5

14：08 ——

14：09 05-2 9（至此，一波结束于 14：04 的卖出浪显而易见。下跌推力消减可以作为抛压力竭的一个指标。）

14：10 04-3

14：11 05-1 13

14：12 04-1

14：13 05-3 17

14：14 04-1

14：15 04-2

14：16 ——

14：17 ——

14：18 05-1 21

市场已经涨到了 10 105，在这个价格水平上形成从 10 200 开始下跌之后的支撑。继 10 105 的低点后，头两次卖出浪在 10 108 获得了支撑。因而，最好小心 10 105 和 10 108 之间随时可能出现的阻力。我们都知道，在下跌趋势里，之前的支撑位通常都会成为阻力位。

14：19 05-2 23

14：20 04-3

14：21 05-1 27

14：22 ——

14：23 06-3 30

14：24 07-3 33

14：25 06-5

14：26 06-2

14：27 ——

14：28 07-1 41

14：29 ——

14：30 06-1

14：31 07-1 43

14：32 08-1 44

14：33 08-4 48

14：34 07-1

14：35 ——

14：36 08-5 54

14：37 ——

14：38 08-1 55

14：39 ——

14：40 08-5 60

14：41 08-2 62

14：42 ——

14：43 ——

14：44 06-4

14：45 07-1

14：46 07-2

14：47 ——

14：48 07-4

14：49 08-1 74

14：50 06-4

14：51 06-4

14：52 06-2

14：53 ——

14：54 05-3 13

从 10 108 下跌的 3/32 凸显了结束于 14：49 的一波买入浪。无法突破位于 10 105 与 10 108 之间的上方阻力。这同时也表明，10 105 与 10 102 之间的推力消减只是暂时的。

14：55 04-5 18

14：56 05-5

14：57 05-7

14：58 06-11

14：59 05-27

在本节场内交易接近终场时，在 14：55 时还有一波卖出浪在下跌中向 10 104 推进。在最后的 4 分钟里没有任何决定性的事情出现。最后剩余 50 的跳动量。如果次日市场以 10 104 或者更低的价格开盘，这 50 跳动量将会加入成交量里。如果 6 月 18 日市场在 10 107 或者更高的位置开盘，50 跳动量将会成为新的上涨成交量总额的一部分。50 的成交量将会划成黑实线，而新的上涨成交量则会以红线划于其之上。威科夫的市场龙头波形图都是结束于当日的收盘价，但波浪并不真的遵从收盘价。通过从某日至次日的持续波浪，我们就会看到由累积成交量表示的一幅更准确地显示其力量的图景。

6 月 18 日星期一，债券高开，但随后的大部分交易时间都在走低。图 9.12 显示了 6 月 19 日所鉴别出的 21 个波浪。以跳空低开的一个卖出浪开始。从这个点位起，你可以看出 6 月 19 日的交易时间段内表示近期趋势正从熊转牛的 3 个波浪吗？

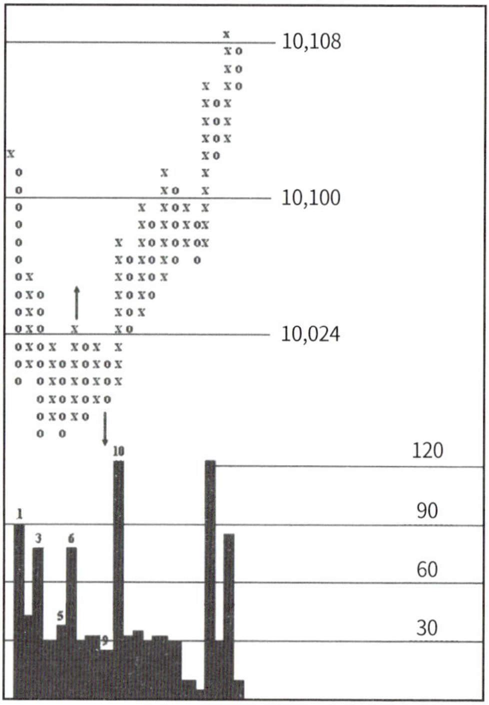

图 9.12　2001 年 9 月债券 3 跳动波形（8）

要记住，当卖出浪的长度和成交量（时长）开始减少，而买入浪的增加时，趋势就正在向上反转。波浪 1 跨度为 13/32，波浪 3 等于

8/32，并超出了波浪1的底部。波浪5只斩获5/32，而且没有创出新低，让我们看到盘面上的首次转牛情形。波浪6使走牛的可能增大，因为债券带着本交易日内最大的成交量走出了一波最大的上升浪。波浪9的表现说明，债券处于启动位置，因为此处见到了本交易日内最小的波浪，而且没有抛压。上涨在波浪10上开始。对控制权的争夺出现在101线周围，市场在6月18日找到了最初的支撑。101之下最后不起眼的下跌浪根本没有卖盘，也无法轻松地下移，完成了一个漂亮的向上反转。这种点数图形式我用了很多年，它一直都是我的最爱。波形图的下一步演变提供了更好的信息和更大的灵活性。这是第十章要讲的内容。

我知道1分钟1分钟地去解读一整天的价格运动似乎枯燥得令人感到恐怖。但跟威科夫一样，我可以证明付出这些努力是值得的。本章中详细阐述的这个过程让我的解盘技巧提高了10倍还不止。而且我已经坚持了很多年。尽管当今的市场波动剧烈，人们的想法变化的速度迅捷如闪电，但威科夫在1909年观察到的行为依然屡试不爽。

第10章 绘制波形图比肩专业操盘手

TRADES ABOUT TO HAPPEN

解盘所需三个要素：长度、成交量和波浪持续的时间。这三个要素让一切变得一目了然，而波浪成交量显然比小时走势图和日走势图更有说服力。理由很简单：价格运动不是以等分时间的方式展开，而是在波浪中展开。

冲击减弱是衡量从一个高点到另一个高点或者从一个低点到另一个低点的幅度减少过程。2011年10月，在克里夫斯自然资源公司波形图中，第2浪界定为探底回升，而不是冲击减弱的原因是什么？在第3浪上能明显看到上升冲击减弱吗？

我用来展示波浪和波浪成交量的另一种方式，只用到了带有成交量的收盘价折线图，这种方法也让我受益匪浅。然而，这里缺失一个元素：时间。只要哪个波浪持续的时间异乎寻常地久，我在图形上也能注意到。最终，我找人为波形图编写了程序。经过这样处理后，波浪也就不再是等距离呈现了，波浪与波浪之间的距离代表的是波浪持续的时间，成交量棒的宽度也与时间相关。从这个角度看，我拥有了解盘所需的全部三个要素：长度、成交量和波浪持续的时间。

在 2001 年 6 月 15 日和 19 日债券的讨论中，我大量地在合适的时候提到这三个要素。将数据列表就可以实现了，而使用新的图形让一切变得一目了然。这样的做法使我能够用任何时间段的波形图来进行测试。忽然间，我看到持续了多日的价格浪，而波浪成交量显然比小时走势图和日走势图更有说服力。理由很简单：价格运动不是以等分时间的方式展开，而是在波浪中展开。

威科夫以及其他早期的解盘分析师对这个事实了解得很清楚，因而，他们对从股票机上看到的那些交替出现的买卖波浪做了研究。把价格运动分解成时间段并不会妨碍大家对趋势的看法，但成交量分割成等量的时间块确实会干扰大家对多方和空方实力的判断。从一定程度上说，此时的成交量信息在时间中被淹没了。

累计波浪成交量显示交易活动的波峰和波谷

为了说明这一点，我们用图 10.1 的 2012 年 12 月欧元合约解释。对于当日货币或者外汇交易，我更喜欢灵敏的跳动图 (tick chart)。我也会看基于时间的图形，但跳动图的构建不受固定时间量的限制。因而，在波动较大的交易环境下，一个 250 跳动的棒形可能会延续数秒钟，而在别的时候，则可能会持续 20 多分钟。较大跳动值的跳动图对于展示更宽泛的价格结构也是有用的，例如，我有时会用 5 000 的跳动图来观察外汇，或者用 9 000 的跳动图来观察标普。

图 10.1 显示的是 2012 年 9 月 18 日收盘的 250 的跳动图所构建的 3 基点波浪。每个棒形的总合约量也包含在其中。从图形的左边开始，我们首先留意成交量为 5 400 的大型上升浪。这是在差不多 4 个小时内的最大买升量。上升过程中，向上推力消减清楚地呈现出来，这说明趋势已是强弩之末。在第一个下跌波浪中，供给出现了，该位置 4 100 的成交量是迄今为止最大的。这个跌势变化可以与图 9.12 买盘最初出现的第 6 波浪作比较。随后的升浪中，1 100 的成交量发出了需求疲软的信号，并且为卖空提供了一个绝佳的进入点。

大部分情况下，跳动图棒形的成交量看起来就像地平线上的树林轮廓，很难在成交量中找到差异，但累计波浪成交量显示了交易活动的波峰和波谷。最重要的成交了 1 100 份合约的那次回抽，该处的跳动量棒形成交量几乎看不出变化。类似地，这次从高点的成交 4 100 份合约的下跌，在跳动图上也看不出巨大的成交量。

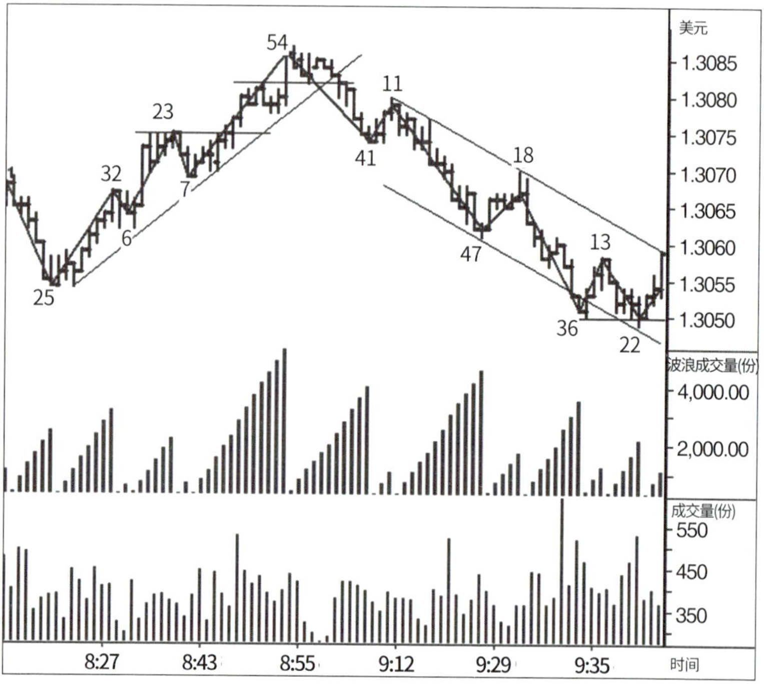

图 10.1　2012 年 12 月欧元 250 跳动波形图

资料来源：TradeStation。

在下跌的过程中，下跌波浪跨度相应为 13、19、19 和 4 个基点，每波浪的单独时间为 10、16、4 和 2 分钟。再配合上它们不断减少的波浪成交量，那么从上午 9：38 开始的反转就很显然了。最后得到的观察结论之一：最后的下跌浪几乎覆盖了与上一波浪同样大的区域（19 个基点），然而，只持续了 4 分钟。这波下跌的速度反映出高潮的到来，被套牢的多头蜂拥而出，争相抛盘，这也说明空头们开始获利平仓，或者他们将止损收紧在了几个点值的范围内。预计到空头回补会拉动上涨，蠢蠢欲动的多头应该快坐不住了。最后的低点出现22 分钟后，欧元交易价格达到 1.0377 美元。

图 10.2 显示的是 2011 年 6 月澳大利亚元的 3 分钟图。我移除了单独的 5 分钟棒形图。最小的波浪规模，或者说反转，是 3 个基点。把每一波的时间标注在波浪转折点上。

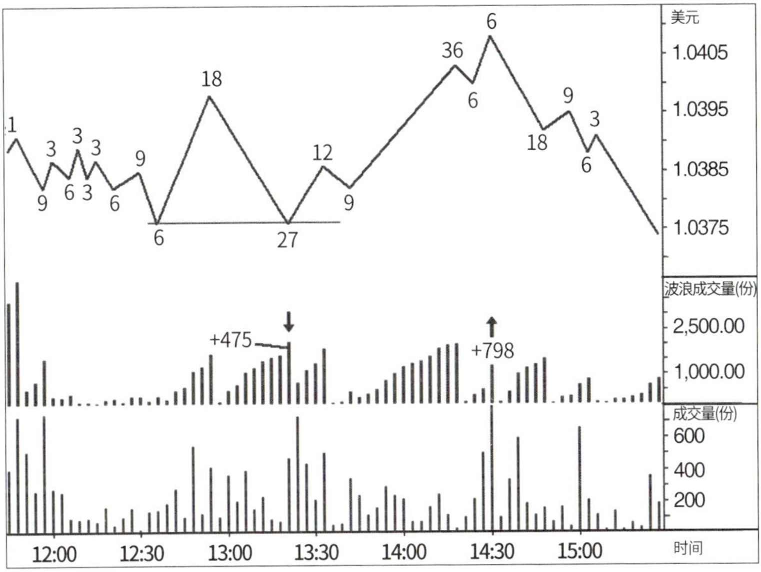

图 10.2　2011 年 6 月澳大利亚元 3 分钟波形图

资料来源：TradeStation。

从东部标准时间下午 1：15 分开始的上涨，3 个上升浪分别跨度为 12、36 和 6 分钟，其长度分别为 10、21 和 5 个基点，成交量为1 896、2 038 和 1 305 份合约。波形上面越来越小的时间、长度和成交量，揭示出市场的疲态。它们告诉解盘者的多头头寸应该获利了结。

威科夫提倡，应该获利了结并且立即在这个位置做空。成交量直方图是累积的，27 分钟下跌波浪包括了 9 个 3 分钟的时间段，总成交量在第 9 段之前都是平均增长的，而在第 9 段出现暴增。

这种图表形式帮助我们看到那些通常发生在波浪顶或底的成交量的爆发。另外一个例子，6 分钟上升浪的最后时段，成交量跃升。在从高点下跌的过程中，所有的上涨都很小而且持续时间很短。它们可以用来进行空头加仓，如果没能辨认出顶部，也可利用它们来入场。对前面上涨过程中那些低成交量的小修正也可以作同样的解释。货币期货和与之相应的外汇市场有其独有的特性，因此 3 基点的波浪可以用在它们的任一市场中。这让交易者可以不用重新调整波浪规模的设定，就能直接在这两个市场中寻找最好的交易机会。

交易过程中，我通常会把波形图叠加到价格棒的顶部，让趋势线、通道以及支撑线 / 阻力线可以从精确的高点和低点划出来。像澳元这种隐去了价格棒的图形上划出来的线，仍然有不俗的表现。我总是喜欢尽可能多地过滤无关信息，把大部分的当日干扰和混淆清除出去。该做法会使交易员更加容易持有某种头寸，否则的话，就可能会造成过早地抛出，这是很多交易员的噩梦。

图 10.3 显示了 2011 年 5 月纽约铜波形图的所有重要线型。它是用 5 分钟收盘价构建的，并使用了 0.0025 波浪规模。[①]该图形提供了波浪分析的绝佳范例，其时间和成交量都标示在转折点上。从美国东部时间上午 8 : 40 的低点开始，铜在 35 分钟内上涨了 2.5 美分以上。横向整理的 7 个波浪，成交量不断减少。第 5 浪，市场下跌 1.4 美分，

---

①铜的最小波动，按12.50美元计，是0.0005。从4.38至4.39的每1美分变化，相当于250美元。——译者注

凑成整数的成交量为 300 份合约。第 6 浪下跌跨度为 0.60 美分，成交 200 份合约。这两个浪分别持续了 5 分钟和 10 分钟。很多时候，当 10 分钟波浪和 5 分钟波浪相继出现时，10 分钟波浪的成交量要更大。后者较小的成交量和规模告诉我们，5 月铜已站上了起跳板，这是一个做多的理想位置。随后的上升波浪在 55 分钟内涨了 2.65 美分，说明有强劲的需求。在 10 分钟的回调中，市场没有出现供给。下一个上升浪在短短的 25 分钟内又赢得了 1.25 美分，但成交量下降很厉害，这是需求转弱的首个信号。此时，空方开始主导这个图形的趋势。

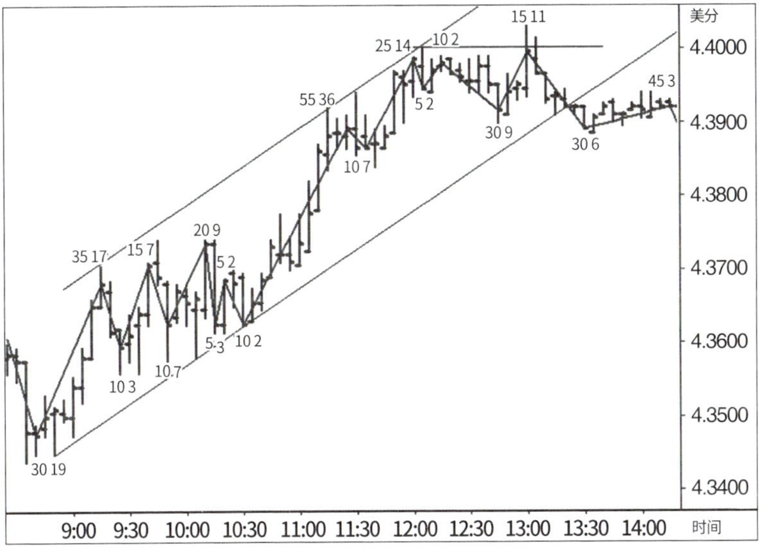

图 10.3　2011 年 5 月铜波形图

资料来源：TradeStation。

在两个有跌有升的小波浪之后，市场出现了明显的转熊迹象。铜价跌得不深，但持续了 30 分钟，这是自上午 8：40 低点以来持续时间最长的下跌，也是自铜从起跳板开始拉升以来最大的下跌。现在，市场出现了在前期高点之上的最快上涨。在本次上涨的第 3 个 5 分钟棒形上，波浪跳动量提高了三倍，收盘价格也远离前期高点，这是潜在的冲高回落的信号。接下来，下跌波浪在之前下跌的低点之下慢慢延伸，这是一波更大的下跌，又再持续了 30 分钟。趋势的转变变得显而易见，价格在接下来的 45 分钟内仅爬升了 0.30 美分，更说明了完全没有需求存在。威科夫把这种情况描述为跌价之前的跳板位置。最后这次上升浪很缓的上涨角度说明，这波铜的上涨涨得有多困难。这样的信息在解盘图中看的话，不会有这么明显。从 4 月 21 日的高点算起，铜价在后面的 9 个交易日内下跌了 40 美分。

图 10.4 给出了 2011 年 6 月标普合约在 2011 年 5 月 6 日 5 分钟图上的 0.50 点波浪，它展示的是每天都很常见的那种交易行为。对于标普指数来说，波浪成交量以千份合约的成交为单位来记录。在接近 11：30 时，1 349.50 处的阻力线被刺穿，成交量达到了所有过去上升浪中的最高水平，标普似乎处于一波更大上涨的初期。任何经常做标普交易的人都知道，只要创出新高或者新低，都要警惕诱多或者诱空的风险，这是一种本能。

从这个高点产生的回落形成过去 5 个下跌浪中最大的成交量，但整体上不明显，其适度的规模让它似乎不可怕。后面的上升波浪告诉我们：在前上升浪基础上没有轻松上移、没有需求、潜在的冲高回落。相对于前期高点来说，每手合约的风险只是 0.75 点，或者 37.5 美元，你不可能再找到比这更好的事情了。一旦波浪出现 0.50 点反转，可以建空仓。25 分钟之后，标普的交易价格下跌了 7.25 个点。到下午 2：40，又下了 11 点。所有这一切都来自一次盘面表现的微妙变化。

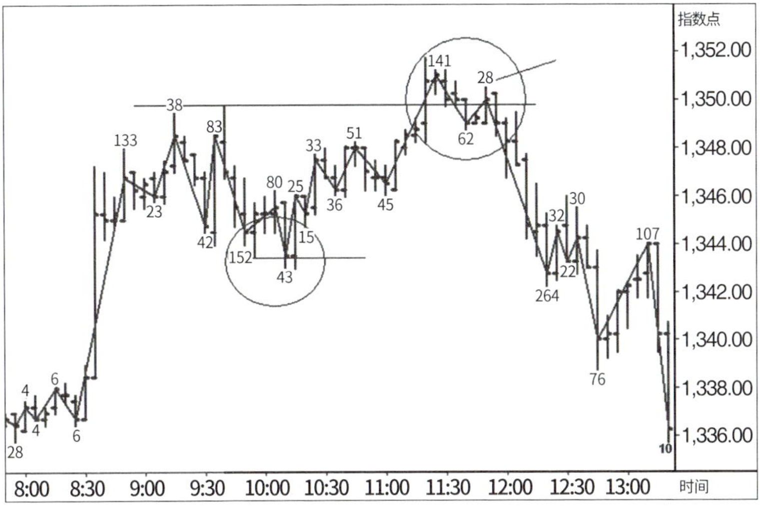

图 10.4　2011 年 6 月标普指数 5 分钟波形图

资料来源：TradeStation。

4 张波形图详解单日成交量和波浪成交量

正因为成交量，波形图才这么有价值。早前提到过，基于时间的成交量通常都不能揭示买盘和卖盘的真正实力，最为明显的是日成交量，上面的读数看起来基本一样，尤其是股票的日成交量。

图 10.5，美国钢铁日走势图上的波浪（最小规模为 10 美分）最为典型。我纳入了单日成交量，以便与波浪成交量作比较。2010 年 10 月，下跌包括了两个大规模的下跌浪，波浪成交量分别是 5 600 万股和 6 400 万股。在第二浪结束前一日，日成交量提高到 1 900 万股，这是图上最大的数字。在 10 月 27 日低点之后，股价连续 7 日高收，总成交量 9 100 万股，是自 3 月初以来最大的上涨量。同一时间段内的日成交量并不明显，看上去和 10 月初的数字非常相像。然而 10 月

低点的波浪成交量看起来像是卖盘高潮，没有任何低量的回撤来建立多头头寸，然而从低点向上的宽幅阳线指示出了需求出现的信号。

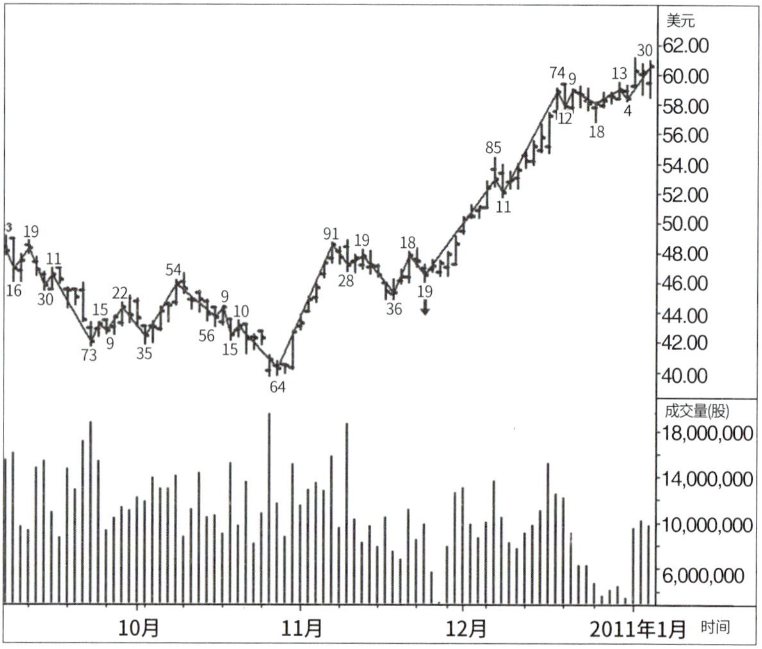

图 10.5　美国钢铁日波形图

资料来源：TradeStation。

高量的坐电梯似上涨表明买方力量已经战胜卖方。在 11 月修正期间，3 个下跌波浪中不断减少的波浪成交量表明供应不足，尤其是 1 900 万的下跌波浪。接下来的 17 个交易日中，有两个跨度分别为 9 个交易日和 7 个交易日的上升浪，它们之间有一天的修正。强劲的需求出现在两个上升浪中。

12 月，股票作了一次简单修正后，在 2011 年 1 月的首个交易日创出了又一个新的高点，但低波浪跳动量表明没有需求存在。这个高点将是未来持续几个月的顶部形态的开始，随后就是一波大跌。

波浪本身的表现几乎和移动平均线一样。在上涨阶段，价格可能连涨 10 多天也没有一次基于收盘价的回调。从向下箭头的低点开始，股价上涨了 17 天，回调只持续了 1 天。这是波浪像移动平均线一样，以势不可当的架势前行的绝好范例。对于动量交易者来说，一次小小的回调正是买入的机会。

图 10.6 的波音（10 美分波浪规模）代表了最常碰到的普通交易。

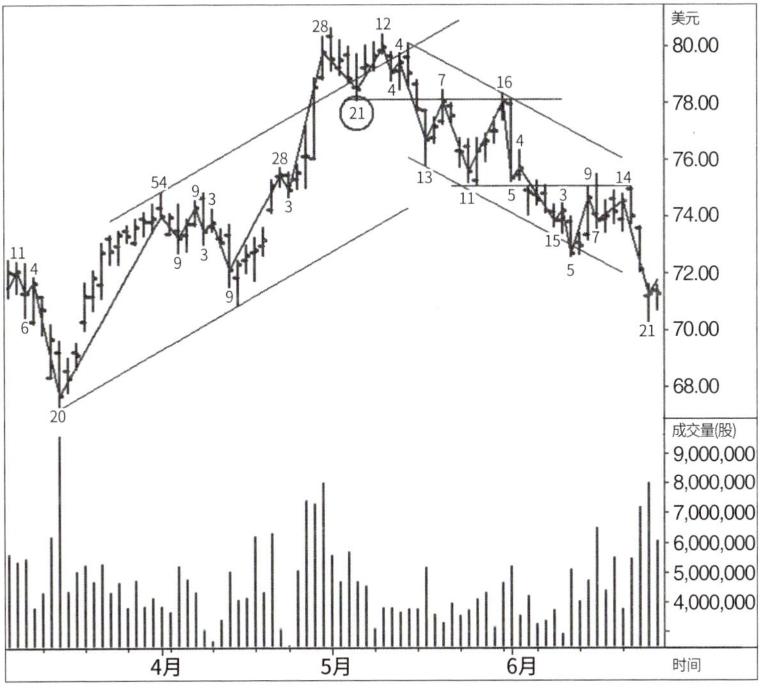

图 10.6　波音日波形图

资料来源：TradeStation。

查看棒形图的时候，我们看到了 2011 年 4 月底的价格如火箭般上涨。这个表现当然是购买高潮形成的标志，但首个下跌浪上的日成交量没有发出供应涌现的信号，而在波浪成交量上就给出了更为明显的供应信息。这里的累积成交量揭示了自 2010 年 12 月中旬以来最大的抛压。紧接着就是对高点的低量的二次测试。看跌的波浪成交量让这笔交易毫不费力。稍后，它又得到了穿过首波下跌浪低点划出的水平线的支撑。在这条线被刺穿后，两次不起眼的上涨都受到了它的压制。在下跌通道底部的最后一波里，卖盘枯竭，股票出现了短暂的上涨，没有到见顶后首个低点的上方。8 月，价格在 56 附近找到支撑。

正如我们所看到的，威科夫的解盘图包括了对每一次价格变化的考量，在当今波动频繁的情况下无法做到这点。为了避开这个问题，我采用了基于时间段的收盘价所形成的波形图，时间选择从 1 分钟到 1 日的任意时段。然而，这是不稳定的，我还在依靠基于时间的数据。为了避免这种不稳定，我就经常采用基于跳动的图形，一张跳动图包括了许多基于预先设定的跳动数或者说价格变化次数所制作的价格棒形。比如，每一根 3 000 跳动的棒形，都有同样次数的价格跳动。在正常的交易条件下，标普 3 000 跳动的棒形跨度大约为 5 分钟。

然而，在经济报告发布后交易活跃度增加时，5 分钟可能会出现 3 根 3 000 跳动的棒形。跳动图反映出交易活动的情况，标注在每个棒形下面的成交量显示出实际的成交股数或者手数。但棒形持续的时间各不相同，前一个跨度可能为 4 分钟，而下一个则可能持续 18 分钟，全都取决于交易的速度。威科夫看到了活跃度的重要性，但他无法制作跳动图。因而，他采用了大多数情况下判断股票市场活跃程度的一种更为原始的方法：测量每一波浪在股价纸带上运行的长短。

要说到古朴的市场行为，2012 年 12 月黄金的 500 跳动图中的价量行为就当仁不让（图 10.7）。大量的迹象表明，下跌浪将在 2012 年 9 月 25 日到来。在这一天，标普和很多股票也都遭遇巨大的抛盘。以冲击高点的最后一波上升浪的冲击减弱开始，成交量（2 000）在这个位置上急剧收缩。更显著的线索出现在接下来的两波下跌浪中，成交量分别是 5 900 和 5 100。在对顶部的二次测试中，波浪成交量增加到了 4 100。

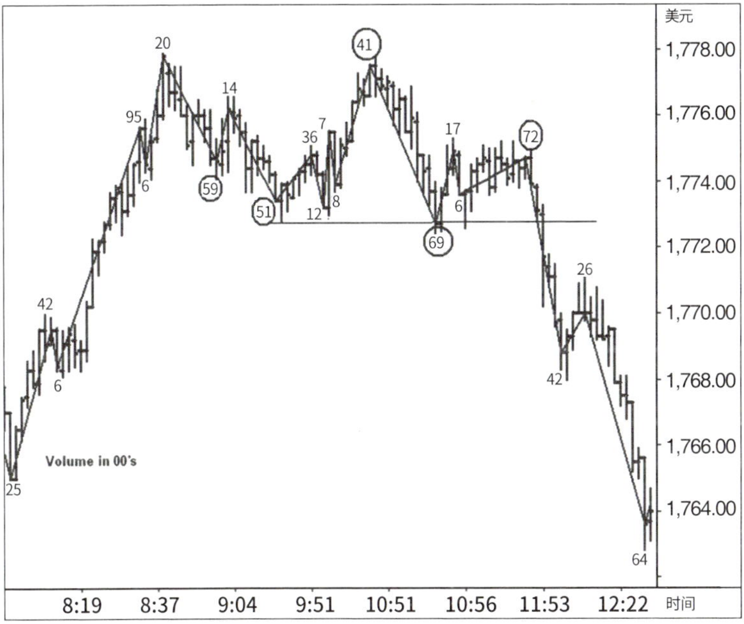

图 10.7　2012 年 12 月黄金 500 跳动棒形图

资料来源：TradeStation。

尽管多方做了如此大的努力，黄金仍然不愿创出新高，那么我们现在知道市场遭遇了大量的抛盘。在随之而来的下跌中，下跌波浪成交量（6 900）是图形上迄今为止最大的。一个相对平缓的 3 浪形态从这个低点逐步展开，它表露出来的信息显然看跌——7 200 的成交量、持续 54 分钟和一个很低的上倾角度。

在这里花费了大量的时间和成交量，但价格并没有取得任何向上的进展（图 10.3 也是如此），这是典型的弱市特征。永远要注意波形图上这种行为的出现，因为它提供了一个高胜算的交易机会。

图 10.8，2012 年 1 月期间的坦能公司（Tennant Corp.）出现了类似的现象。

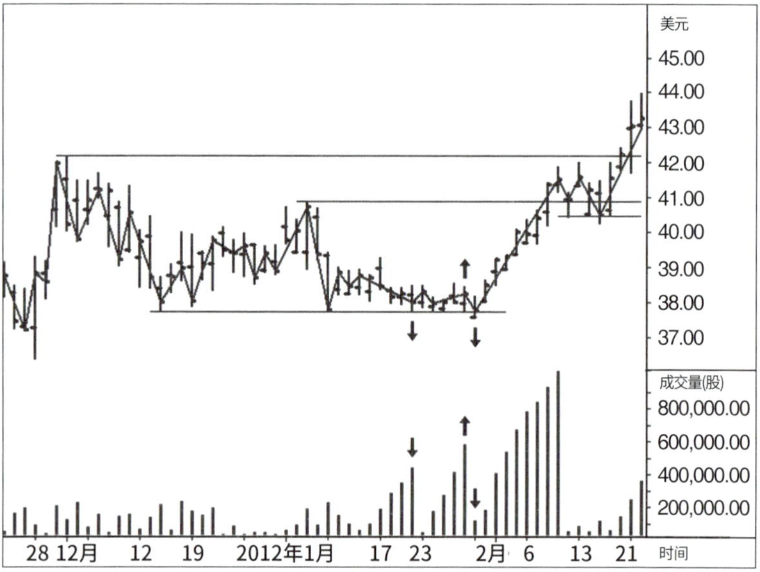

图 10.8　坦能公司日波形图

资料来源：TradeStation。

这幅用于表现每日价格的 10 美分波形图，在 2011 年 12 月形成了支撑线。从这个低点开始的首波上涨，没有能够吸引到足够的买盘支持。对低点再次的测试也让人忐忑,价格在这个低点上盘旋了数日。在盘整期间，一波下跌浪持续了 5 个交易日。缓慢的时间再联系上沉重的成交量和相对平缓的下降角度，可以解释为卖家正在吸收所有的买盘。而看涨的解释则是，正在发生诱空，买家在有条不紊地接收所有卖单。两波上升浪之后，股票以更大的成交量上涨，多头亮出了底牌。在最后的下跌浪中，空方想方设法击破支撑线，但没有人响应，价格涨得不亦乐乎。这些几乎平直的波浪代表着蓄力。

判断冲击减弱的 4 个方法

最常见的其中一种交易机会就包括了冲击减弱。交易员们经常把冲击减弱和探底回升、冲高回落搞混。其实，名称并不重要。冲击减弱是衡量从一个高点到另一个高点或者从一个低点到另一个低点的幅度减少的过程。当冲击减弱出现在非常低的成交量或者非常高的成交量上的时候，情况就更加明显了。它至少需要 3 次冲击，或许并不总是能与波浪线保持一致。图 10.9，克里夫斯自然资源公司（Cliffs Natural Resources）展示出了这种行为的大部分情况。10 美分波浪规模表现得非常好，图形显示了很多的成交量和波动性。2011 年 10 月 13 日，公司在上午 11 : 00 时成交量放大下跌（159 000），但还是守住了早前的低点。

这是一个小型的双底形态，三路冲击开始了。在高点之上划出水平线就可以看出它们来。上升冲击减弱,在第 3 浪上明显地显现出来，该位置的成交量（41 000）远比前一波上升浪小。从这个高点开始，该股修正了最近的上涨势头。下一个冲击中有 4 个高点，推力在最后的波浪中消减，该位置的上升成交量（36 000）是自上午 11 :00 低点以来的最低点。从这个高点起，市场以二浪形态回调。在这个形态中，第二浪经历了一次探底回升，而不是冲击减弱。最后的上涨成为两波上涨浪，但价格棒形图上显示的是 3 波。我都是从价格棒形图上计算冲击减弱，并不基于波浪的转折点。

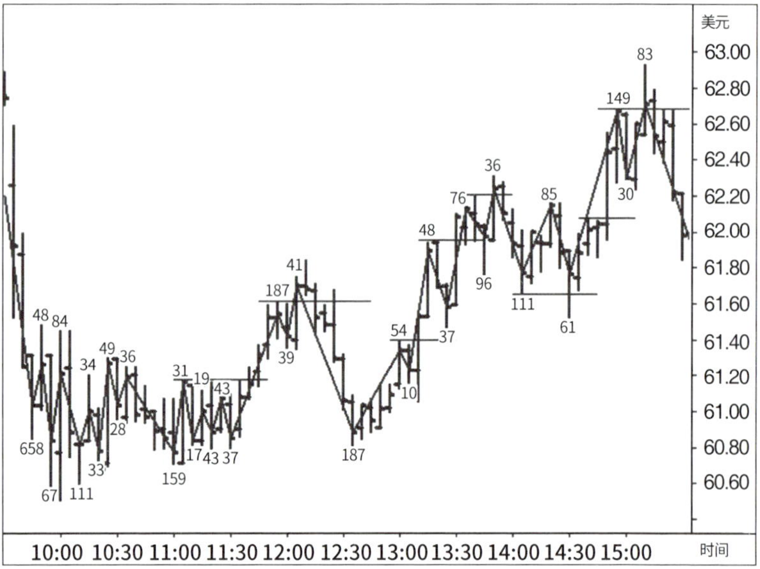

图 10.9　克里夫斯自然资源公司 5 分钟波形图

资料来源：TradeStation。

冲击减弱在各种当日图形上都是最为常见的形态之一，我提出了下面几点指导意见——不要把这些意见看成是铁律。

◎ 在 3~4 次连续的波浪或者冲力，要么向上，要么向下，去最后一浪中寻找冲击减弱的情况。波浪通常不会有太大幅度的进展，而且成交量也会下降，这表明需求已枯竭，已经没有了动力。有时候，波浪成交量很大，但冲击减弱表明巨大的努力几乎没有产生回报。所谓的“三推法”把同样的表现归结为技术指标的背离，但没有提及冲击减弱。

◎ 当有 4 波以上持续不断的波浪，而冲力持续减弱的时候，趋势可能太强，无法进行交易。

◎ 当只有两浪而且第 2 浪进展有限时，考虑这是一次探底回升或者冲高回落。理想状况下，成交量应该是低的；然而，进展有限但成交量很大也是可以接受的。

◎ 冲击减弱主要由价格棒形图的高点和低点决定，与波浪的转折点关系不大。但是，波浪成交量则说明了需求和供给的强或者弱。

对于上面的第 1 条，当冲击减弱出现时，永远要考虑更大型的图表。这并不是在说要核查周走势图和月走势图，但是确认一下市场在日走势图上的位置并没有什么不好。比如，价格上涨到 3 月交易区间顶部之上，并掉头下行。潜在的冲高回落成为压倒一切的考虑。几次小规模的下跌浪之后，向下的推力可能减弱，并给出了做多的交易机会。在这种市况下最好避免做多，或者如果市场反应很弱的话要快速离场。

当价格在前期的上升浪或者下跌浪形成的转折点之上或者之下移动，并且破了趋势线的时候，一定要高度留意趋势变化。决定何时利用冲击减弱来进行交易是门艺术，而不是一种自动化的交易策略。

关于在哪里寻找交易机会，很多交易入场都被集中在图 1.1 的手绘图上了，而将探底回升、冲高回落、浮筹消化以及突破后的测试等入场结合起来，将非常奏效。当探底回升 / 冲高回落出现的时候，在其表现中寻找牛 / 熊的变化。如果卖出 / 买入压力在下一次回抽时减少，马上下手，而且一定要在最末端之下 / 之上设止损点进行保护。

同样，在高成交量突破 / 跳水时，也要这样执行。在巨大的成交量下，要观察回抽的特征。这个点的低成交量证明了一次对突破 / 跳水的成功测试，而且趋势将会恢复。止损保护马上改到回抽轴之下 / 之上。持仓不过夜的交易员，会被每个交易日都屡见不鲜的这种类型交易的数量吓傻。两个基本要求：耐心等待交易入场条件的出现，不带任何偏见地进行操作；不要妄想让市场听你的，而是你要听市场的。

最好的交易是自然发生的，而不是被迫的

我提到过做日内交易要专注于具体的某只股票或者某个市场。为了观察最细微的变化，我经常采用 100 跳动图。这种图有助于看清一个交易日内的很多种不同的交易机会。图 10.10 显示的是一份纽蒙特矿业公司（Newmont Minings）2012 年 9 月 26 日的 100 跳动图，通过 10 美分的波浪反转来构建。开始的几波上升浪中，巨大的成交量为当日定下了基调，因为它们反映了买盘的强势。

在前三次上冲中，上行冲力持续减弱，第 3 次上冲成交量剧跌发出警示：下行即将出现。下行又分成了 3 波下冲浪，其中，第 3 浪下行伴随着冲击减弱和可怜的成交量。随着价格从这个低点转身向上，应该建立多头头寸，将止损点放在第 3 浪的低点之下。大规模涌入的买盘很快把股价拉到了早上的高点之上。在下一波上升浪开始之前，

图上出现了很小的为期 4 分钟的反抽。在上涨过程中，3 波向上冲击浪的推力又再次缩减。

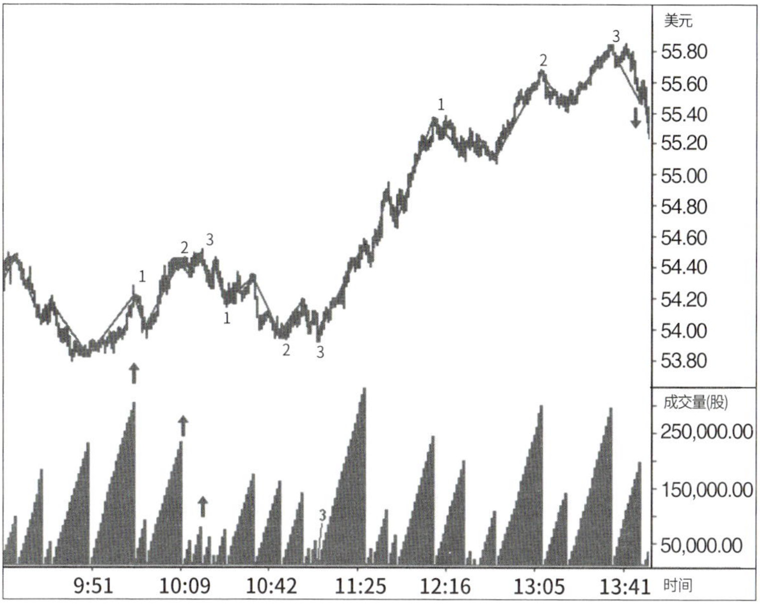

图 10.10　纽蒙特矿业公司 100 跳动波形图

资料来源：TradeStation。

这一次，成交量仍然很大，但冲击减弱发出警示：纽蒙特矿业公司正遭遇大量涌入的卖盘。这个高点开始的首波下跌浪是一个转熊的表现。在这里，我们看到了自上午 11 :00 低点以来最大的下跌成交量，而且下跌浪是自价格在早晨高点破位以来最大的一波。综合起来，当日的上涨已经结束了。

一般来说，在采用 100 跳动图的时候，我会尽量将图表中的价格运动压缩，因而根本无法区分出单个的棒形图。我只对线条所表现出来的行为和结构的形式感兴趣，把它们综合起来，就可以看出可读性的信息。图 10.11，以 0.75 点的波浪提供出了标普 2012 年 6 月的一幅图景。确实需要赘言几句，最重要的表现涉及高点位置的低量上冲失败，以及下跌当中的冲击减弱。在向 1 339.75 进发的下跌浪中，停止成交量表明下跌很快就将结束。在跌向最后低点的过程中，冲击减弱，下跌波浪成交量减少。从低点启动的升浪上有巨大的成交量，它成了接下来一个小时内上升至 1 356.75 那波升浪的起点。或许有人会说，这样的交易无异于在针尖上跳舞，但它为短线交易员提供了无往而不胜的利剑。威科夫应该也会喜欢它。

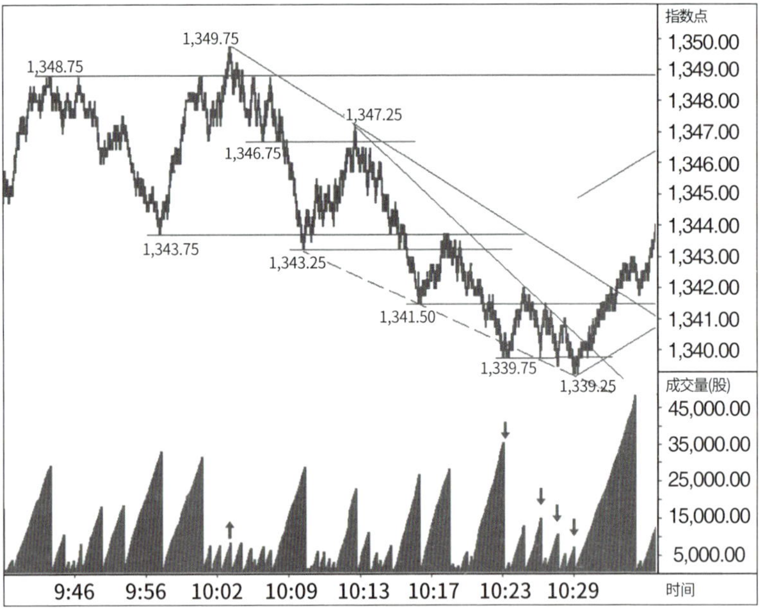

图 10.11　2012 年 6 月标普指数 100 跳动波形图

资料来源：TradeStation。

我最喜欢一个图形中包含两种不同规模的波浪线。图 10.12 是欧元兑美元的 250 跳动图，带有 7 个基点波浪和 3 个基点波浪。跳动量用于外汇图形上，每个棒形总计拥有 250 跳动量，我们通过波形图得到累积的总数。

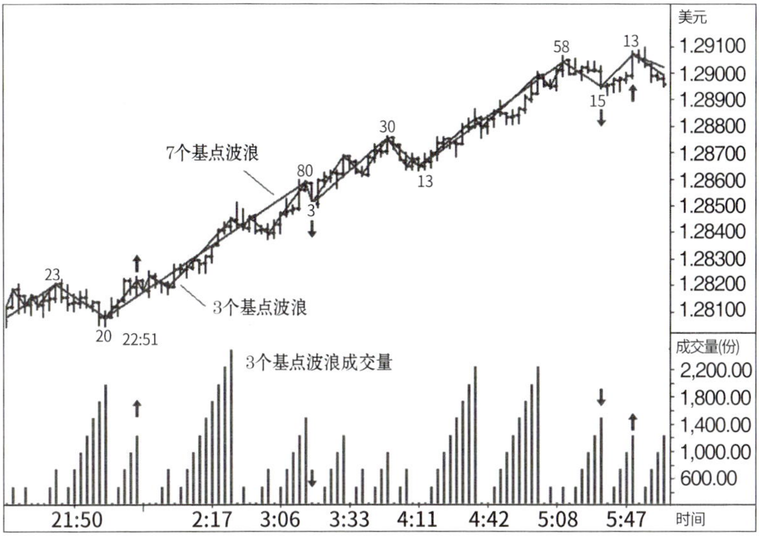

图 10.12　欧元兑美元 250 跳动波形图

资料来源：TradeStation。

在 22：51 的低点上，图形出现了 7 波的 7 个基点波浪。较小的 3 基点波浪线弯弯曲曲与大波浪线如影随形。两个波浪有几个重叠的地方，比如在下跌至 22：51 分低点时 2 000 跳动量上。小波浪提供了有关市场走向的敏感信息，可以帮助交易员建立更低风险的交易。22：51 低点启动的首波 3 点上升浪上的跳动量，超过了自上一交易日中午起的所有跳动量。接下来的回抽没有抛盘出现。我会把这看成是转牛的表现，可以建立多头头寸，卖出止损点设置在该低点之下。上涨以一种有序的方式出现，直到 1 500 下跌浪上的供给盘出现，而且需求盘（1 300 跳动量）随着最终上升浪上的冲击减弱而萎缩。在这个点上，我们看到信息是：获利了结。

2012 年 9 月 5 日，我测试了一份同时用 0.50 点和 1.25 点波浪绘制的标普 1 000 跳动图。在高点与低点之间，3 个小时的下跌中出现了 9 波 1.25 点浪。在 0.5 波浪图上，当出现供应或者需求疲弱并指示出价格将进一步走低的那些成交量时，给它们划上箭头，我肯定你能理解空头是如何拿到控制权，并在该交易日的余下时间里把价格推向更低的位置的。

在盯盘的时候，我发现交易而不是寻找交易。杰克·施瓦格（Jack Schwager）在他的著作《新金融怪杰》（*New Market Wizards*）中，收录了一位匿名先生的访谈。这位交易员为客户赚到的钱金额不菲，但他觉得客户不会喜欢他在访谈中表述出来的交易理念。因此，他将该访谈内容缩减为 2 页纸，并拒绝暴露自己的身份。在评论的结尾，他做出了如下声明：“当你努力、挣扎、强迫自己进行交易时，你就与市场不同步，你就与市场不协调。最好的交易不需要努力。”我举双手赞成。威科夫把解盘说成是自动装置其实也是这个意思。

最后，下面这句藏语箴言充分地表达了解盘者的理念。

不思、不想、不析、不教、不念；

一切自会迎刃而解。

第11章 划线到画图，找准下一个买卖点

TRADES ABOUT TO HAPPEN

在这个算法交易和高频交易的时代，几乎没人注意到点数图，但点数图比棒形图更有价值。从划线到画图，掌握了所有解盘技巧，我们和交易大师的差别在哪儿？

完全一样的标普数据，怎样分别画出砖形图、点数图、波形图和棒形图？不同图形间的差别有哪些？对这些图形进行解盘，能产生同样的顿悟吗？不同风格的走势图都能帮助我们找到下一个买卖点吗？

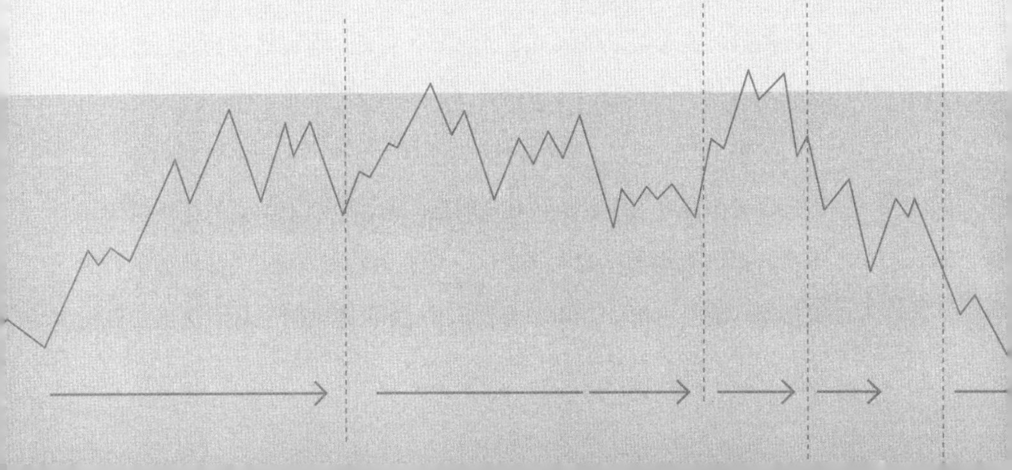

在这个算法交易和高频交易的时代里，几乎没人注意到点数图。它们在技术分析类的藏书中往往被放到一个远离视线、满是灰尘的角落里。

有关点数图分析最早的著作是一位名叫霍伊尔（Hoyle）的匿名作者和约瑟夫·克雷恩（Joseph Klein）撰写的。威科夫在《解盘研究》（1901 年）里公开了点数图。他在很多地方都在使用，而且在他最初的教程（1932 年）里，大部分章节都涉及这个问题。威科夫早期的一位名叫维克多·德维利斯（Victor Devilliers）的同事在 1933 年出版了其成名作《点数图方法》。在伽力（H.M.Gartley）的《股票利润》（*Profits in the Stock Market*，*1981*）一书里，你可以找到对点数图最精彩的总结。

威科夫的选股法，从确定哪些股票和行业在市场更长期趋势中处于最强势位置来入手。他认真观察这些股票和行业的点数图，以确定哪里有最大规模的点数图密集区。他在教程中写道："在做最重要的工作时，我会摒弃一切，只保留一份 50 只股票的带有成交量的日均棒形图走势图，以及 150 只龙头股票的点数图。”他补充道，“点数图比棒形图更有价值。”

在本章里，我讨论了点数图最为重要的两个方面：

◎ 如何选择点数图的箱形大小和反转单位。

◎ 如何定位密集线并做出预测。

第 9 章已经讨论过按照 1 ∶ 1 和 1 ∶ 3 的比例构建点数图的方法。图 9.3 中，1993 年 12 月债券是 1 ∶ 1 或者 1 点图的典型代表。图 9.12 则展示出 1 ∶ 3 或者 3 格反转的情况。图 9.2 展示了不太常见的 1 ∶ 2 比例的走势图。威科夫的主力工具是建立在每股美元价格基础上的 1 点走势图，研究每一次的价格变动，并划出这些图形。目前波动频繁，大部分的点数图都是按照各个时间段的收盘价构建的。构建点数图时，我打算首先寻找价格收紧的区域。

点数图：定位密集线并进行预测

对外汇期货的研究，让我接触到了英镑的连续走势图。2011 年 9 月至 2012 年 8 月，其价格收窄，进入一个狭小范围。随便看一眼月走势图就会发现，这个紧缩一直持续到 2009 年。不需要做期货，在 FXB，也就是英镑的 ETF 上做多即可。这对于延税账户来说似乎风险很低，也不会涉及把头寸从一份合约调期到另一份合约。8 月 10 日，当日价格从 154.52 的低点上涨，表明多头的地位得到了保障。

下一步要确定箱形大小和反转的单位。试着看一下按照日收盘价计算出来的 1 × 1 的图（图 11.1），很快就找到了 7 列紧贴着 154 一线的价格，它预测的上涨目标位是 161。预测上升从价格低位入手，预测下跌则从价格高位入手。

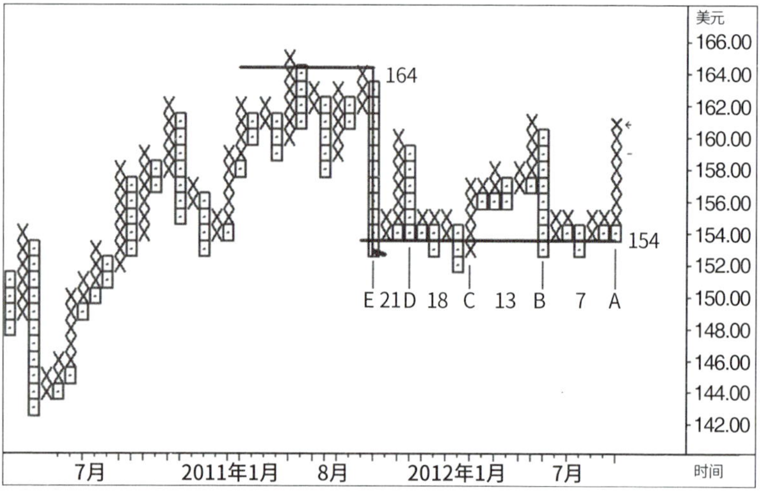

图 11.1　FXB 1 × 1 点数图

资料来源：TradeStation。

一些交易员会马上测算整个跨度，期望一次最大幅度的上涨，但我更偏向将一次预测分成多个阶段，以最保守的那个阶段作为起点。这样做最简单的办法是计算到价格加速上升或者下跌处的一面“墙”。在图 11.1 中，共有 4 个阶段的上涨目标，预测最小上涨 7 个点到 161，最大上涨 21 个点到 175。4 个目标的平均值指向 168.75，这个量级的变动会延伸进入 2009—2011 年高点之间的区域，但我们仍然不知道上涨会在何处见顶。最后需要说明的是，点数图的预测结果是参考性的，尽管它们超乎寻常地精准。穿过 164 线的 11 列预测下跌至 153，该股在 1 个月后到达了这个位置。注意，本次计算的 11 列中有 4 列没有产生成交。在股价从 164 密集线下跌超过 7 美元后，就很清楚地知道要计算一个更大的目标。

图 11.2 是一幅以 4 点箱形大小和 12 点反转（也就是 4 × 3）制作的 1 ： 3 比例的走势图，根据标普的日现金价格计算得来的。在 2011 年 2—7 月，穿越 1 344 线的成交密集区持续了 5 个月，其作出的下跌至 1 100 的预测只比实际的低点低了 8 个点。至本书写作时，图 11.2 上的所有测算除两个外都没有能完成。

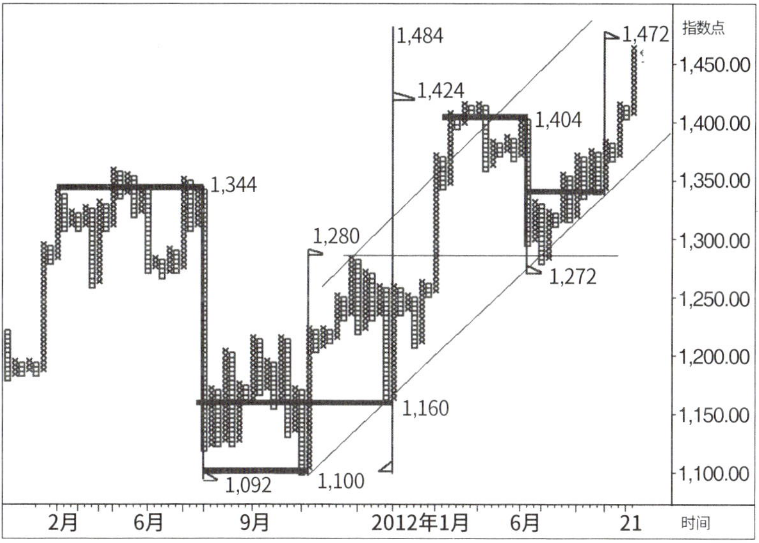

图 11.2　标普 500 现金 4 × 3 点数图

资料来源：TradeStation。

其中，最大的一个由穿过在 2011 年 11 月和 8 月间形成的 1 160 线的 17 栏组成。当把预测出的点数加上 1 160 线的时候，目标价位是 1 484。而把预测出的点数加上计数区间的低点时，就得到了一个不那么极端的 1 424 目标。点数图的特点是过滤掉价格数据，因而能展示出价格运动更广泛的框架，通过把价格反转和数据区间调整到最大清晰度而得以实现，就像调整显微镜的焦距那样。好好练习，学会如何找到正确的平衡点。

为点数图选择最佳的箱形大小、反转及数据区，需要进行练习。

以赫克拉矿业公司（Hecla Mining）为例，这只股票在 2012 年 8 月星期五收盘后价格相对较低。周走势图（图 11.3）在 2011 年 8 月—2012 年 1 月呈现出狭窄的形态。2012 年 4—5 月的弱势在 5 月 25 日结束的那一周向上反转之前，价格被压低到支撑线之下，这可以被看成是一次探底回升。

图 11.3　赫克拉矿业公司周走势图

资料来源：TradeStation。

紧随而来的是为期 10 周在 81 美分范围的横盘。因为该股站在起跳板上，万事俱备，只欠东风。制作点数图时，日数据能够生成更为紧致的图形，更容易看清趋势通道，一份 1 ∶ 1 比例的走势图总会给出更多的盘整情况。

25 美分的箱形和反转规模也行，但这些值大约是股票价格的 6%。更小的百分比能够显示出更多的价格情况，而改变参数就只需敲几下键盘。图 11.4 不能令人满意，毫不意外。

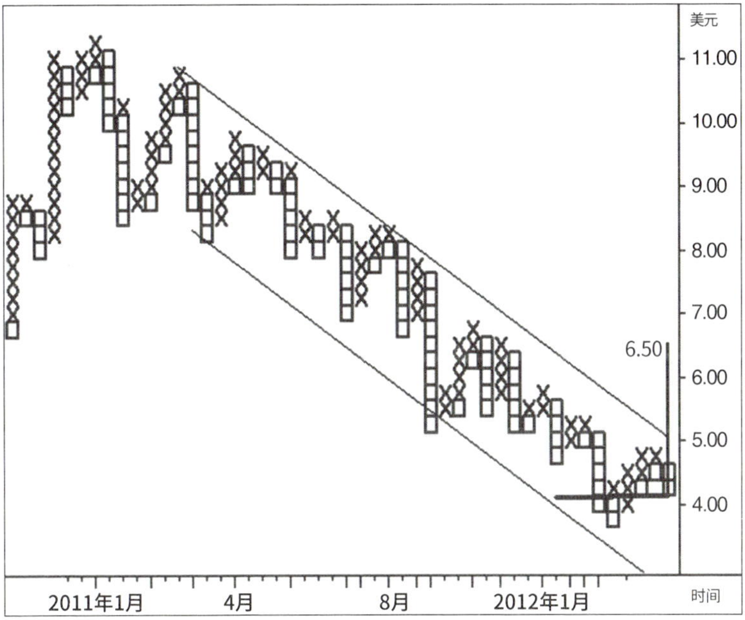

图 11.4　赫克拉矿业公司 0.25×1 点数图

资料来源：TradeStation。

首先，穿过 4.25 线的密集成交只覆盖 9 列，而计算（9×0.25）+4.25 得出的预测是上升至 6.50，一个相当可观的回报，与横盘整理所花的时间不成比例。其次，2012 年 1 月低点没有出现，该走势图由日收盘价构建，过滤掉了当日的低点和高点。任何以日收盘价制作的点数图都存在同样问题。

图 11.5 采用另外一种策略，使用了更小的箱形大小和反转（0.05 × 3），以小时收盘价计算，所有熟悉点数图的人都会喜欢这种设置。在这里，3 个单独的阶段，相应产生出 7.15、8.50 和 11.20 的目标值。威科夫应该会用这张图解释综合操盘手（Composite Operator）①是如何在 8 个月期间吸筹的。

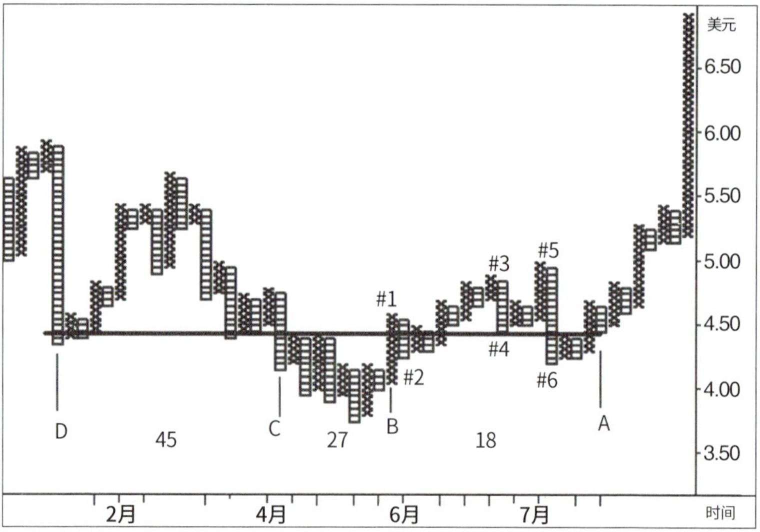

图 11.5　赫克拉矿业公司 0.05 × 3 点数图

资料来源：TradeStation。

①综合操盘手是威科夫用来指内幕交易者和主力资金的专业术语，这些人在交易行动的准备阶段，通过吸筹或者派发股票获利。——译者注

主力迫使价格下跌至 4 月份的交易区间之下，以弄清楚能洗出多少供应。#1 的 50 美分上行，代表自 2 月高点以来最大的收获。接下来，回抽没能达到上升的 50%，这是牛市的表现。在上升至 #3 的过程中，上行推力随着买家撤走报价而缩减。#4 和 #6 之间的价格活动，显示综合操盘手试图施放烟雾掩盖股票走向，以便完成计划。从 #6 的低点开始，股价呈现出强势，波动不大，价格稳步上扬。

我不怀疑这种大主力会在市场上呼风唤雨，但他们的活动并不是我关注的焦点。穿过图 11.5 上的 4.45 线所做的合计数可以分解为 3 个阶段，涵盖了从 8 月初至 6 月末的价格运动。AC 指向左延伸至 4 月 10 日的下跌，而 AD 包括了至 2012 年 1 月 11 日低点的所有价格情况。该走势图标示至 2012 年 9 月 25 日，并表现出强势向上，脱离交易区间的趋势。赫克拉矿业公司在 6.94 处最后的上攻中见顶，正好比 AB 目标值的计数低了 20 美分。如果该股在下一波回抽中维持在了 4.45 之上，那么，未来就可能实现更大的计数。

2011 年 3 月份的 5 年期债券（图 11.6）是我最喜欢的例子之一，该合约中最小的跳动是 1/32 的 1/4，价值为 7.8125 美元。

点数图使用了 1/4/32（0.0078125，one-quarter 32nd）大小的箱形，以及两倍的反转点（0.015625）。换句话说，这就是 1 ∶ 2 的比例，并以 3 分钟收盘价为基础构建，每一列或者每一波的持续时间都描绘在走势图上。早上一开始的 11 715.5 低点，在下跌至最后的低点时被刺穿。首波下跌在 33 分钟内完成了 8 个跳动，第二波在 18 分钟内跨越了 6 个跳动，第三波仅仅在 9 分钟内达到 3 个跳动。区间不断收窄，完成时间也在减少，跟波浪走势图上出现的一模一样。它说明不存在轻松下移，而且下行的时间也在逐步减少，抛压明显已呈强弩之末了。

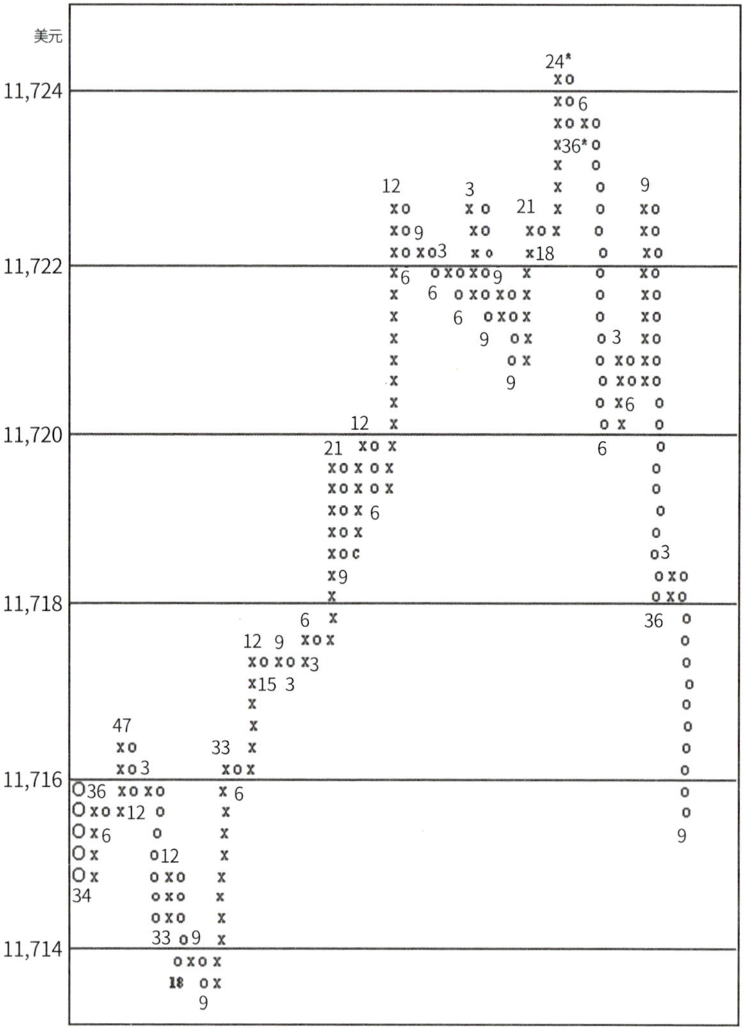

图 11.6　2011 年 3 月 5 年债券 0.0078125×2 点数图

从这个低点开始，市场在接下来的 33 分钟内上涨了 12 个跳动。

在向当日高点攀升的过程中，大部分下跌浪持续 3 ～ 9 分钟，两个持续 15 ～ 18 分钟例外。这两波下跌浪等于最小的 2 个跳动的反转，价格强势上涨超过了 24 分钟后登顶（11 724.75）。因为它们超出了该手绘图的上限，所以对完整的摆幅做了缩减。这是自该合约从低点上涨以来所有升浪中持续时间最长的一个升浪，也确定无疑地产生了高潮成交量。接下来，下跌浪覆盖的范围相对较小，但持续 36 分钟的时间显然是一次最长的下跌。试想一下，花了这么多时间却未能有任何重振的能力。我想，威科夫会说，综合操盘手正全力撑住市场，以便建立更多空头。在盘面上，这显然是转熊的信号。

白天交易时段最大的下滑，只持续了 6 分钟，以回应债券走熊的出价。顶部结构的最后升浪（11 722.75）持续了 9 分钟，然后在接下来的 36 分钟内直线下落。这条线上的 19 个箱形预示将出现一波下跌，目标价位 11713.25。从当日高点算起，实际价格达到了 11715.25 的保守目标。对于资金量不大而且经验不足的交易员来说，5 年期债券是个绝好的交易品种。由于保证金标准不高，成交量又大，大交易商很容易做大交易规模，让那些较小的波动也更物有所值。

显然，在点数图中是可以把成交量替换成时间的。为了让这些信息在所有的点数图上更容易被看清楚，有人发明了一种简单的指标，将每一列的持续时间绘制成直方图，放在价格变化下面。

图 11.7 在按 1 分钟收盘价绘制的白银点数图（0.01 × 3）上呈现了这个指标。卖盘首先在点 1 出现，但接下来的升浪（点 2）测试了更早前的高点。在这个位置上，多头有机会赢得上风。上攻跟风盘的缺乏以及点 3 处的轻松下移，说明空头更强大。

所以，白银在接下来的 50 分钟内裹足不前，一直到买盘在点 4 出现为止。此时，价格稳稳地撑住了，连续 25 分钟没有出现过一次 3 美分的反转。看涨一方认为，多头在消化卖盘，价格必定持续走高。

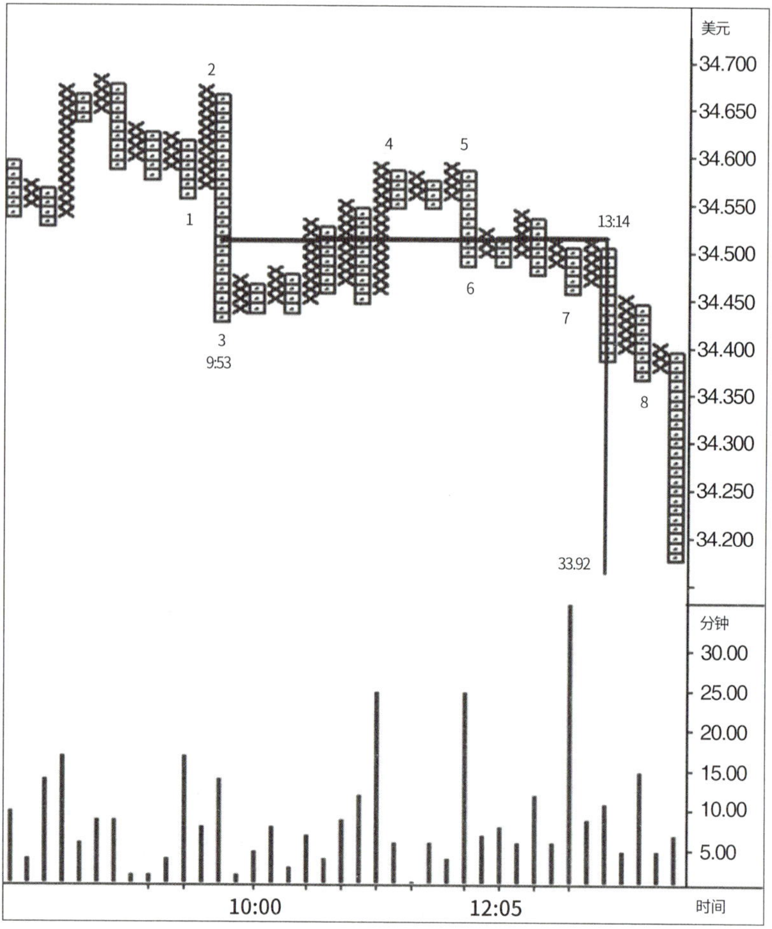

图 11.7　2012 年 12 月白银 0.01×3 点数图

资料来源：TradeStation。

实际上，白银踌躇了 17 分钟，移动至点 5，而上涨只持续了 4 分钟的时间。市场在点 4 之后的表现上涨乏力，它遭遇了供给盘。在点 6 处连续 25 分钟的下跌浪，把牛市的氛围一笔抹去。空头在点 7 处把其对市场的压力又额外维持了 36 分钟。紧接着在点 4 的低点之下破位，喷涌而出的抛盘在很短的时间内把价格打到了更低的位置。综合来看，沿着 34.51 密集线的所有这些成交，预示了一波至 33.85 的下跌。在收市铃声响起之前，12 月份的白银价格就下探到 33.92。

在点 3 和点 7 的低点之间，白银交易了 3 小时 21 分钟。点 7 的表现尤其有说服力，空头的压力维持了 36 分钟。在此期间内，与相对应的 201 条 1 分钟价格棒形图相比，形成的 22 波浪，更容易掌控。过滤掉价格变动的这种能力，是众多源自使用点数图带来的好处中的一种。除非手工描绘，没办法确定每个“x”或者“o”的时间和成交量，这一点在图 9.3 中表现得很明确，那份图中并不提供每个箱形的分钟数。砖形图提供了这种能力，这使它成了一种更完善的解盘手段。

砖形图：显示支撑 / 阻力位，并显示成交量和时间

我认为，威科夫应该没有见到过砖形图。如果他见到了，这种图的好处应该会引起他极大的关注。你要是翻阅有关砖形图的书籍和文章，就会反复看到这样的信息：日本人在大约 1 个世纪之前发明了砖形图。它由日语叫 renga 的方框组成，极好地显示出支撑位和阻力位，而且只考虑价格，不考虑时间和成交量。幸运的是，用计算机处理的砖形图还是提供了每个方框的成交量和持续时间。因此，波浪成交量可以在砖形图的波动下面描绘出来：它们与重新构建出来的威科夫最初的解盘图相当接近，只是威科夫没有标示出两波浪之间的时间而已。

砖形图和点数图一样，成功过滤了棒形图上所携带的大部分噪声

和歧义。图 11.8 对砖形结构作了描述。假定我们正在看以 1 美元为单位的上涨方框的数量。这里显示，最后一个完成的上升方框在 10 美元处止步。

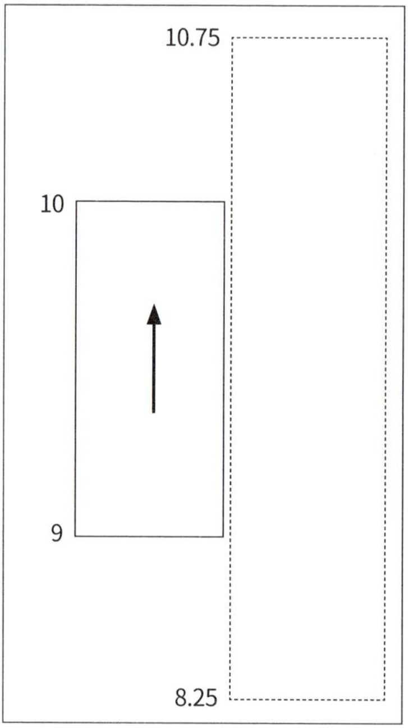

图 11.8　砖形图方框示意图

要形成另外一个上升方框，该股就必须在 11 美元处进行交易；要转向，完成一个下跌方框，该股必须在上一个低点下面下跌 1 美元至 8 美元。在新的方框形成之前，价格可在 2.50 美元的范围内变动。新的方框在完成之前可能持续 50 分钟。在这个时间段内，5 分钟棒形图会给出令人抓狂的信息，促使交易员过早地了结交易，或者完全错过即将到来的变盘。砖形图让你能够保持内心的宁静，它们减少了决策的数量。每个方框的构建时长源自方框的大小和成交的速度：快速的价格波动造成方框的持续只有数秒；价格通过支撑和阻力位进行消化，长时间的方框也会出现。想一下标普在 1 190 和 1 191 间的 1 点方框。

假定这是上升过程中最新的方框。在后面方框的形成过程中，价格会一直在 1 191.75 和 1 189.25 间的 2.50 个点上波动，直到 1 192 或者 1 189 的点位出现。如果方框的大小为 0.50 点，每个方框的时间将会更短，而且将会出现更多的方框。反之，3 点方框的时间跨度显然要大得多。外汇或者货币期货市场上那些头寸不过夜的短线交易员可能会使用 5 点箱形（0.0005），而波段交易员可能会使用 20 点箱形（0.002）。砖形图与众不同的特征之一是其不受时间段的束缚，只要价格满足了一个方框，另一个就开始了。这种特点让它更接近威科夫的解盘图，该图上的价格不与设定的时间段挂钩。

12 月 9 日，2011 年 12 月澳大利亚元的 5 点砖形图（图 11.9）。这里有一个跨度为 50 分钟的双顶。在第二顶的方框里，855 份合约的成交量是迄今为止最大的，但它只持续了 7 分钟。在下一个上行方框里，成交量在 21 分钟的时间内扩大至 1 270 份合约，它耗尽了所有时间也没能取得任何进展。

当价格在下一个方框里转头向下时，空头击败了多头抬价的企图。另一种看法是，空头在按照对方报出的价格卖出。

换句话说，他们不是按报出价格的方式出售，而是卖给那些出价想持有更多合约的多头，这也是威科夫在解盘图中观察到的某种形式的派发。即使是经验丰富的交易员也很难察觉这种方式，筹码在不知不觉中流向多头。多头的努力未能把价格抬得更高，在后一个下跌框中跟进了更大的抛盘量（1 979 份合约）。

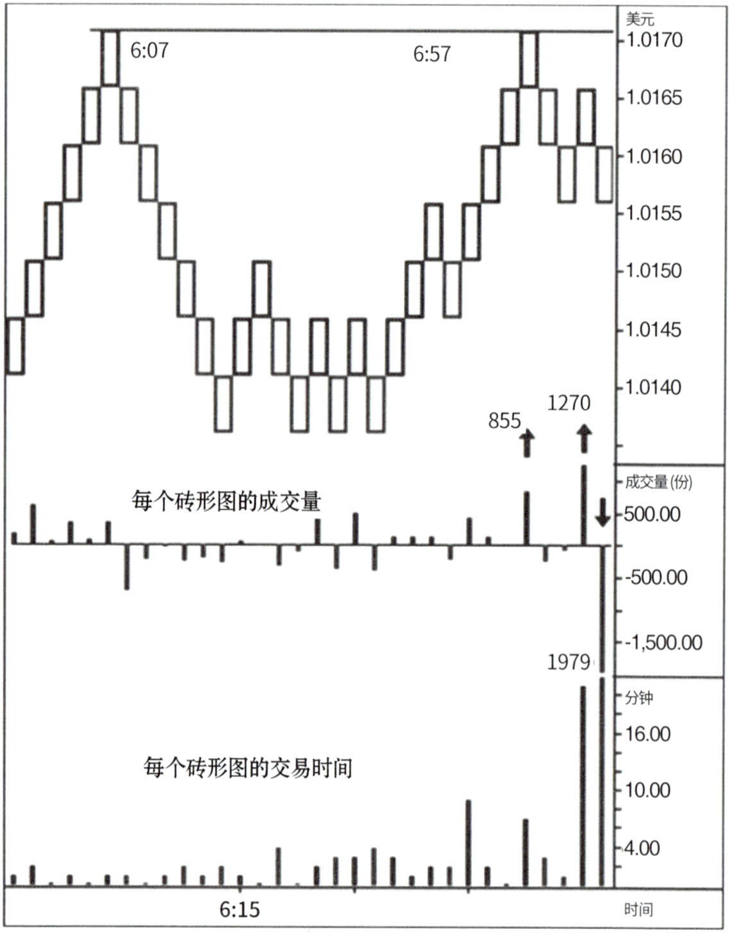

图 11.9　2011 年 12 月澳大利亚元砖形图

资料来源：TradeStation。

在这里，发生了 22 分钟的肉搏。由于最后一个上行框后缺乏需求，空头的地位很稳固。如果另一个下跌框出现，市场将倾向于更低的价格，空头的地位就会得到进一步的保障。买入止损点应该置于上个上行框的高点之上。在大约 90 分钟时间里，合约价格达到了 1.0103。

图 11.10，2011 年 9 月初期的德威科（TVIX），它的箱形大小看起来像 20 美分。从交易日之前的底部起，所有的低点都在更高的水平上获得了支撑。留意箱形 1、3 和 6 中巨量的下跌成交量和下跌时间，它们想要表达什么意思呢？

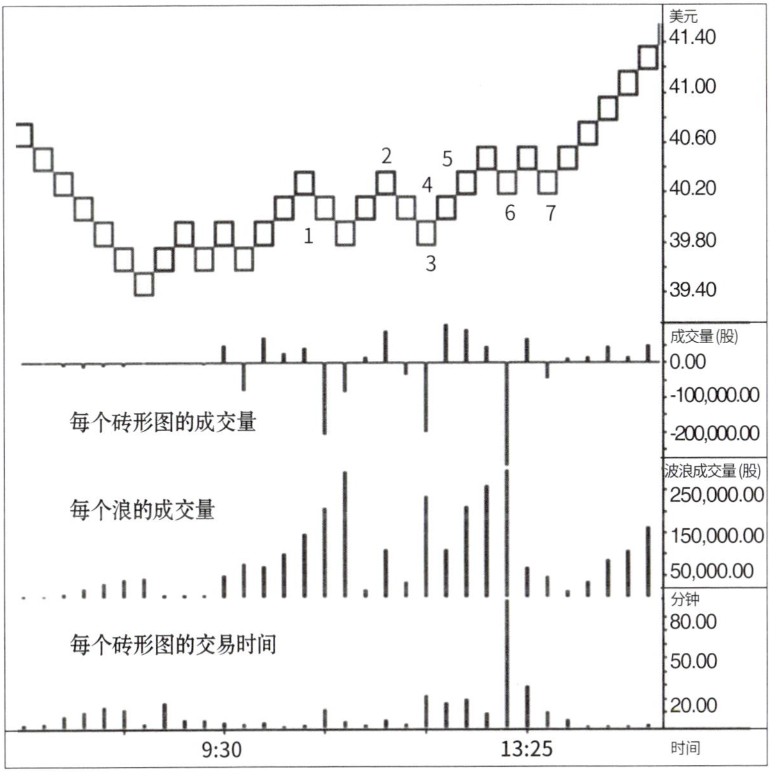

图 11.10 德威科砖形图

资料来源：TradeStation。

与图 11.6 一模一样，5 年期票据在 2 次小规模 2 个跳动的回抽上分别花了 15 分钟和 18 分钟，有人在买入。价格往下运行，但很快被拉升，市场做多的气氛浓厚。遇到这样的盘口，设置好止损点，交易员应积极入场，跟随市场一起做多。顺应趋势，才能在风险最小的时候实现更大赢利。

在德威科图上，这 3 个框凸显了吸筹。威科夫提到的吸筹正是这样的，而不是某些静态的预先设定好的模型。点 3 花了 20 分钟，成交量膨胀至 200 000 股，随后价格上涨了 60 美分。点 6，成交量在 90 分钟内超过了 250 000 股，该股再一次拒绝走低。点 7，低成交量回抽把该股放到了起跳板上。

这份走势图还有另外一个维度，即从点 3 的低点开始，到最左边的下跌浪，可以数出 9 波浪，然后用 0.20 乘以 9，加到低点 39.80 上，得到的目标数为 41.60。这样，砖形图就可以像点数图一样用来做价格预测了。虽然，价格预测不一定精准，但为我们接下来的行动提供了足够的预期。

砖形图、点数图、波形图和棒形图的对比

我的首份砖形图的手绘练习用了这样一个办法：在垂直方向绘制波动，以便让它们更像点数图。这种做法让密集线更醒目。然而，没过多久，我的学生就设计出了在箱形内标注成交量和时间的砖形图。2012 年 9 月 25 日，2012 年 12 月份标普指数图（图 11.11）由 0.75 点的箱形构建。

在箱形内，上部的数字是成交量，下部的数字是时间，波浪成交量和持续时间在转折点处输入，得到的结果就是一份强大的解盘图。与图 9.1 和图 9.3 相比较，图 11.11 在增加的每块图上标注了时间，

这超越了威科夫曾经建立的所有模型。顶部箱形的形成花了 15 分钟，成交量增加到 35 000。这么巨大的付出却未能得到更多的收获，因而不由得让人心生疑虑，供给是否战胜了需求？框 A 和框 B 持续了 43 分钟，成交量合计达到 86 000，因而标普在最后的上升浪上遭遇了抛盘。从这个顶部下滑的首个大规模的下跌浪在后面的 78 分钟内带出了 189 000 手，这标志着一波更大规模的破位开始了。

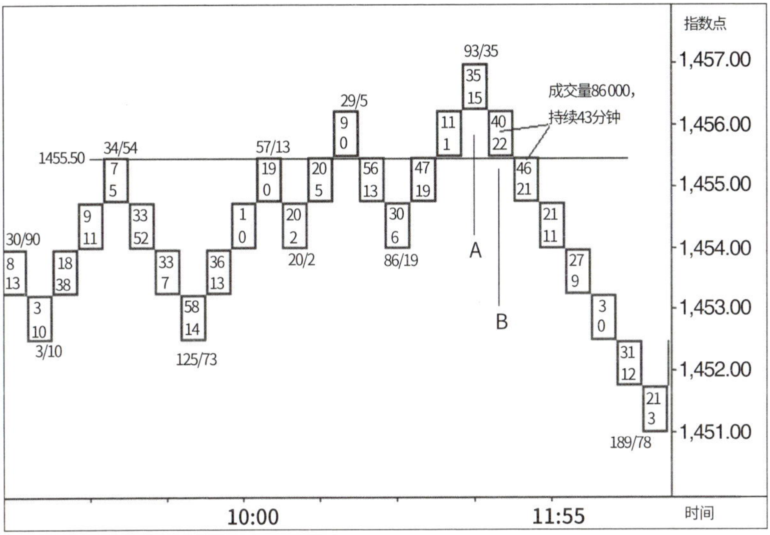

图 11.11　2012 年 12 月标普指数砖形图

资料来源：TradeStation。

我曾经用过一份 0.25 × 3 的点数图（图 11.12），上面显示了 2012 年 9 月 25 日的整个顶部。通过对穿越 1 455.25 线的计算，预测出至 1 436.50 点的下跌，只比实际收盘低点高了 1.5 个点——这份走势图显示了由小型的当日价格变动构建的点数图的精确性。这种图唯一的缺陷在于其处理隔夜数据的方式上。因为价格波动在夜间相对较慢，每列的时间就会变得异乎寻常地长，就可能会让日间交易时段的数据被矮化。因此，调整比例，从根本上削减了那些较大的数字，最后的结果是一个优雅简洁的图形。

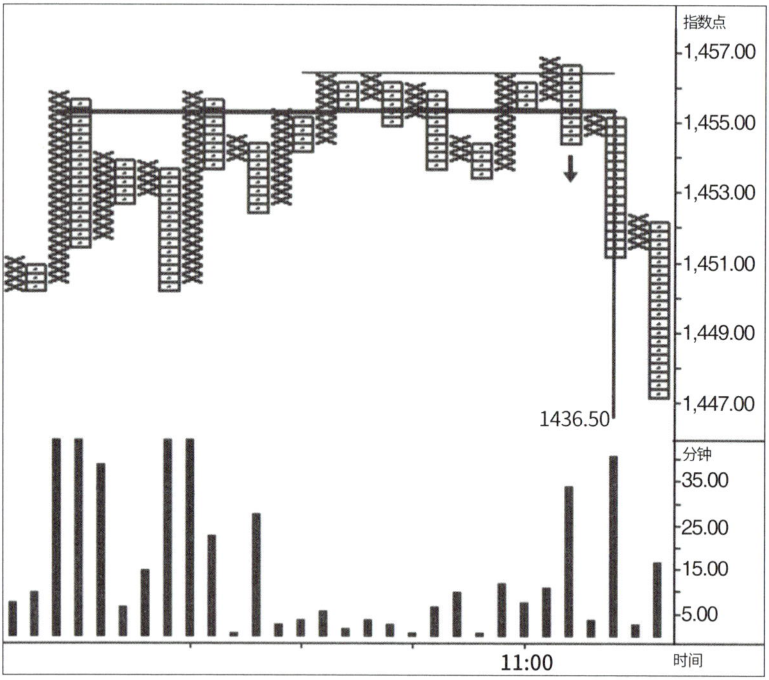

图 11.12　2012 年 12 月标普指数点数图

资料来源：TradeStation。

冲高回落后的转身向下持续了 35 分钟，这是自当日交易日开盘以来最大的下跌时间数，而随后的上行仅持续了 4 分钟。当标普跌至前下跌浪的低点 1 545.50 之下时，意思已经很明确：做空。在《解盘研究》一书中，威科夫写道："解盘者必须能够说，事件是这样，由此产生的指示是这样，因此我会这样做。”这称为“认知的时刻”（Moment of Recognition）。此时，你感觉到一个变化就要发生，这个体悟会促使你下意识地采取行动。

标普 2012 年 9 月 25 日的 0.75 点波形图（图 11.13），砖形图和点数图透露出来的信息也会让你产生同样的顿悟。

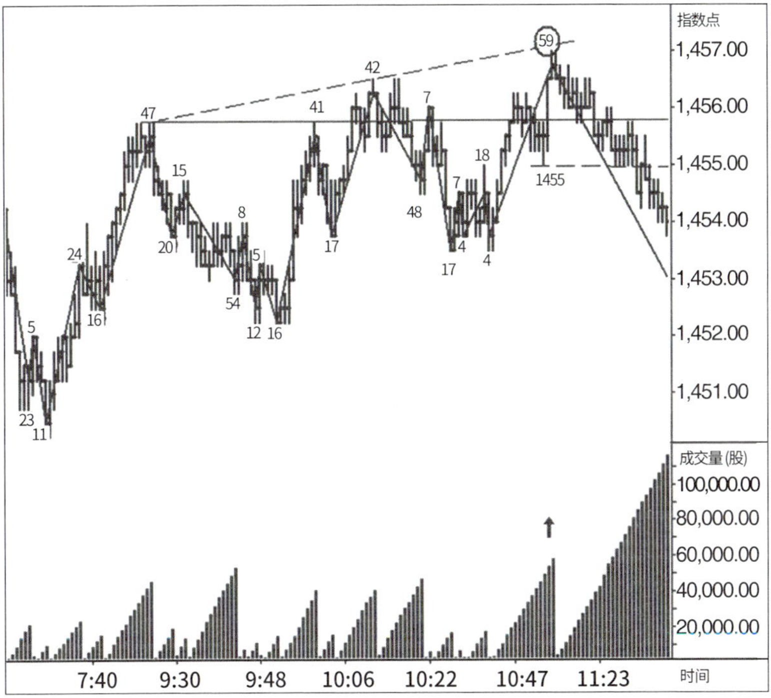

图 11.13　2012 年 12 月标普指数波形图

资料来源：TradeStation。

最高点处上行推力的缩减以及最后上升浪所付出的巨大努力显而易见。到该点为止，这个波浪的成交量是图上最大的，而价格仅超过前高 1.5 个点。但说清了多头主力遭遇更大规模的主力抛盘的，正是巨大的波浪成交量。在前低 1 455 之下的下跌说明万事俱备。在本例中，盘面转熊后，未出现低量的回抽。而在形成向 1 452.50 的小型回调前，以 187 000 的成交量下跌了 3 个点。为准确起见，图 11.14 显示了同一天的 2012 年 12 月标普 5 分钟棒形图。此处的熊态尽显。

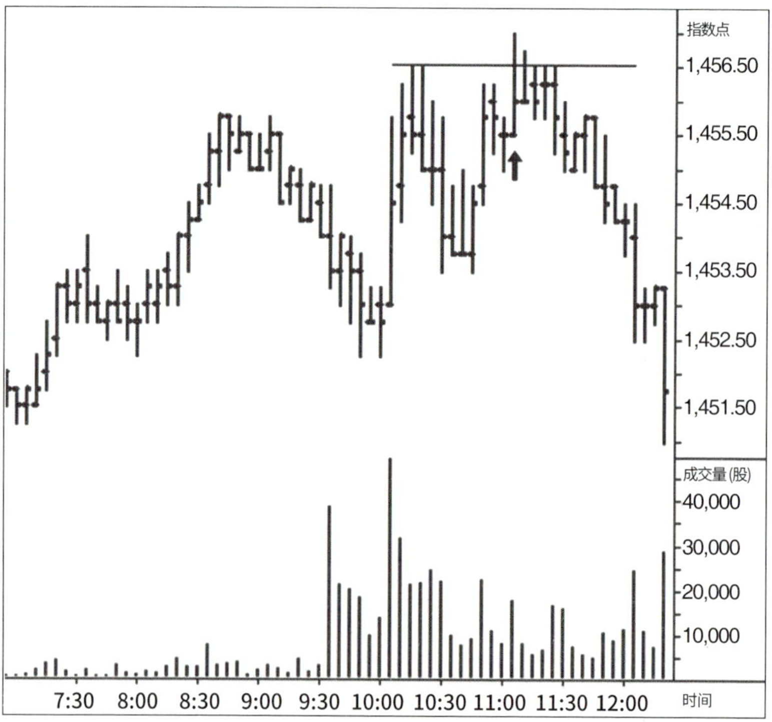

图 11.14　2012 年 12 月标普指数 5 分钟走势图

资料来源：TradeStation。

一是冲高回落 / 冲击减弱跃然纸上。二是在至高点的最后价格棒形上，收盘的位置表明，市场遭遇了抛售。三是成交量没有增长，空头羸得了先手。正如我之前曾经说过的，“买盘的力量在时间面前失去了意义”。这并不是放之四海而皆准的，也有那些 5 分钟图表展现了更美好图景的时候，而这种情况很罕见。

手绘标普指数走势图，养成本能的判断

威科夫保留着市场龙头的波浪走势图，这份图按照它们的当日价格波动计算得来。最初，这幅图以更为准确的方式构建，但当今市场由 1 分钟或者 5 分钟时段的收盘价计算得来。威科夫说明了如何按照解盘图的节奏描绘市场龙头的波形图，以便二者的波浪具有可比性。标普指数期货的波形图是我看待整个市场情况的指标。我也认识那些用 SPY 监控波浪，寻找有关市场方向线索的交易员。

2012 年 9 月 25 日，数百只股票的波浪或者砖形图闪烁着同样的熊市信号。

我随机选择了联合太平洋公司在该日的 10 美分砖形图（图 11.15），熊态的证据一目了然。在走势图上的转折点，添加了波浪成交量（单位为千份，接下来写在图中）以及分钟数，选美国东部标准时间上午 11：54 的 128 000 下跌方框。

在这个 10 美分方框里的成交量超过了 60 美分上升浪上的成交量，总共的成交量达到 104 000。在下跌至上午 11：54 低点过程中，波浪成交量超过了前两次上升浪合并的成交量，这正是走势图上我们知道要发生什么的地方。

在标普波形图上，至上午 11：54 低点的下行过程，则在下跌至 1 455 之下的下跌发生大约 8 分钟之后出现。然而，价格又坚守了 21

分钟，才跟随标普走低。这个时间差对于做联合太平洋股票的人来说是一个很大的优势。

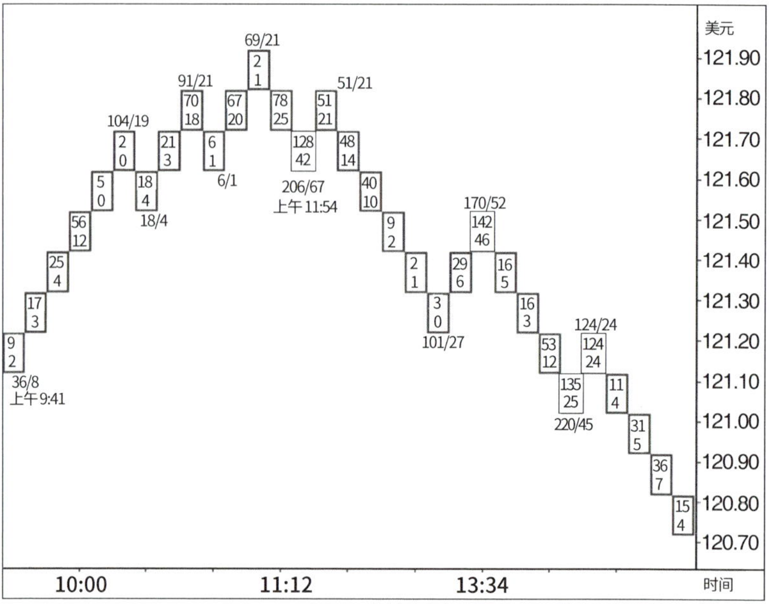

图 11.15　联合太平洋公司砖形图

资料来源：TradeStation。

较大的方框非常适合进行中线波段交易。对于那些每股 20 美元以上价格进行交易的股票，我喜欢用 30 美分方框。图 11.16 显示了从标普连续数据计算得来的 4 点砖形图。通过过滤掉多如牛毛的当日噪声，该图表更容易让你持住那些超过 20 个点的交易。首个大规模的上升浪以 474 万份合约的成交量横扫了 3 个交易日的大部分时间。点 1 和点 2 的成交量是整个图形中交易量最大的，其中，一个是启动者，另一个是发出刹车信号者。这次高潮行动之后，一旦下跌框形成，就应该马上落袋为安。在这两个点之间，收获了 28 个点。在即将到来的下行过程中的成交量没有达到上行浪第二框的记录。在 3 处，标普试图消化掉面前的阻力。在后面的下行浪 4 中，只出现了一个方框，高成交量表明消化动作已经完成，多头在掌控局面。这是重新建立多头头寸的理想位置。随后，标普在大量抛盘出现之前，又涨了 24 个点。

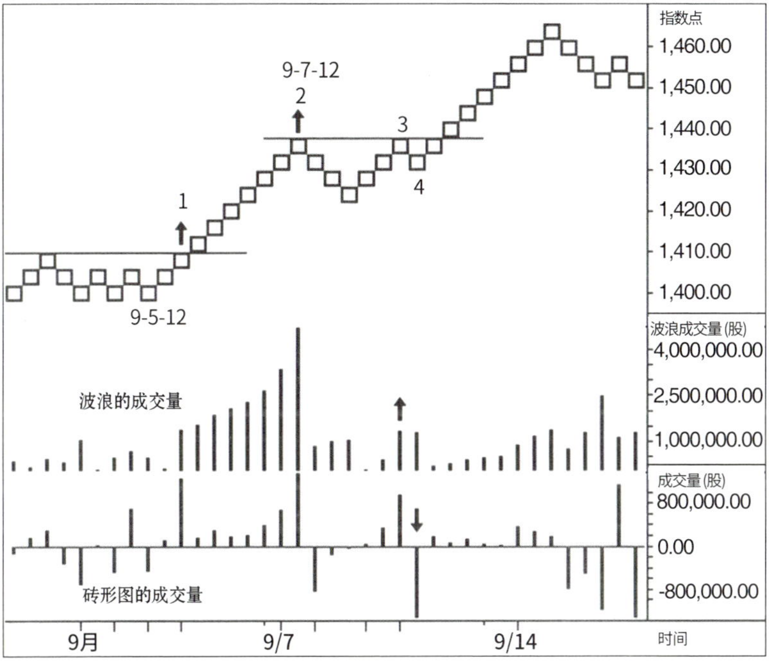

图 11.16 标普指数连续砖形图

资料来源：TradeStation。

我早前提到过，最初用砖形图所做的练习涉及制作一份方框垂直展开的走势图。垂直的格式可以让更多的价格数据出现在走势图上，与传统的斜线运动截然相反。另外，砖形图上的密集线可以用来预测价格能够走多远。

图 11.17 是手绘的标普 2012 年 3 月的走势图。这张图最初是我亲笔随手画在笔记本的一页纸上。

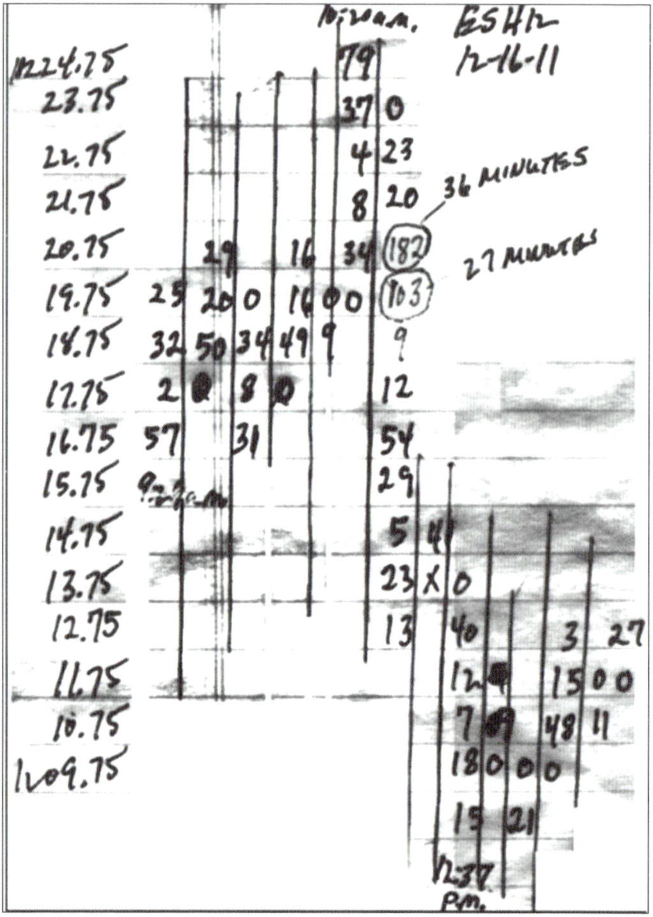

图 11.17　2012 年 3 月标普指数走势图

方框的尺寸是 1 点，成交量数据以千份合约为单位，写在每一个价格数据处。最初，我没有标示出每份方框的时间，但稍后把这些内容也加上了。在从高点处开始的下行过程中，两个成交量分别上升至 182 000 和 102 000。

在这里，空头明显占得了上风，在 63 分钟的时间段内获得了 286 000 的复合成交量。就在上行至当日高点之前，9 000 的低成交量回抽，这反映出完全不见抛压，并提供了绝佳的买入机会。点数密集区穿过 1 218.75 线，9 000 的成交量出现在这个位置，预示出了至 1 223.75 的一波上升，在高点的 1 点之下。看顶部价格，成交量在该处飙升至 79 000，为走势图上最大的数据。你可以看出这样一份走势图的用途何在了。现在，这是正在进行中的工作。

在我刚开始听到威科夫方法的时候，大家都是用很小的声音在谈论，没有人会想让太多的人分享这份珍贵至极的交易秘籍。甚至在今天，我有位朋友都还不想让我公开所有这些信息，理由很简单：它很有用！为什么要公之于众？正如我在导语中所说，我不会保留任何秘密，而且我确定威科夫也没有。他公开申明过，其目的是帮助交易员养成一种本能的判断，以便看懂市场自己说出来的信息，而不是“以人云亦云的或者错误的方式进行操作”。

在《解盘研究》一书中，他写道：“钱是在通过预期将要发生什么的解盘过程中赚得的，而不是靠等待，等到它发生，并跟风随大流赚得的。”我肯定他会认同本书传达的这些信息。

致 谢

感谢我的老朋友亚历山大·埃尔德博士，他让我参加了神奇的交易员训练营。他一直是我写这本书的驱动力：不仅随时随地、心甘情愿地给予支持，提出许多有益的建议，而且还为我开启了由威利出版社出版作品的可能之门。感谢埃尔弗雷德·塔格和鲍勃·富尔克斯帮我规划书中定制的图形。我曾是一名老师，感激过往的很多学生，他们的需求帮助我总结了讲授威科夫教程的不同方式。我把我的学生的成就当作对我最大的褒奖。

术语表

TRADES ABOUT TO HAPPEN

价 / 量行为（Price/Volume Behavior）：价格和成交量的行为。

量价分析（Volume Price Analysis）：对价格和成交量行为的分析，从而获取价格运动背后的供需力量的信息。

交易区间（Trading Range，简称 TR）：也称盘整区间或震荡区，一个供求力量处于平衡的时期。区域底部代表着需求，而区域顶部代表着供应。

探底回升（Spring）：在交易区间中，价格小幅跌破支撑区域后缺乏跟风的卖盘，导致价格转头向上。也称为弹簧效应或下冲反弹。

冲高回落（Upthrust）：在交易区间中，价格小幅突破阻力区域后缺乏跟风的买盘，导致价格转头向下。也称为上冲失败或上冲回落。

吸筹（Accumulation）：主力或大资金为了参与价格上涨而买进筹码的区域，同时，散户倾向于在这个区域卖出。

派发（Distribution）：主力或大资金为了参与价格下跌而卖出筹码的区域，同时，散户倾向于在这个区域买进。

浮筹消化（Absorption）：主力在阻力区收集持股不坚定散户的筹码。

三角形态（Apex）：支撑线和阻力线向焦点汇聚的区域，与 Dead Center、Hinge、Pivot、Wedge 同义。

买盘高潮（Buying Climax，简称 BC）：在一个陡峭的价格上涨末期，散户的大规模恐慌性买进，在其经典形式中，价格形成大幅向下反转，并伴随着极高的成交量。

卖盘高潮（Selling Climax，简称 SC）：在一个陡峭的价格下跌末期，散户的大规模恐慌性卖出，在其经典形式中，价格形成大幅向上反转，并伴随着极高的成交量。

自动反弹（Automatic Rally）：卖盘高潮之后的反弹。它的发生没有经过前期准备，因此使用"自动"一词。自动反弹的顶部通常标志着交易区间的阻力区。

自动回落（Automatic Reaction）：买盘高潮之后的回落。它的发生没有经过前期准备，因此使用"自动"一词。自动回落的底部通常标志着交易区间的支撑区。

冰线（Ice Line）：交易区间底部的支撑区域。

小溪（Creek）：交易区间顶部的阻力区域。

跌落冰层（Falling (Breaking) Through the Ice）：对交易区间中支撑价格的冰层（支撑区）的有力突破。通常伴随着宽价差、弱收盘和高成交量。

跳过小溪（Jump Over the Creek）：对交易区间中压制价格的小溪（阻力区）的有力突破。通常伴随着宽价差、强收盘和高成交量。

外包反转（Outside Reversal）：常见的反转形态，第二根 K 线的价格范围完全覆盖第一根 K 线的价格范围，若第二根 K 线的收盘价比第一根 K 线的收盘价更高，称为外包向上反转，更低则称为外包向下反转。

冲击减弱（Shortening of The Thrust，简称 SOT）：价格不断突破前高或前低，由于跟风盘的缺乏，导致突破幅度不断缩减的过程。

强势信号（Sign of Strength，简称 SOS）：在交易区间中，以宽价差、强收盘和更高的成交量朝着阻力区的反弹。

弱势信号（Sign of Weakness，简称 SOW）：在交易区间中，以宽价差、弱收盘和更高的成交量朝着支撑区的回落。

向上突破（Breakout）：价格突破阻力线。

下破（Breakdown）：价格跌破支撑线。

测试（Test）：价格接近市场既定的支撑或阻力水平。如果股价在支撑位或阻力位内，则测试通过。然而，如果股价创新低或新高，则测试失败。

二次测试（Secondary Test）：威科夫给自动反弹后回落（或自动回落后反弹）的取名。如果这个测试伴随着小价差和小成交量，这就增加了之前的趋势已经结束的可能性。

窄区间（Narrow Range，简称 NR）：价差较小的 K 线区域。

兜底（Bag-holding）：主力或大资金不断在低价挂单接收所有抛盘，直到抛盘耗尽。

震仓（Shakeout）：在支撑区下方的大幅下跌，随后反转，回到支撑之上。

超买（Overbought，简称 OB）：价格运动到上升通道的上轨之上，价格可能由于买盘的过度消耗而引发回落。

超卖（Oversold，简称 OS）：价格运动到下降通道的下轨之下，价格可能由于卖盘的过度消耗而引发反弹。

垂直需求柱（Vertical Demand Bar）：突破阻力线的中长阳，底部是支撑。

垂直供应柱（Vertical Selling Bar）：突破支撑线的中长阴，顶部是阻力。

混合操盘手（Composite Operator）：威科夫给那些更具学识的、掌握大资金的、从而推动市场的势力总和的取名。也可以叫“市场”。

动量交易者（Momentum Trader）：价格大幅上涨（或下跌）之后，追求价格继续大幅上涨（或下跌）的交易者。

棒形图（Bar Chart）：记录价格运动的垂直柱线图，流行于欧美市场，和 A 股 K 线图类似，棒形的高低点对应 K 线的高低点，棒形左侧短横线代表开盘，棒形右侧短横线代表收盘。

波形图（Wave Chart）：展现价格主要波动的折线图，过滤了次要波动。

波浪成交量（Wave Volume）：波形图中，对价格主要波动的成交量进行累加得到的成交量。

点数图（Point and Figure Chart）：用箱形大小和反转单位来记录市场价格运动。

量数图（Volume Figure Chart）：用成交量来代替箱形的特殊点数图。

跳动图（Tick Chart）：根据价格变动次数制作的走势图，每根棒形代表固定次数的价格变动。

砖形图（Renko Chart）：以日语中砖头的意思 "renga" 命名，因为该图表看起来像一系列的砖头。当价格移动到指定的价格量时，就会产生一个新的砖块，每个砖块的位置都与前一个砖块成 45 度角（向上或向下）。

GRAND CHINA

中资海派 GRAND CHINA

中 资 海 派 图 书

《以交易为生》

[美] 迈克·贝拉菲奥雷　著

刘乃达　译

定价：98.00元

利润悍将的短线交易内训手册
战胜投资机构和量化投资的精彩纪实

SMB资本联合创始人贝拉将过去20年来驾驭最具挑战性的市场的原则和技术倾囊相授。通过解释交易者成败的原因，他展示了充满诱惑又令人窒息的自营交易世界，你将能亲临惊心动魄的交易现场，见证众多交易员从入行到获利过程中的汗水、泪水、笑容和掌声。

尽管贝拉坚信交易员不应墨守成规，但他强调成为精英短线作手必须做到以下3点：

- 严格遵守交易纪律。对比持续获利和被迫止损的案例，让你看透盈亏只在一念之间。
- 磨炼全面的交易技巧。解读成交明细，寻找“可交易股”，以此缩短学习曲线，实现利润最大化。
- 持续优化交易策略。要提升适应市场的能力，就需要建立适合自己的交易系统，并改正自身不利于交易的人性弱点。

除了大量真实经验外，交易界的头号导师贝拉还毫无保留地分享了SMB资本选聘及培训的独家资料。对有志于成为职业交易员的新手而言，本书正是不可多得的入门秘籍。